郑芝龙海商传奇

【安之忠　林　锋◎著】

当代世界出版社

图书在版编目（CIP）数据

郑芝龙：海商传奇 / 安之忠，林锋著.—北京：当代世界出版社，2013.8
ISBN 978-7-5090-0918-5

Ⅰ.①郑… Ⅱ.①安… ②林… Ⅲ.①郑芝龙（1604～1661）—传记 Ⅳ.①K827=48

中国版本图书馆CIP数据核字（2013）第087441号

书　　名：	郑芝龙：海商传奇
出版发行：	当代世界出版社
地　　址：	北京市复兴路4号（100860）
网　　址：	http：//www.worldpress.org.cn
编务电话：	（010）83908456
发行电话：	（010）83908409
	（010）83908455
	（010）83908377
	（010）83908423（邮购）
	（010）83908410（传真）
经　　销：	全国新华书店
印　　刷：	北京紫瑞利印刷有限公司
开　　本：	710毫米×1000毫米　1/16
印　　张：	19.5
字　　数：	295千字
版　　次：	2013年8月第1版
印　　次：	2013年8月第1次
书　　号：	ISBN 978-7-5090-0918-5
定　　价：	32.00元

如发现印装质量问题，请与承印厂联系调换。
版权所有，翻印必究；未经许可，不得转载！

目录

上部
海上霸主

第 1 章　海商时代 003

第 2 章　生死一线 018

第 3 章　义结金兰 031

第 4 章　平户岁月 049

第 5 章　青云直上 067

第 6 章　功亏一篑 081

第 7 章　开拓台湾 091

第 8 章　两度就抚 111

第 9 章　小子福松 123

第 10 章　闽海之王 135

下部

千秋伟业

第 11 章　夫子门生 153

第 12 章　隆武赐姓 168

第 13 章　权柄之争 181

第 14 章　分道扬镳 195

第 15 章　父子决裂 214

第 16 章　戴孝兴师 228

第 17 章　风云崛起 239

第 18 章　挥师北伐 255

第 19 章　兵发台湾 273

第 20 章　彪炳千秋 292

上 部

海上霸主

第十四章

第1章
海商时代

在人类文明史上，十五世纪末到十六世纪初是一个开天辟地的年代：欧洲航海冒险家们开辟了通往印度和美洲的航路，发现了美洲大陆，地理大发现为以后五百年的全球海洋贸易奠定了基础；在亚洲，葡萄牙、西班牙、荷兰，各国都不嫌路途遥远，争先恐后来与中国进行贸易。

然而，代表中国与列国诸强进行海上贸易的竟然不是官方，而是活跃在东洋、南洋贸易要道上的"海商"。这是今天的称谓，在当时则被称为"海盗"。有明一代，史家公认有三大"灾难"：日本人的"倭患"、李自成的"流寇"以及女真人的"边事"。而"倭患"则直接催生了"海商"。

明政府对"倭患"采取的是釜底抽薪之策，严禁任何的货品运输到日本。这样一来，中国和日本的贸易正式中断，而民间贸易由此开辟出了新路：一条道路是走私，二是从澳门、吕宋（菲律宾）等中转。

郑芝龙正是在这么一个大时代里应运而生。他并不能预知自己未来的命运，但他天生不安本分，不甘心默默无闻地度过一生。他迫不及待地要去建功立业，去外面的世界闯荡，而舅父黄程的到来，燃起了他全部的梦想与希望。他毫不犹豫地离开了新婚妻子，跟随舅父黄程前往澳门……

福建南安石井一户姓郑的大户人家府上,正在张灯结彩,大办喜事。

这户人家的主人叫做郑士表,其家族在当地可谓赫赫有名:一世祖隐石公,大约于宋末元初时,避乱自中原南下入闽,兄弟分散。隐石公独居泉郡武荣,从事耕种,然而不足以养家糊口。后来听说海滨一带富饶多产,谋生颇易,就约了数人来海滨看个究竟。一日来到石井这个地方,只见山势宛如巨龙飞腾,首尾相连;水面之上潮水滚滚,气象万千,不觉失声而叹:"真是一个好地方!"与众人一起登上山顶,只见山巅上一块巨石耸立,上书四个大字:"海上视师",落款"宋朱熹题"。隐石公更觉诧异:原来先贤圣哲,早有登临,我等何来之迟也!众人中一个叫做廖明师的,颇擅风水之术,明阴阳之理,每到一地,必定指天画地,言某处下葬,后人可飞黄腾达云云。这一日见了山势挺拔,海潮汹涌,更见到朱熹题字,大为钦佩,乃指对众人道:"你等可知朱夫子在此勒石题字,是何用意?"众人纷纷摇头说不知,廖明师要卖弄学问,得意地道:"你等不懂堪舆之学,自然不解朱夫子真意!不瞒诸位,此处海面之上,潮水奔腾,共有五气,此名"五马奔江"。然而五气皆如脱缰野马,不得收束;朱夫子以此石做槽,收拢五气,这叫做"五马归槽",若后人有谁能解得其中真意,在此白鹤山上卜地而葬,后世子孙中,必有王侯将相,一方诸侯!你们上山来的时候,没有听说么:白鹤山,珠屿案,谁人葬得着,天下得一半。"众人听了,都当做无妄之谈,大笑起来,催促他:"快说,快说,究竟葬在如何地方?"廖明师却卖起关子来:"不可说,不可说!"众人遂不再理会他。

然而说者无心,听者有意,下山之后,隐石公就将这话牢记心中,从此对廖明师毕恭毕敬。一路之上,奔前跑后,一任支使,毫无怨言。众人别后,隐石公又请廖明师到自己家中小住,殷勤照顾,竭尽所有。廖明师感念其诚,一日将其叫至跟前,问:"你是想知道在白鹤山上点穴下葬之法,对不对?"隐石公含笑点头,廖明师明白其心意后,叹息一声:"我平生所学,从来只被人嘲笑讥讽,只有君不以为妄,足见你我有缘,也是你该当有这个福分,也罢,让我来告诉你吧!"于是以秘法相授:"在白鹤山上,但见有二十八块巨石,按照天上二十八星宿方位排列,就是吉地。在吉地正中,深挖一井,凿穿海底,引来海水,以一铜棺密封，置于水底，将来子孙后代，必然封侯拜相，满门富贵！"

隐石公再拜叩谢，廖明师大笑而去，从此不知所终。隐石公几天后就率领一家人来到石井，从此就在这里居住下来。几年中，经商牟利，遂成大富。一日，隐石公预知将不久于人世，就将自己死后如何埋葬之法，详细告诉子孙。子孙待其归天，暂不入殓，来到白鹤山上，果然找到二十八块巨石，于是凿井为墓，以铜棺密封沉入水底。覆于其上以土石填塞，植以松木，以作掩饰。

自一世隐石公之后，二世隐泉公，三世砥石公，四世纯玉公，五世井居公，六世确斋公，七世乐斋公，八世于野公，九世西庭公，一直传到了第十世郑士表。如此过了三百多年，郑氏一脉在石井开枝散叶，繁衍了不知道多少的子孙后代，而其中却并没有如预言所说的出王侯之尊的大人物，因此传说渐渐湮没，虽然还是代代口头相传，却连郑氏子孙自己，也不怎么相信了。

然而，郑士表却是个例外。郑士表自己一生科举不遂，事业无功，他就把家族兴旺发达的希望，全部寄托在了儿子们的身上。他先是娶妻徐氏，生了四个儿子：郑芝龙、郑芝虎、郑芝麟、郑芝凤，其中郑芝麟早殇，其他三子成人。后来发妻去世，又娶了一个妻子黄氏，再生了一个儿子：郑芝豹。几个儿子皆以勇猛无比的兽中王者命名，足见郑士表对儿子们的期望。他坚信，在自己这几个儿子中，必然会出现预言中的王侯将相一类的惊天动地的大人物。为此，郑士表对儿子们从小就严加约束，轻则板子打掌心，重则藤鞭抽屁股。其教子之严，冠于乡里。

可是，世上的事情偏偏不尽如人意。郑士表对儿子们寄予厚望，对他们的要求近乎苛刻，结果怎样呢？他的第一个儿子，也就是家中的长子郑芝龙，乳名一官，字甲，号飞黄，以喻飞黄腾达之意。这个肩负家族振兴重任的家中长子，却从小就是个调皮捣蛋、不服管教的家伙，他的所作所为，只能用"顽劣不堪"来形容。表面上看上去，这个孩子长得面色白净，剑眉星目，一脸的英俊、斯文，可是在他的骨子里，却是天不怕、地不怕的狂野性格。在学校里和同龄的孩子打架、恃强凌弱那是不用说了，想方设法捉弄老师，气得老师吹胡子瞪眼也不用说了，但说他胆大妄为到了什么程度：一次，他竟然和同学们打赌，跑到县衙后面的墙头上去，用弹弓发射石子，去射击正在后花园的凉亭里乘凉的县太爷叶继善的帽子。结果，一石发出，正中县太爷的帽子左翅，不但帽翅为之折断，而且石子擦伤了县太爷的耳朵，鲜血流了一脸。县太爷大怒，立即派衙役将肇事的臭小子押来。若换了一般人，闯下如此弥天大祸，早跑得无影无踪了。郑一官呢，不但不跑，反而自己进来，在县太爷面前乖乖跪下。

叶继善一见他眉清目秀，长相俊美，怒气先消了一半，问他："是你小孩子家天性贪玩，打鸟射蝉，误伤本官，对不对？"

不料郑一官却一本正经道："不，是我故意这么做的。"

叶继善大怒："这么说你是存心要伤害本官？你可知罪？"

郑一官道："大人请息怒！是这样的。我等今天在课堂上，读到书本中有'爱民如子'之语，众生都不解其意。我站起来说：'就是做父母官的将百姓当做自己的子女来看待，即使百姓犯了什么错误，做父母官的也会包容，不忍责罚。'众生嘲笑：'天下哪里有这样的父母官？'我说：'远的不说，近的就有一位。本县父母官就爱民如子。我等幼童稚子，若犯轻微错误，大人必不见责！'众生不信，嚷着打赌：'你若敢太岁头上动土，而大人不见责，我们就信了你！'我为了让他们相信，大人是一个爱民如子的父母官，才斗胆想出这么一个办法。不料失手伤了大人，我愿领重罚！"

叶继善听了，哭笑不得。且不论他说的是真是假，仅仅这一套说辞，就把叶继善给难为住了：按照他这么说，若是自己认真和他计较，那就是不"爱民如子"，那么自己这个父母官还怎么取信于民？可是，若是就这么放过他，那自己堂堂一介县官，颜面何存？律法之尊又何以体现？

正在为难，郑士表听说儿子闯了大祸，慌忙跑来，跪在叶继善面前求情，并且自动求罚俸三个月，以示自责。郑士表的官职是掌管粮库，本来就是个清苦差事，没有油水，如今自请罚俸，足见诚意。这一来，叶继善也就顺水推舟，答应了他的请求，不过法外开恩，将罚俸减为一个月。

不消说，郑士表回去之后，将郑一官一顿毒打，又将他关在房间里，狠狠地饿了三天才完事。

但对郑芝龙来说，这样的惩罚根本不算什么。倒是他用弹弓打了县太爷的帽子的冒险之举，成为了人们津津乐道的一项壮举，而他也因此成为了名副其实的孩子王。每天放学，都有一帮半大小子跟随他游来荡去，聚集在一起舞枪弄棒。郑芝龙也的确天赋异禀，十几岁上就人高马大，一身力气，可以一手将一只上百斤的石锁拎起来，上下舞动，十多个人都近不了身。

到了此时，郑士表也知道再怎么去管教这个儿子，也已经没有用了。眼见读书没有希望，或许可以走武举这条道路，将来考个武状元之类的，一样可以光宗耀祖。于是和妻子商量了一下，就送他到当地有名的武师那里，让他学习骑马射箭及十八般兵器的功夫，只盼他能收敛心性，不再到处惹是生非。而郑芝龙呢，父亲的这一安排倒的确对了他的心思。他也真肯下苦工夫，冬练三九，夏练三伏，很快在拳脚上有了一定的造诣，在当地成为了小有名气的一个人物。

这一年，郑芝龙十六岁。十六岁已经到了成家立业的年龄，父亲郑士表认为早点给他娶妻，可以约束心性，因此早早给他定了同乡一个姓颜的人家的姑娘。颜家在当地亦是一个大户人家，和郑家门当户对。因此，两家联姻，这一门亲事从一开始就在当地引起了不小的轰动。

婚礼举行的这天，整个石井都为之街巷一空。人们纷纷涌到郑家的门前来，等着一睹婚礼盛况。

郑府上下从半个月前就开始准备，里里外外焕然一新。郑士表今天的穿戴亦格外精神，一大早就在门口迎接各方来的宾客。以郑氏家族人丁之盛，不要说上溯数世，仅仅是上溯三四世，来参加郑芝龙婚礼的家族中的亲戚朋友，也足足有上百人。这还只是本家，何况还有乡里乡亲，都是受过郑家的恩惠的，加上郑士表在官府中为人谦和，多有结交，因此宾朋之多，难以言表。

但说这天，正当人声鼎沸，一片喧哗之际，忽然又有一排长长的车队来到府前。这支车队一亮相就引起了众人注意：因为每辆车子上，都分坐两条大汉，膀阔腰圆，押着满满一车的货物。那货物也不是寻常的绸缎布匹，而是寻常之人难得一见的海货，什么珍珠、贝类、珊瑚……而更令人稀奇的，是从东洋、南洋、西洋等地贩运来的琳琅满目的各色货物，例如白色上等棉布、棉丝、印花布、黑绿蓝颜色的广幅布，以及胡椒、苏木、白檀、爪哇藤、香料、肉桂、乳香、象牙、琥珀……足足装了十辆大车，在众人的啧叹声中停在郑府门前。

从当先的第一辆大车上，帷幕掀开，步出一个衣着华贵，身材发胖的中年人。只见他秃着一个大脑门，满脸红光，一双眼睛眯成一条缝，脸上总挂着世故而圆滑的职业性微笑，一下车就来到郑士表面前：

"姐丈，恭喜，恭喜！"

"哦，是澹庵兄弟来了，快请！"

郑士表其实不等他下车来，就知道来的不是别人，正是自己的妻子黄氏的胞弟黄程。说起来，这个黄程可不是普通人，而是一个赫赫有名的大海商。他很早就去了澳门经商，在那里从开设一个小铺子起家，经营白糖、麝香、鹿皮等，短短几年间规模就扩大了数倍，自己购买了船只，开始从事海外贸易，足迹遍至日本的长崎、平户，吕宋的马尼拉等地，获利之丰，难以想象。

黄程这些年中，只来到过石井两次，一次是姐姐黄氏嫁入郑府，一次是黄氏的儿子郑芝豹出生。但仅有的两次回来，黄程都是排场十足，赠送给郑府上的礼物，足够数年用度。因此，他每一次来到，必定在石井引起轰动；郑府上下，无不将这位舅爷视为贵宾，对他争相巴结。而郑士表呢，对于这个妻弟却说不清楚什么感情。说羡慕吧，谈不上。因为黄程所从事的海上贸易，说得好听是海商，说得不好听就是海盗；在普通人眼里，这种人过的就是风里来、浪里去，刀尖上讨饭吃的生涯，发达固然令人惊愕，丢命也在顷刻之间。郑士表自忖，以自己性格之胆小，无论如何从事不了这种冒险勾当。至于说嫉妒，郑士表倒承认有一点。毕竟自己一生辛劳，不过一个小小的库吏，薪俸微薄，恨不得每一个铜板都掰成两半花。不像黄程这样的大海商，一趟出海，常常就黄金千两，获利不知道几十、几百倍之巨。而这种拿性命换来的钱，他们也不当做一回事，要么是在赌坊，要么是在青楼，一掷千金，手面之大，令人咋舌。

黄程和姐丈见过礼，无暇多说，就站在门口，指挥自己的兄弟，将一车车的礼物卸下来，送入府中。

等黄程卸下礼物，引领众兄弟入了里面坐好，这边刚坐定，外面又鞭炮齐鸣，锣鼓喧天，原来是迎接新娘子的大轿回来了。郑芝龙骑着一匹高头大马，身着大红袍装,胸前戴着大红花,在前面引着花轿,从人群里穿过,在家门口下了马。花轿在身后随后落地,新娘子颜氏被搀扶而出。

郑芝龙牵着大红彩带,另一端递在新娘子手中,在众人的簇拥下,进了家门,来到大厅。这里早摆设整齐,一应亲朋好友,都将关注的目光投向这一对新人,郑芝龙的父母则在高位上左右分坐。

吉时已到,司仪一声高喊:"吉时到,新郎新娘拜天地!一拜天地——"

"二拜高堂——"

"夫妻对拜——"

三拜过后,司仪高喊"送入洞房",于是新娘子被引领着送去了洞房,在那里静静等候新郎到来。

而新郎官郑芝龙,则要按照规矩,依辈分的大小,一桌一桌地给各位亲朋好友敬酒。众人有的送上祝福,有的送上阔礼。来到黄程这边,只见黄程早有准备,从怀里掏出来一个方方正正的小木盒。那小木盒也不知道是什么香木制成,一拿出来,顿时芳香四溢。而那四条棱柱之上,盘绕四条黄金铸就的小龙,惟妙惟肖,更显出这木盒里面礼物的不凡。众人霎时被震住了。

一片鸦雀无声中,黄程将盒子打开,只见里面一颗大如鸡蛋的夜明珠,晶莹圆润,光芒闪闪。

"一官,这颗夜明珠,是我去年出海经过一个荒岛,上去闲逛,意外捡到一个龟壳,从那里面剖出来的。"黄程介绍道,"本来它有两颗,一左一右,共是一对。我将其中一颗留下来养老,这一颗就送给你,恭贺你新婚之喜!将来你要做一番事业,希望这颗珠子能帮助你一二。"

"多谢舅爷!"

郑芝龙知道这位舅爷必有厚礼,却也没有想到,他会送给自己这么贵重的海外奇珍。本来,他就有一个想法:这次如果黄程来到,自己就和他谈一谈,听他讲一讲海外轶事,看自己是否有机会跟他一起去闯荡海上。如今,见舅爷这么器重自己,他心里念头更坚:一定要跟舅爷走!

新婚之夜过去,第二天一早,郑芝龙就来到舅爷黄程的房间里,这时候黄程也不过刚刚起身。

"哎呀,一官,这么早?"

本来黄程以为,青年人贪恋男欢女爱,鱼水之欢,新婚之夜嘛,第二天不会有人苛求他早起。可是,郑芝龙却穿戴整齐,分明已经起身很久了,听到黄程屋子里的动静,这才进来见他。

"舅爷,我有一件事情,要来和您商量。"

"哦?"

"是这样的,"郑芝龙也不掩饰自己的想法,开门见山地道,"我想跟您去海上闯荡一番,做一些大事情。"

"怎么,你要跟我出海?"黄程有些不太相信,"这是你自己的想法,还是你父亲让你来和我说的?"

"是我自己的想法,我还没有禀报父亲,要等舅爷同意了,我再去和父亲说。"郑芝龙如实道。

"哦,那就是你个人的意思了。"黄程点了点头,不紧不慢地问,"那你说说看,为什么要跟我出海?"

"舅爷,我是这么想的。"郑芝龙认真地道,"我已经十六岁了,虽然没有能够读书有成,考取功名,但是总算学了一点武艺,也不辜负了父母的一番栽培苦心。我读书不多,但是也知道大丈夫顶天立地,生于天地间,不外'成家立业,忠君报国'八个字。如今我已经娶了妻子,成了家,可以说人生的第一件大事情'成家',已经完成。有个人替我在家中侍奉双亲,我也算尽了一个'孝'字。接下来,我想我应该去完成人生的第二件大事情,那就是'立业'了。"

他这番话,说得入情入理,诚恳真挚。黄程听了,不由连连点头,鼓励他说道:"说得对,说下去。"

"'立业'的事情,我还没有想好。因为我没有机会去外面闯荡,阅历少,见识少,所以也不知道自己人生这一番事业,立足之点在什么地方,未来能够达成什么样子。"郑芝龙道,"但我想,人各有命,我辈秉命而生,来到这个世界,冥冥中一定早有一种安排,要弄明白这种上天的安排,不外两个字:一个是

'时',一个是'机'。我想请舅爷带我出海,就是去寻找'时机'!"

"一官,舅爷真的没有想到,你这么年纪轻轻,对人生的感悟竟然如此深刻,以你这般聪慧才智,将来必成大事!"黄程的眼睛本来一直眯着,如今却陡然睁大了,那是只有见了奇珍异宝,见了稀世之货或者出类拔萃的人才,眼睛里才会有的闪亮光芒。他也丝毫不对郑芝龙隐瞒什么,如实相告:"一官,实话告诉你,我早就看出来,你是一个难得一见的奇才,只要给你一个历练的机会,假以时日,你的成就一定胜过舅爷十倍、百倍!舅爷早有心栽培你,怎奈舅爷干的这种勾当,快活固然快活,却不是什么正大光明的事业,我怕反而耽误了你走正途!再说,你是家中长子,你父亲一心要你光宗耀祖,我就是和他说了,他也不会同意。"

"舅爷请放心,"郑芝龙坚决地道,"我已经不是小孩子了,知道自己该干什么,不该干什么。父亲为我着想,我是知道的,但是我的人生,终究还我要一个人去面对,只要我下了决心,父亲也不会反对。"

他这番话已经再清楚不过,于是黄程也就不再多说什么,一口答应:"好,我本来要今天动身,那我就多留一天,一来你好去和你父亲讲清楚,二来也让你们小夫妻多热乎热乎,哈哈!"

"多谢舅爷!"郑芝龙亦面露兴奋之色,不过他立即又提出一个要求:"舅爷,我还想求您一件事情。"

"哦?"

"既然舅爷答应带我一起出海,肯提携我,带着我一起干事业。那我斗胆想跟舅爷先预支一点工钱。"

"你要工钱?"黄程不想他这么直截了当,愣了一下,但是随即就明白了他的用意,不由"哈哈"笑起来。

"好小子,你想用这笔钱安抚家里,让你的父亲不看僧面看佛面,冲着钱的份儿上也不好拦你,对不对?"

"这只是其中一点,"郑芝龙道,"最主要的,是父亲为了我的婚事,花费颇奢,我这个做儿子的,不能替家里分忧解难。如今有了一个出去做事的机会,能先贴补一下家用，也算略尽孝道。"

"一官，我果然没有看错你！"黄程对他的这一番思虑，称赞不已，当即从随身行李中，取出来几片明晃晃的金叶子。"呶，这里是五十两金子，按照我们这一行当的规矩，就当是你的'卖命钱'。"

"'卖命钱'？"

"是呀，我们这一行，风里风里去，浪里浪里去，有时候还要和官军作战，死伤在所难免。所以一入了这一行，就等于是一只脚踏入了'鬼门关'。不先拿到一笔'卖命钱'，安顿家小，谁肯给你卖命？"黄程给他介绍了其中的详细情形以后，又故意激郑芝龙，"一官，你可要想好了，是跟着舅爷去亡命海上，赚用命搏来的金银珠宝，还是留在这里，过你的安稳日子？"

"安稳的日子，留给我的弟弟们去过吧！"郑芝龙却丝毫不畏缩，"我堂堂男儿，不能建功立业，死不瞑目！"

于是，郑芝龙就带着黄程给他的五十两金子的"卖命钱"，回到了自己的房间。他认真地想着，如何编造一套说服父亲的说辞。这可不是一件容易的事情。一直想了一天，才有了主意。

晚饭过后，郑士表累了一天，正在书房静坐，郑芝龙进来了，一声不吭，给父亲端茶倒水。又将父亲的那杆盘龙金嘴的大烟袋拿起来，装好上等的兰花烟丝，递给父亲，亲手点燃。

郑士表大口地抽着烟，在烟雾缭绕中微微闭目，体验那种飘飘欲仙的感觉。半响才开口问郑芝龙：

"什么事？"

"爹，我想请您再讲一讲隐石公卜穴入葬的故事。"

"你是说那个'五马归槽'？"郑士表不知道给儿子们讲过多少次，一世祖隐石公为了子孙后代飞黄腾达，煞费苦心从别地迁来，在此地择穴而葬的故事。因此，他没有再详细叙说当时经过，而是直接问儿子："你是不是想问，为什么咱们郑氏子孙，三百年来始终没有王者兴起？"

"正是。"

"那么，以你之见呢？"郑士表反问道。

"孩儿读书不多，于史书更是甚少涉猎，因此不知道历史上那些王侯将相，是如何成就王霸之业的。但孩儿想，所谓王侯将相，一定是非常之人。而欲成非常之人，必须行非常之事不可！我郑氏虽然赖隐石公千辛万苦，卜得一处吉穴，得以独占风水，然而如果不勇猛进取，不敢背井离乡，去外面闯荡一番，而只守卫这一片祖先留下来的风水宝地，又如何能成就大业？"

"哦？这么说，你是想出去闯荡了？"郑士表一直静静地听着，这时候才放下烟袋，看了他一眼。"我知道，你早想跟你舅爷去闯世界。怎么，这一次你终于下定决心了么？他肯带你去么？"

"啊？爹爹您怎么知道孩儿心思？"

"知子莫若父！"郑士表又吞吐了一口烟雾，道，"你那点心思，为父岂能不知？不过以前所以不和你谈论这件事情，是因为你还没有成家。如今成了家，是个大人了，你也该考虑自己的事业了。"

"这么说，莫非您也赞同，孩儿跟舅爷一起去？"

"你舅爷做的什么生意，我并非全然知晓，但是大致还是知道的。"郑士表不紧不慢地道，"他赚的钱，有的干净，有的不干净，但是赚钱就是赚钱，又不像读书做文章，哪儿有那么多道理可讲？再说，满口仁义道德，满肚子圣贤学问，像你爹我这样清清白白，又有什么用？我倒宁愿你走出一条自己的道路来。从你弃文学武的第一天起，我和你娘不就说过对你的期许吗？"

"爹和娘嘱咐我说，希望我将来有一天，可以成为戚继光那样的大将军，忠君报国，受人敬仰！"

"你还记着爹和娘的话，爹很高兴。"郑士表脸上露出了笑容，"你大了，有自己的梦想，就去追吧！"

"多谢爹，那我明天一早，就跟舅爷走了！"

"这么快？"

"是，我已经和舅爷说好了。"郑芝龙又将怀里的四十两金子取出来，放在父亲面前。"这是舅爷先预付给我的工钱。孩儿这一去还不知道什么时候回来，这笔钱就算孩儿孝敬家里的吧。"

"好孩子,好孩子……"郑士表想不到素日令他头痛不已的儿子,如今竟然一下子变得这么懂事,又是诧异,又是怜惜。儿子早已告辞出去了,他还在喃喃不已,甚至烟袋熄灭了都不知道……

这一夜,是郑芝龙在自己家乡度过的最后一个夜晚。新婚燕尔的妻子,却不知道夫妻分离在即。

颜氏在此前对于人生并没有这么多的憧憬和期许。她是一个典型的传统家庭培育出来的女性,在家从父,出门从夫,遵的是父母之命,听的是媒妁之言。她从来不敢去想自己会嫁给一个什么样的男人,是一个顶天立地的大丈夫,还是一个猥琐懦弱的小男人。她只能暗暗向上天祈祷,祈祷上天赐给自己一个温柔体贴、懂得疼爱自己、照顾自己的男人。她不求他多么有所作为,只求能与他长相厮守,能够给自己提供一个坚实的臂膀,一个宽阔的胸膛。她可以放心地依靠他,可以心安理得地给他生儿育女,和他共同组建一个温馨浪漫的家庭,共度一生。

直到昨天洞房花烛,当头顶上的红盖头被揭起来,她羞涩地抬起头,才看清楚,面前是一张怎样俊俏的面孔!

这是一个让任何女人见了都心跳不已的男人的脸。她的丈夫是这样的一个美男子,而他后来在鱼水之欢时,又是那样地温柔体贴,一切都令她心醉神迷,她甚至怀疑自己是不是在做梦。

这种晕晕乎乎的感觉一直伴随着她,直到又一个夜晚来临,她还有些不真实的缥缈感觉。

摇曳的烛火映照着这个小小的二人世界。灯下,郑芝龙将自己白天特地去给妻子买的首饰拿出来,一件件摆在桌子上,然后将妻子叫过来,亲手帮助她将项链、耳环什么的一一戴好。

"来,让我看看!"

他前后左右,仔细地端详着,从不同的角度去看,仿佛要将妻子的美丽模样永远地铭刻心底。

"都看了一晚上了,还没看够?"颜氏满脸绯红,羞涩难当。

"看不够,就是这么看一辈子,也看不够。"郑芝龙一张嘴巴如同抹了蜜一样,简直甜到颜氏的心里去。"阿玉,你知道我在想什么吗?我在想,如果能这么一直看着你,那该多好。"

"一直看着我,那我就变成老太婆了,白发苍苍的,还有什么好看?"

"就是你变成老太婆,我也喜欢看。"郑芝龙道,"执子之手,与子偕老,难道你不愿意吗?"

"愿意。"颜氏羞红着脸,过来坐在郑芝龙身边,让丈夫轻拥入怀。"只要你不嫌弃,就让你看一辈子。"

"只可惜,我想这么日日夜夜看着你,却做不到。"郑芝龙叹了一口气,"过了今夜,明天我就要出门远行了。"

"啊?"

"我已经和舅爷说好,让他带我去澳门做事情。爹爹那里,我也已经征得了他老人家的同意。"

"阿龙,你要去做生意?"

"是啊,我早就想跟舅爷去做一番大事情了,可是一直没有机会跟舅爷说,爹爹也一直没有松口的意思。这一次,好容易舅爷答应了,爹爹也没有反对,我终于可以去做自己想做的事情了。"

"那……你能带上我一起去吗?"

"阿玉,我知道你不舍得我走,我也不愿意留下你一个人在家里。可是一来我需要你留在家中,帮我照顾爹娘,还有弟弟们,这个家需要一个人来操持;二来,我刚去舅爷那边,还没有根基,我怕照顾不了你。不如等我去个一年半载,有了立足之地,到时候我再回来接你。"

"好吧……"

颜氏还能说什么呢?她只能接受郑芝龙的这种安排,而这或许也正是命运的安排。毕竟,命运不会让她轻而易举得到一个这么称心如意的郎君,她早有预感:太过轻松到手的幸福不是真的!

似乎为了弥补自己的愧疚,熄灭灯火之后,郑芝龙将自己的全部情意都倾注在了颜氏的身上,而颜氏却在黑暗中泪流满面……

第二天,天光尚是一片朦胧,颜氏便早早起来给郑芝龙收拾行李。而郑芝龙呢,也起身了,带着烧纸和果子、水酒,从家里出来,沿着一条荒僻的小路,来到山坡上生母徐氏的坟墓前。

"阿母,孩儿来向您告别了!"

在母亲墓前,郑芝龙清理了荒草,摆上水果,焚烧了纸钱,浇奠了水酒,然后坐下来,和母亲说话。

"阿母,您知道吗?孩儿今天就要离开家出门了,要去很远很远的地方。您不是一直期望孩儿像戚继光那样当大将军,做一番轰轰烈烈的事业吗?现在孩儿长大了,终于要去远方开始自己的事业了。阿母,孩儿还不知道外面是怎样的光景,不知道能不能真的有机会做成点什么。但是孩儿不害怕,不管遇到怎样的困难和挫折,孩儿都不会轻言放弃。因为孩儿知道,阿母在天之灵,一直在看着孩儿,会一直给孩儿以庇佑和保护。阿母,请您相信,孩儿一定会成功的!"

他唠唠叨叨,平日里就喜欢来这里陪母亲说上会儿话。但是今天时间紧,也只能长话短说了。

"阿母,孩儿走了,也许短时间内孩儿不能回来陪阿母说话了,不过请阿母放心,孩儿一定会回来看您的!"

说完,他跪下来,给母亲认真地磕了三个头。山风轻轻地拂过林梢,似乎母亲在为儿子送上祝福……

从母亲的坟地上回来,父母都已经起身,妻子收拾好了行李在等他。几个弟弟听说大哥今天要出远门,一个个也都恋恋不舍。尤其二弟郑芝虎和四弟郑芝凤,是多么羡慕大哥,可以有机会去外面闯世界。而他们只能继续留在石井,留在这小小的乡下,过着一成不变的平凡日子。他们拉着大哥的手,一再叮嘱说,如果大哥在外面发达了,就捎信回来,他们好去投奔大哥。郑芝龙自然满口答应。至于五弟郑芝豹,年纪尚幼,牵着继母黄氏的衣角,远远地看着大哥。郑芝龙和这个弟弟同父异母,终究是隔了一层。不过他还是上去摸着他的头,叮嘱他听话。

动身的时刻已到,门外黄程和众兄弟已经整装待发。郑芝龙最后给父亲郑士表和继母黄氏跪下磕头。父亲郑士表一刹那间泪水盈眶,他真实地意识到,儿子真的要离开自己的身边高飞了。

告别父母,妻子颜氏送到门口,郑芝龙从妻子手里接过包裹,叮嘱几声,和众兄弟挥手而别,然后就上了舅爷黄程的车子。赶车人一扬鞭子,喝了一声"驾",车子猛地向前一蹿,郑芝龙的心亦为之一紧。他还在机械地挥动手臂,然而泪水已经遮蔽了他的视线,渐渐模糊了家乡……

第2章
生死一线

郑芝龙从踏上澳门开始，正式开启自己的商人职业生涯之旅。而他在这片流淌着财富和冒险意识，以及商业精神的土地上，所学到的第一课就是：融合。

澳门，是西方的海洋文化和东方的农耕文化最早的交汇之地。西方人要以此作为打开中国、进入中国市场的门户，而中国则通过这里而走向世界。从这个意义上说，郑芝龙是开眼看世界的第一批先行者。

澳门的"融合"最显著的一点，就是西方的天主教和中国的"妈祖"文化在这里的互相共存。郑芝龙出身福建，大批的福建人将"妈祖"文化带到了澳门；而天主教则选择了将澳门作为天主教进入东方的一个立足之地。郑芝龙一来就接触到了天主教，并且很快融入其中。

正如舅爷所教导他的那样，作为生意人，重要的是能和任何人打交道。所以，要和洋人打交道，就一定要学会两样事情：一、信仰天主教；二、学会洋人的语言。郑芝龙很快就过了这两关。后来的人生经历也一再验证：正是这两样本领，让他一再地逢凶化吉……

但郑芝龙不安本分、任性而为的性格，又注定了他在任何一个地方都不能待长久。这不，因为和舅爷的四姨太发生不正当关系，他被迫提出，替舅爷去马尼拉开辟贸易基地，从而踏上生死之旅……

一路风尘仆仆，郑芝龙跟随舅爷黄程一行人等终于来到了澳门。在澳门的港口下了船，站在码头上，置身于一个光怪陆离的新世界，郑芝龙简直难以相信自己的眼睛：只见这里到处都是忙碌的人群，一艘艘的船只在不停地进出港口。每当一艘轮船进港，靠上码头，人们就争着从船上卸下运来的货物，又装上即将运走的货物。许许多多身材高大、红发碧眼的外国人，口中叽里咕噜，不知道在说什么。不过有一点可以肯定，不管是中国人，还是外国人，不管操着怎样的口音和语言，他们所谈论的只有一件事情：生意。有生意就有的谈，没有生意就没得谈。

黄程在这里显然是一个人所共知的大人物。他一上岸来，立即有人上去打招呼，点头哈腰，满脸堆笑。一路走来，人群中问候黄程的声音不绝于耳。而黄程则显然习惯了这种众星捧月一样的尊敬，和这个聊上几句，和那个说上几句，脚下却丝毫没有停留，很快从人群中穿行而过。

最令郑芝龙吃惊的，是黄程居然和那些金发碧眼的洋人也很熟悉。他用一种在郑芝龙听来含混不清的、近似鸟语的语言，和他们自如无碍地沟通着。洋人不住点头，又冲黄程竖大拇指。

当下，黄程带领郑芝龙来到码头不远的黄氏商号。这里是一大片临街的铺子，足足占了半条街，有三五十间的屋子，每一间屋子从内到外都堆满了琳琅满目的货物，一直堆放到街道中间。无数个男男女女正在满头汗水地忙碌着，有的是在检查刚运来的货物，拿着货单一一对照；有的是在检查即将运走的货物，根据不同国家的订单，将货物装好箱子，准备上船运出。

"一官，你先自己逛一逛，我先处理一下事情，随后我带你回家去。"黄程一到这里，那个衣着鲜亮、气定神闲的形象就完全变了。他只招呼郑芝龙一声，就立即去检查各处的工作了。

郑芝龙饶有兴趣地打量着这陌生的一切。他信步走了一圈，整整走了半条街，才知道舅爷的生意做得有多么大。那么多的货物，都是郑芝龙闻所未闻、见所未见的。而在货品的单子上，写着各个国家的奇怪文字，有的状如蝌蚪，歪歪曲曲；有的仿佛是中国文字，中间却夹杂零碎笔画。

只这么走了一遭，郑芝龙对舅爷的印象就有了改观。本来以为舅爷只是凭借澳门交通之利，和早早步入商场的机缘，才能够闯出如此一番局面。如今来了这里，才知道舅爷能够有如此成就，绝非偶然。一瞬间他在心里暗暗下了决心：一定要像舅爷一样，成为一个受人尊敬的巨商！

他这么走着，不知不觉将一条街走遍了。只见这条街上除了舅爷的黄氏商号，尚且有其他十多家商号，都是华人所开设，听口音也大都来自漳、泉一带。每个商铺都是货品琳琅满目，一片的忙碌景象。

这种热火朝天的场面，和紧张忙碌的节奏，正合郑芝龙青春蓬勃的年轻人心思，令他精神一振。

的确，和这片天地比较起来，石井那边的生活未免太过陈旧，未免太过死气沉沉，令人窒息。

海风吹来远方的陌生而神秘的气息，撩拨着郑芝龙的少年情怀。他多想早一点扬帆出海啊！

又向前走了一会儿，忽然，郑芝龙眼前一亮：只见前面陡然出现了一大片的开阔广场，广场用坚实的石头铺就，广场上各色的人等都有：有的在休憩而坐，有的行色匆匆走过。广场正对面，用石头垒起来一排台阶，台阶之上，一坐雄伟高大的建筑拔地而起。建筑分为三个部分：左边是一个巨大的、高高耸立的十字架；右边是一个尖尖拱顶、直入云霄的钟楼；中间是主体建筑，一座两层的大厅堂，左右对称，厅堂的外面墙壁上雕刻着精美的装饰花纹。

不独这所建筑令郑芝龙奇怪，更奇怪的是，只见一群金发碧眼的洋人，有男有女，正在簇拥着一对新人从里面出来：男的和女的都身着一身雪白的服装，尤其那女子一袭白纱裙，拖行地上，令人联想到中国古典画中的孔雀开屏。这对青年男女携手而行，还时而旁若无人地拥吻。

难道这竟然是洋人在举行婚礼吗？郑芝龙眼睛都要瞪圆了，洋人的婚礼仪式果然和中国大不相同。

正在此时，黄程忙完了事务，来找郑芝龙了。他一拍郑芝龙的肩头："一官，在这里发什么呆？"

"舅爷，您来得正好。我问您，这可是洋人在举行婚礼？"

"是啊！"

"那这个地方，是专门为洋人举行婚礼的吗？"

"哦，这叫做'花王堂'，洋人青年男女，两情相悦，要订立百年之盟，都要来到这个地方。"

"洋人真会享受，连举行婚礼的地方都这么气派！"

"一官，你错了，这儿可不仅仅是举行婚礼的地方。'花王堂'只是它的别名，它真正的名字叫做'圣安东尼天主教堂'。一到礼拜，洋人们都要聚集到这里来做弥撒。你想想，成百上千的人都要涌到这里来，地方小了能行吗？"

"做弥撒，那是什么？"

"就是聆听神父布道，讲授天主教的教义。"黄程一时半会儿也给他讲不清楚，只能大略地说道，"咱们中国人都有自己的庙，佛教供奉如来、观音菩萨，道教供奉玉皇大帝、太上老君，对不对？"

"对呀。"

"这里就是洋人的庙。洋人所信仰的天主教，供奉的是一个叫做耶稣的神，他是被钉在十字架上流血而死的。所以你看洋人的信徒，脖子上都挂一个十字项链，就是纪念耶稣的意思。"

说到这里，黄程解开自己的衣领，从里面也掏出来一个十字项链。"你看，就是这种东西。"

"哦？舅爷也入了洋人的教？"

"要和洋人打交道，就必须信他们的教；大家都是教友，很多事情交流起来就会方便得多。作为生意人，重要的是能和任何人打交道，这叫做'入乡随俗'。一官，回去我给你一本《圣经》，你先读一读；有机会我再介绍你入教受洗。你想在这里住下来，做一番事情，就一定要学会和洋人打交道。还有，你要尽快学会洋人的话，这些我都会教你的。"

"是！"

郑芝龙本来还要到处逛逛，如今听了舅爷的话，才知道自己要学的东西这么多，顿时收敛好奇之心。"舅爷，时候不早了，咱们这就回去吧！我想早点看看，了解一下洋人的《圣经》，还有耶稣……"

"走吧！"

黄程于是就带着郑芝龙，回到自己的府上。

这是一座占地足有数亩的庄园。庄园是仿照欧洲的风格设计的。尤其是一幢高大雄伟的主楼，平地拔起，搭配着两座风格典雅的副楼，气势不凡。走廊里，是一排排精美光洁的大理石柱子。两扇黄花梨木的大门，厚重而不失华贵。一进门，地上铺着厚厚的镶嵌金丝花边的波斯地毯。头顶上，是从高处垂下来的枝形吊灯，一排托起二十四盏明晃晃的大红蜡烛。四面的墙壁上，装饰着玛瑙、珍珠等，在烛光的映照下，射出耀眼的光芒。其他一应摆设之物，无不奢靡。

郑芝龙一踏进府里，眼睛就不够使了，他从来都天不怕、地不怕，然而不知道怎么到了这里，却有一种手足无措的感觉。到处都富贵逼人，到处都整洁异常。一条走廊的两旁，甚至镶嵌满了镜子，镜子里头映照出的那个郑芝龙，是一个彻头彻尾从乡下来的傻小子，一个土老帽。郑芝龙头晕目眩，险些一头撞在镜子上。这里太大了，太新奇了，一切都仿佛在剧烈旋转。

除了房屋的豪奢，更令郑芝龙惊诧的，是黄程除了夫人，也就是郑芝龙的舅母之外，居然还有三房姨太太，一个个如花似玉，青春娇美。

郑芝龙简直看傻了。和舅爷比起来，自己叫什么男人？是男人就应该三妻四妾，这么潇洒才行！

姨太太中，尤其以四姨太和郑芝龙年龄相仿，从一见面，四姨太就用贪婪的目光在郑芝龙魁伟的身材上扫视。

这天晚上的宴席，更是令郑芝龙大开眼界。黄程为了招待他，特地让厨师给他做了几道地道的葡萄牙风味的大菜。其中最令郑芝龙食欲大动的，自然还是香喷喷的牛排。然而那牛排却要用刀子、叉子，而且还要坐得规规矩矩，脖子上系着雪白而柔软的餐巾，郑芝龙身子坐得僵硬，在黄程的教导下，笨拙地使用着刀叉，费了好大的力气，才将一块牛排吃下去。还有一点不能适应，就是那牛排外表看上去娇嫩可口，里面却鲜血淋漓，近乎生的，难道洋人就吃这个？

在整个宴席过程中，郑芝龙都很拘谨，本来他正当年轻，酒量又豪，在这样的场所正应该大显身手。可是一来他是客，不便太过放开自己的肚量；二来舅爷给他喝的葡萄牙人的酒，喝在嘴里淡得厉害，而且总觉得有一种酸酸的怪味。舅爷说这叫葡萄酒，是用葡萄酿造的。在西方人眼中，葡萄酒的颜色就是血的颜色，是耶稣之血，听得郑芝龙毛骨悚然，怎么也喝不下去。

宴席结束以后，郑芝龙早早回到自己的房间。这是舅爷特地给他安排的，在走廊的尽头，推开窗子，外面就是大海。房间不大，然而同样精致典雅，唯一令郑芝龙不习惯的就是那软绵绵的大床，还有床头的墙壁上，挂着一幅画，却不是中国的山水烟墨画，而是画了几个赤身裸体的女人，正在草地上搔首弄姿，似乎正在冲躺在床上的郑芝龙卖弄风情。这未免太过放荡。

郑芝龙刚回房不久，舅爷黄程也来看他了。舅爷已经换了一身居家的便服，一手端着酒杯，一手拿着一本小书。

"一官，这么快就吃饱了？"

"是！"

"到了我这里不用客气，就把这里当做自己的家一样。刚来不太习惯，住上几天就会适应了。"

"没什么的。"

"呶，这是我说过的那本书《圣经》，你想了解天主教，还有关于耶稣的故事，都记载在里面。"

"谢谢舅爷！"

郑芝龙接过来，翻开一看，里面都是用中文写成，显然是葡萄牙人来这里传教方便，特地翻译的。

"你先看吧，我不打扰你了。不过，别用功太晚了，记得早点休息。"

"我年轻，累不着的。对了，舅爷，你什么时候开始教我葡萄牙人的话，我想早一点开始。"

"不急，不急。"黄程很欣赏他这种年轻、好学的劲头，"你今天好好休息，明天我开始教你！"

从这天起，郑芝龙就在舅爷家里住了下来。白天，他跟随舅舅到商号里去，熟悉生意，一边努力跟随舅舅学习葡萄牙语；晚上，就回到庄园，回到自己的房间里来，独自入睡。

然而，他又正当青春，在这个年纪，怎么会睡得着？尤其他刚刚娶了妻子，经历过了男女之事。不知道怎么，从来到后不久，四姨太那勾魂的目光和凹凸有致的身材，就常出现在梦里。

一转眼，郑芝龙来到澳门已经半年多了。毕竟是年轻人，他融入当地生活的速度甚至远超舅爷的预期。不但掌握了基本的葡萄牙语的交流、沟通，而且他还在天主教的教堂受了洗礼，起了一个洋名字——"尼古拉斯"。这样在和外国人打交道的时候，就方便多了，不必再用"郑芝龙"。

这天，黄程因为要押送一批贵重的货物出门，将郑芝龙叫到跟前，嘱咐他："我走以后，你要替我照顾好商号的生意。白天在商号做，晚上一关门立即回家去睡觉，不要在外面闲逛，知道吗？"

"知道了。"

郑芝龙答应得很痛快。他知道舅爷这么叮嘱自己，是为自己好。因为自从取了一个洋名字后，他似乎也沾染了一些洋人的习气：喜欢去酒吧喝上几杯，抽烟，和一些外国水手掰腕子、摔跤，一起肆无忌惮地盯着女人看。尤其那些个外国洋妞，开放得很，经常当众跳"艳舞"，引诱男人。

郑芝龙以前在小镇上，习惯了封闭、守旧、节奏缓慢的生活。如今忽然进入这么一个纸醉金迷的新世界，一下子还真有些头晕目眩。如果不是舅爷在旁边善意提醒，只怕真要一头栽进去了。

舅爷走后，郑芝龙果然按照对舅爷的承诺，每天白天认真做事，晚上商号一关门，就乖乖回家睡觉。

可是这种生活对于郑芝龙来说，如何能熬得住？漫漫长夜，如何能打发过去？只能是一个人喝酒浇愁了。

偏偏在这孤寂、无聊之中，一个女人早已盯上了他。谁？便是那个妖媚、风骚、年轻的四姨太。

原来这个四姨太，是戏子出身，过惯了热热闹闹的生活。自从被黄程重金娶来以后，退出舞台，金屋藏娇，过起了平淡安稳的日子。可是她怎么能忍受将自己的一颗芳心锁得这么紧？因此难免有红杏出墙之意。

郑芝龙的到来，将四姨太的无限春思，完全撩拨起来。郑芝龙年轻，身材健壮，活力四射，和黄程发福臃肿的身材不可同日而语。

因此，黄程一走，四姨太立即对郑芝龙发动了攻势。没事就借故往郑芝龙这里跑，两个人都是干柴烈火，哪里能守住男女大防？再说郑芝龙怎么能抵挡住四姨太的魅力？很快，二人发展出一段畸情。

半个月后，黄程深夜从外面回来，一进门正好撞上郑芝龙和四姨太赤身裸体，搂抱在一起。黄程大怒，吩咐将郑芝龙和四姨太捆了起来，按照当地的风俗，他俩要被捆入木笼，去海水中浸"猪猡"。

这种刑罚，即使有人能够挨过不死，上来以后，也是半身残疾，以后再也不能干伤风败俗之事了。

可是郑芝龙毕竟是黄程的外甥，再加上黄程的确爱惜郑芝龙是个人才，思前想后，还是决定饶他一命。

"一官，我自问待你不薄，为何做出这等丑事？"

"舅爷，对不起，实在是我一时糊涂，把持不住。"郑芝龙跪在黄程脚前，悔恨得无地自容，"俗话说：家丑不可外扬，出了这么大的丑事，我也没脸回去见我爹娘。您给我一个机会，让我出海去吧！"

"也好。"

出海，就是押运货船到日本、吕宋去。当时，明朝政府自朱元璋起，就有明确的规定：片板不得下海！这一"海禁令"，一直到明穆宗隆庆元年，才有了一丝的松动，允许在福建漳州的月港，设置一个开放特区。只有漳州、泉州二地的人民，才有资格从事海外贸易。但还是有一个禁区：日本。

有明一代，日本人以斩不尽、杀不绝的"倭寇"形象，一再骚扰东南沿海，令明朝政府大为头痛。

明政府将"倭患"和李自成"流寇"以及女真人"边事"列为国家三大灾难。

明政府对"倭患"采取的是釜底抽薪之策，严禁任何的货品运输到日本。这样一来，中国和日本的贸易正式中断。民间贸易则因此受益，同样一船商品，走私到日本就会有几倍乃至十几倍的利润。

黄程所从事的海外贸易，很大一部分就是走私货品到日本，每年两次，从中可以获取巨额利润。

除了日本，还有一条商路，就是去吕宋。吕宋是中国的棉布、生丝、丝绸等前往海外的中转站，中国商人很早就在这里的马尼拉经商。据说马尼拉之名源自当地一种生长着白艳花朵的湿地树（Maynilad），因为那些白色的花朵开得宛如一双亮晶晶的眼睛，因此得名。马尼拉有一个天然的海港——马尼拉湾，大批的商船就是从这里启程，将中国商人贩运而来的棉布、丝绸等运往葡萄牙、西班牙、墨西哥等，然后再从那里满载黄金白银和充满异域风情的货物而回。

而随着中国的丝绸等在欧洲的热销，马尼拉的贸易地位也引起了欧洲人的注意。西班牙人捷足先登，派出了他们的舰队在马尼拉湾登陆。吕宋的君主苏莱曼亲自指挥了抵御西班牙人入侵的战争，然而却不幸在海战中阵亡。西班牙人大获全胜，一举占领马尼拉，继而控制了吕宋全境。

西班牙对吕宋的占领，并没有妨碍中国从漳、泉而来的商人在这里继续经商。他们很快和西班牙人结成了贸易伙伴，每年都与西班牙人约定价格，然后带着西班牙国内转来的采购清单，回国代为采办。后来很多商人觉得商品运输不便，增加成本，索性将部分生产环节转到吕宋，于是在吕宋出现了大批由华人经营的以棉布、纺织为主的作坊、店铺。他们就地收购棉花，然后就地纺织成棉布，这样就可以直接向欧洲输送，成本大大降低，而利润却大幅提高。

黄程年轻的时候，就曾经一度在马尼拉经商，拥有自己的棉花纺织作坊，而且和当地华人最大的首领李旦有过交往。李旦约比黄程大十岁，是泉州府同安人，他是一位百货业大王，从印度尼西亚泗水到日本长崎，从大到小的生活必需品，都能在李旦经营的百货店里找到。

然而，天有不测风云，由于中国商人的出色经营，加上中国的丝绸和棉布在欧洲市场上所向披靡，以至于在当时的新兴市场墨西哥，曾经独领风骚的西班牙货都被中国货所排挤出去。据说，在墨西哥市场上，中国丝织品价格是西班牙同类产品的1/3，秘鲁的1/9，在东南亚是荷兰同类产品的1/3，在欧洲是欧洲产品的1/4~1/3。甚至，中国铁钉在吕宋市场价格只是西班牙产品的1/4，由此致使秘鲁总督卡涅特不得不专门派人赴吕宋购买中国铜、铁制品。

西班牙国内，王室对此大为恐慌，一再下达禁止中国的丝织品在墨西哥等地的运输和销售。

正当西班牙对中国的丝织品说"不"时，中国方面，却不知道谁编造出了一个谣言：据说是泉州同安人张嶷妄称，说吕宋岛上有一个叫做"机易山"的地方，每年出产十万两黄金和三十万两白银。福建的官员听说了这一消息，不辨真假，将其上奏给中国的最高统治者万历皇帝。万历皇帝立即下了一道诏书，派海澄县丞王时和与百户于一成，一道抵吕宋勘探实情。

中国政府派官员来到吕宋，这引起了西班牙人的猜忌，认为中国政府来勘探是假，想要将吕宋从西班牙人手中夺走是真，于是西班牙人先下手为强，开始采取了强硬的驱逐当地华商的政策。大规模行动的第一步就是搜查中国商人的武器，甚至包括一应日常用品的铁器。这样一来，中国商人自然不干，于是冲突随之发生：西班牙人开始武力镇压，一场血腥的大屠杀开始了。

这场事件中，中国商人的首领李旦是第一个受害者：西班牙人包围了他的住宅，逮捕了李旦，并且搜查、没收了李旦的所有资产，据说仅金条就搜出了超过四万根。

在这场风波中，像黄程这样的小商人自然更难逃其害，幸而黄程见机不好，早早携带家产逃回了中国。

虽然后来黄程依靠此前的积蓄，在澳门东山再起，又创立了一番基业，但他始终没有放弃重返吕宋。

自大屠杀之后，中国和吕宋的贸易近乎停滞，每年敢于冒死抵达吕宋的船只不过十多艘而已。黄程和很多人一样，一朝被蛇咬，十年怕井绳，明知道派船去吕宋利润巨大，却始终不敢前往。

这一次，因为郑芝龙犯了错误，他主动提出要去吕宋做贸易，那是以命相搏，要戴罪立功的意思。

如果真的他能够替自己打开通往吕宋的商路，那么和其丰厚利润比起来，一个区区四姨太算什么？

黄程毕竟是商人，商人所考虑的就是如何千方百计获得利润。他一瞬间作出了决定。

"好。不过你要明白：不是我逼迫你去冒险，而是你要为自己的未来闯出一片天地，开出一条新路！"

"我明白！"

于是，黄程立即将一支满载白糖、麝香、丝绸的船队交给他，要他押送到马尼拉，去卖个大价钱。

郑芝龙没有任何的犹豫，事实上也别无选择。他立即收拾了行李，告别舅爷，扬帆起航，奔向吕宋。

然而他却无心欣赏海上的壮丽风光。因为大海是瞬息万变的，今天可能还是艳阳高照，晴空万里，明天就有可能乌云密布，风雨呼啸。甚至一天之中，上午、下午和傍晚，气候都会变化三四次。所以，当时的人们根据航海的经验，总结出了一系列的谚语。

例如：

虹下雨雷，晴明可期。

断虹晚现，不明天变。

断风早挂，有风不怕。

晓雾即收，晴天可求。

雾起不收，细雨不止。

三日雾蒙，必起狂风。

……

狂风暴雨，大雾弥漫，这在海上是经常遇到的。仅仅有航海经验还不够，还需要有足够的运气。

因此，像郑芝龙这样的初次出海者，心里惴惴不安，每天早中晚三次，他都要在船上供奉的"妈祖"像前跪拜、祈祷：

"天后娘娘，请您保佑我们一路顺利，保佑我们平安抵达吕宋，千万别出什么意外！我给您烧香了！"

这天，郑芝龙照例给"妈祖"上了香，然后来到甲板上。正是一个难得的好天气，阳光晴朗，海水清澈。一群群的海燕在头顶上掠过，盘旋往来。郑芝龙不知道这是风雨将来的前兆，还饶有兴趣地将一些粮食抛撒在甲板上，引得海燕争着俯冲下来。郑芝龙看着这些体形弱小的家伙，奇怪它们何以能够搏击风暴，在这变化莫测的大海上悠然自在，看来造物者真是神奇！

不久之后，海燕来得更多，郑芝龙还在看得出神，富有经验的同伴却来告诉他："快点准备，大风暴要来了！"

"啊？"

郑芝龙大吃一惊，这才明白海燕群集而来的原因，原来这家伙最喜欢狂风暴雨，是来嬉戏的！

但是对于船上的人们，可就紧张而忙碌了。慌忙收了风帆，落下了碇石，将船上的货物用绳子死死捆紧、捆牢，然后就一起聚集在"妈祖"的神像前，祈祷"妈祖"能够保佑他们渡过难关了！

顷刻之间，黑云密集。接着电闪雷鸣，大雨倾盆而下。而最可怕的是大浪翻涌，小小的船只被托上浪尖，又抛入海底！第一个大浪卷来，小船上就有两个人被吞没进了大海之中，接着是第二个、第三个大浪……

小船上一片哭喊之声，海浪汹涌，海水遮蔽了视线，郑芝龙知道自己这一次难逃葬身鱼腹之灾了！

"难道我就这么死了吗？"

一瞬间，他是那么清晰，那么近距离地瞥见了"死亡"。他还年轻，却要抵达自己生命的终点了。他还有那么多的梦想，那么多的雄心壮志，如今一切都要成泡影了！

他虽然受了洗礼，加入了天主教，但只是如舅爷所说，是为了生意上的方便，他从来不相信什么"天主"，不相信在这个危难时刻，万能的"天主"会来拯救他。倒是面前的一人多高的"妈祖"木像,更加能给他提供一线生机!因此,当小船最后被大浪打翻的一刹那间,他猛然将"妈祖"的木像抱在了自己怀里,然后,他就被大浪卷入了黑暗、冰冷的另一个世界……

第3章

义结金兰

据考证，郑芝龙在马尼拉所待的时间，不到一年。然而这一年却非常关键，因为他在这里结识了一个关键人物——颜思齐。

关于颜思齐其人，有人认为有，有人认为无，也有人认为其与在马尼拉经商大发横财、又被西班牙人迫害的李旦是一个人。其实，颜思齐更有可能是当年纵横马尼拉的"汉王"林凤的部下。林凤以海上起家，最早占据台湾魍港，以澎湖、台湾为基地，后来试图在马尼拉建立"汉国"，被西班牙人击败逃遁。颜思齐继承林凤的衣钵，继续"建功立业，扬中国声名"的壮举！

郑芝龙敢于冒充李旦的义子而得到颜思齐的信任和重视，足见其性格之狡黠，亦足见其胆识。

郑芝龙跟随颜思齐来到台湾，这应该是在他去日本之前。虽然此时他尚未认识到台湾在海上贸易事业中的重要地位，但他和台湾的缘分，却似乎是冥冥之中早已注定的。而荷兰人到来，尚在十几年之后……

当郑芝龙睁开眼睛的时候，他发现自己正置身在一个洁白的世界里：周围的墙壁是洁白的，头顶上的天花板是洁白的，身上盖着的被子、身下所铺的床单，都是洁白的。周围是那么寂静，从窗户里望出去，可以看到外面繁星闪烁，点点星光洒进来，映照着这个小小的、洁白的天地。一时间，郑芝龙恍惚起来："我死了吗？大概这就是到了天堂了吧？我就要见到天主了！"

正当他胡思乱想，门开了，从外面走进来一个身材高大的男人，穿着一套黑色的修道士衣服，手上捧着一支点燃的蜡烛。

"感谢主，你醒了？"

他所操着的语言，是卢西塔尼亚（Lusitania）语，这是当时的西方人来到东方所通用的商业语言。

幸而郑芝龙在澳门将近一年，对这种卢西塔尼亚语已经颇为精通，因此他也用这种语言问对方：

"请问，我这是到了天堂么？"

"天堂？哦，不，主还没有召唤你去当他的仆人。你的船翻了，抱着一块大木头在水上漂着，我的船正好经过，救了你。你的衣服，我都拿去烘烤了。哦，对了，这是你的东西，都在这里。"

他指了指桌子上，郑芝龙看到在烛光下，桌子上是一本被水浸泡得发烂的《圣经》，还有一条十字项链。

"我叫菲利普，你呢，你叫什么名字？"

"我叫尼古拉斯。"

郑芝龙看对方是位修道士，也就没有用自己的中国名字，而是报出了自己受洗的天主教名字。

"尼古拉斯，你这是要去什么地方？"

"我要去马尼拉。"

"去做什么？"

"哦，我的一个叔叔在那里经商，不幸去世了，我是去奔丧的。"郑芝龙随口撒了一个谎。

"真不幸。正好，我也要去马尼拉。如果你需要什么帮助的话，可以去马尼拉修道院找我。"

郑芝龙就这么意外结识了菲利普。从谈话中得知，他已经来到马尼拉五六年了，对这里的情况很熟悉。

在马尼拉上岸之后，二人分别，郑芝龙答应一处理完叔叔的丧事，就去找菲利普。他煞有介事地在各处逛了三天，然后就饥肠辘辘地来到了修道院。菲利普热情地接待了他，并且很快给他介绍了一个工作：在一个教堂里当了一个守夜人，薪水虽然微薄，工作倒很轻松。

然而，郑芝龙来到马尼拉，并非仅仅混口饭吃这么简单，他既然不能回到澳门去了，就下决心要在马尼拉闯出一番局面来。可是从什么地方开始呢？他日夜冥思苦想，寻找一个机会。

机会没有等来，却等来了一场祸事。这天晚上他在守夜的时候，一个人孤独难耐，就喝起了酒。结果酒入愁肠愁更愁，不知不觉就睡了过去。蜡烛燃尽，烧着了桌布，又蔓延到了窗台上。

如果不是菲利普正巧有事情来找郑芝龙，他就葬身在火海中了。菲利普将郑芝龙背了出来，然而大火却已经无法扑救，整座教堂都被吞噬，教堂里珍藏的一座圣母玛利亚像也化为灰烬。

马尼拉宗教裁判所对圣母玛利亚圣像被焚毁一事大为恼火，指责郑芝龙故意纵火，判了他的死罪。

郑芝龙被关押在了一座石头砌成的监狱里。这是一座当年西班牙人登陆时候建立的城堡，坚固无比。郑芝龙就被关在里面，静静等死。

菲利普曾经来看过郑芝龙一次，但是没有用，他没有任何办法营救郑芝龙出去，只能告诉郑芝龙，宗教裁判所准备用最古老的绞刑当众处死他。菲利普答应去找行刑的刽子手求情，让他们在勒紧郑芝龙脖子上的绳索时候动作麻利一些，给郑芝龙一个痛快的死法。

郑芝龙还能说什么呢？要怪只能怪自己不该喝酒误事。菲利普拼了命救他出火海，已经尽力了。

行刑的日期定在第二天。这天晚上,看守给郑芝龙送来了丰盛的饭菜,郑芝龙到了这个时候,反而不管不顾了,大吃大喝一顿,然后就躺下呼呼大睡。

大概夜半的时候,忽然听到外面一阵剧烈的轰响,郑芝龙从梦中惊醒,只觉得身下的大地都在颤抖。他将耳朵贴在墙壁上听了听,又看到窗口被火光映照得通红。他手脚并用爬到窗口处,攀着铁栏杆向外面望去,只见海面上一下子涌来了十多艘大船。每艘大船上都有一门大炮,在吞吐着火舌。炮弹带着火光落到岸上,炸得地裂山崩,令人骇然变色!

这支不知道从哪里冒出来的队伍,竟然对马尼拉的西班牙军队展开攻击。西班牙军队措手不及,匆忙开了几炮以后,就丢下岸上的城堡逃走了。这支军队迅即登岸,占领了岸边的城堡。

郑芝龙不明白这是怎么回事,但是也知道这是自己逃命的最好机会,他拼命冲着外面大喊:

"救命!"

可是,窗口太小,而他距离那些人又太远,加上不时传来的枪炮声,根本不可能有人听到他的呼喊。

怎么办呢?情急之下,他想出了一个办法:将自己的衣服脱下来,将喝剩下的酒都倾倒在上面。然后,用西班牙人给他抽烟用的打火机将衣服点燃了,从小窗口里伸出去,拼命地摇晃!

暗夜里,这一团跃动的火焰分外耀眼。果然,衣服燃尽,他刚筋疲力尽地坐下来,外面响起了脚步声。

这时,进来一个二十岁上下的青年人,一手举着火把,一手持着一把明晃晃的钢刀。他充满戒备地来到铁门外面,借着火光打量里面的情况。

"救命,救命!"郑芝龙拼命大喊。

"喂,你是什么人?"

"我叫郑芝龙,是从中国的福建来的。"

"为什么被关在这里?"

"是我守夜不小心,失火烧了他们的圣母玛利亚像。不过一个破木头像而已,可是他们却要绞死我!"

郑芝龙说得轻描淡写,恨不得马上离开这个死亡之地,他真是一刻都不想再在这里待下去了。

那人听了,果然相信了他,将钢刀举起来,一刀劈下去,"嚓"一声,削掉了铁索,铁门顿开。

"多谢好汉!"郑芝龙从里面出来,手上、脚上还拖着精钢铸造的手铐、脚镣,当啷作响。

那人又砍了两刀,溅起一片火花,却只留下两道白印。他皱了一下眉头:"这玩意儿不知道什么做的,这么硬!"

"不劳好汉费心,我自己去找钥匙!"

"他们都跑了,哪里去找钥匙?"那人略一思索,"这样吧,我带你去见我们的'大甲螺'。他有一把削铁如泥的宝剑,给你斩断这手铐脚镣应该不在话下。他此刻就在外面,跟我来吧!"

他在前面带路,郑芝龙在后面紧紧跟着,一边往外走,一边问他:"还没有请教好汉尊姓大名?是何方神圣?"

"我姓刘,叫刘香。"那人回答道,"至于我们是干什么的,嘿嘿,等你见了'大甲螺',他自然会告诉你。"

郑芝龙跟随这个叫刘香的来到外面,只见满天星斗,一时分不清东西南北。刘香却略一分辨,立即带着郑芝龙往马尼拉城的方向而去。郑芝龙走了一会儿,才察觉出来:"怎么?这是进城的路?"

"对呀!"

"你不是说要带我去见'大甲螺'?"

"'大甲螺'早上岸了,估计这时候已经带领兄弟们占领了总督府,我带你去总督府上见他!"

他们二人来到总督府外,远远就听枪声大作,原来总督府的卫队正在拼死抵抗,外面一时攻不进去。

来到近前,只见一个身材略矮、满脸虬髯的大汉,正在指挥着众人向总督府发起攻击。刘香上去，在那人的耳边说了几句什么，那人看了郑芝龙一眼，招手让他上前。

然后，只见他从背上抽出来一把寒光闪闪的宝剑，向郑芝龙面前挥来。郑芝龙只觉得寒气扑面，耳听得"嚓嚓"几声轻响，手铐、脚镣尽为之断。他手脚得脱自由，说不出的欢喜。

"多谢'大甲螺'！"

"不必客气！"

"大甲螺"显然没有心思和他多说什么，又将注意力投入到了对总督府的攻击上。然而久攻不下，天光却越来越亮了。一个兄弟过来报告，说从几个方向，都有西班牙人的军队增援。

"大哥，怎么办？"

"撤！"不愧是"大甲螺"，当机立断，"先回船上再说！"

众人迅速分作两队，一队掩护，一队先撤。郑芝龙跟着刘香这一队，首先离开了城中，撤回船上。

等"大甲螺"带领断后的兄弟撤回，西班牙人的军队已经汇合，正在从城里面追击出来。但是他们刚来到岸边，"大甲螺"已经吩咐船上的大炮一齐开火，凶猛的火力，将岸上的西班牙军队死死压制住，眼睁睁看着这一队船都扯起了帆，顺着风力，借涨潮的潮水，如飞般远去了……

郑芝龙稀里糊涂捡回来一条性命，却还不知道，这是一批怎样的人。不过看他们的军力雄厚，又敢于和西班牙人硬碰硬，倒和传说中当年大海盗林凤的队伍有些相似。郑芝龙听舅爷黄程讲过，当年在这附近一带的海面上，最威风凛凛的就是林凤的队伍。林凤出身于一个海盗世家，十九岁就参加了海盗队伍，很快在海上建立了自己的势力。后来遭到明朝政府的剿杀，失败之后，转移来到吕宋一带的海面上，在这里和马尼拉的商人们合作，为商人们提供海上保护，而商人们则缴纳给林凤一部分利润，这样林凤很快又恢复了元气，而且更胜从前。

西班牙人突然袭击马尼拉，迅即占领吕宋全境，当地华人紧急找到林凤的部队，请求林凤出军驱逐西班牙人。林凤立即亲自率领战船六十二艘，武装男丁四千人，妇女一千五百人，先攻占了密雁，然后乘胜前进，直逼马尼拉，一举攻入西班牙人的指挥部，然而却始终无法进城。

最终，林凤放弃进攻马尼拉，在班诗兰建立都城，立城寨、宝塔、筑垒、设炮台。林凤被拥为国王，国号"汉"，当地的华人商人和吕宋的土著，全部都参与了林凤政权对西班牙人的战争。

然而，正当林凤雄心勃勃之时，明朝政府却不能容忍一个海盗建立国家，竟然以允许西班牙人在厦门通商为条件，急切地要求西班牙人共同击败林凤。两下合军，最终击败了林凤的军队。

这一役，以林凤败逃、西班牙人永久占领吕宋、明朝政府除去心腹大患而告终，从此再无林凤音讯。

如今，郑芝龙见了这支队伍，忽然想到了关于林凤的传说，他有一种预感：这支队伍一定和林凤有关！

果然，不一会儿，"大甲螺"就派人来叫郑芝龙过去，要向他询问关于马尼拉城中的详细情况。

"你叫郑芝龙？"

"是！"

"你在马尼拉多久了？"

"三个多月吧！"

"那么马尼拉城中的情形，你可了解？"

"大致了解一些。"

于是郑芝龙将自己所了解的情形，都讲了一遍。不过他来到时间不长，所掌握的情况并不算多。

"大甲螺"听了之后，点了点头，又问郑芝龙："那么，你现在怎么想？是回马尼拉去，还是跟我们走？"

"跟你们走？"郑芝龙苦笑了一下，"实不相瞒，我到现在都还没有弄清楚你们是什么来历。"

"我们的来历，你不必多问。""大甲螺"却不愿意多说，只是道，"知道得太多，对你没有好处。"

"你不说，我也猜得到！"

"哦？你说说看。"

"你们是林凤的部下，对不对？"

他刚一提林凤的名字，周围几个汉子勃然变色，一人便刷地抽出了钢刀，架在了他的脖子上。

"小子，你怎么知道我们汉王的名字？"

"是……是听我的义父说的！"

"你义父是谁？"

"是……是李旦……"

郑芝龙本来要提自己舅爷黄程的名字，但想舅爷不过是一个小小商人，就是提了，对方也不会知道。电光石火之间，他忽然产生了一个想法，竟然将自己冒充为马尼拉华商领袖李旦的义子。

"什么？你是李旦的义子？"

"大甲螺"也很惊诧，不敢相信地上下又打量了他一番。"那你怎么说你在马尼拉只有三个多月？"

"请原谅，我刚才不敢肯定你们的身份，所以说的不是真话。"郑芝龙煞有介事，又编造出一套谎话来，"当年我义父被抓，我正在海外，等我回来，义父已经不知道被他们关押到什么地方去了。我为了探知义父的消息，就用了一个天主教的名字'尼古拉斯'，潜藏在了红毛的教堂里。义父的消息没有探听到，但却得知，他们将我义父的钱财都劫掠一空，秘密藏在了一个地方，还绘了一张藏宝图。我用了几年的时间，费尽心思，想要得到这幅藏宝图，结果不等找到藏宝图，就暴露了身份，被红毛给抓了起来，如果不是蒙你们搭救，我就完了！那样一来，我义父的宝藏就会被红毛给侵吞，我义父的冤屈也就没有人洗清，他九泉下也不会甘心的！"

"你……真的是李旦的义子？"

"千真万确！"

"那……这几年中，竟然没有人来找你联络么？""大甲螺"似乎有些不相信，"你义父并没有死啊！他不过是在一艘红毛的船上当了几年的苦役，我们找到他之后，将他给救了出来。他现在已经在日本又娶妻生子，生意也又做得很大，过得很是快活呢！他没有派人来找过你吗？"

"啊？我义父他……他老人家没死？你没有骗我吧？"

"我骗你做什么？""大甲螺"解释道，"李先生和我们的汉王，当年是歃血为盟，一起结拜过的生死兄弟。本来我们汉王和李先生秘密商量，约好了里应外合，要夺取马尼拉的，可惜被人告密，红毛先下了手。李先生被红毛抓起来后，我们正要来营救，却不料我们汉王他……他偶染了疟疾，竟然……竟然不治归天……我从汉王手里接管了这支队伍，带领兄弟们四处打探李先生的消息……一直到三年前，我们得知他被囚禁在一艘船上，就去将他救了出来……"

"这么说，是真的了？"郑芝龙唏嘘不已，当即跪倒在地，冲着空中磕头，口中念念有词，"汉王啊汉王，一定是您老人家在天有灵，保佑我义父安然脱险！小子郑芝龙给您磕头了！"

然后，又冲着日本的方向，一边磕头，一边流着泪道："义父，得知您老人家安然无恙，孩儿真是……真是太高兴了……"

他这一番表演，逼真之极，连"大甲螺"也不再怀疑有假，等他起身后，问他："那么，你现在有何打算？"

"有何打算？自然是去日本找我义父了。我真恨不得插上翅膀，马上飞到义父的身边去。只是……"

"你放心，船的事情，我会安排的。你先跟我们回去，稍后我专门派人送你去日本。"

"多谢！"

于是，郑芝龙就跟随"大甲螺"一行，离开了吕宋，返回了这支队伍在海上的基地——台湾魍港。

由于他冒充李旦的义子身份，所以一路上，很是受到"大甲螺"和众兄弟的尊敬。"大甲螺"也不再隐瞒自己的身份，告诉说，自己姓颜，名思齐，字振泉,本是漳州海澄人。出身于一个官宦世家,家境颇为殷实,自幼一边读书,一边习武。他的父亲希望他能够通过读书走上仕途,不料他却因为一个心爱的女子被流氓无赖所辱,一怒而杀死对方,吃了人命官司,惹出了惊天大祸。为了逃避追捕,他不得不躲在从月港出海的一艘船上,结果这艘船出海未久,就在海上被林凤的船队所掳,他也被掠上了岛。后来,林凤爱惜他是个人才,将他收为心腹。此后,颜思齐就跟随林凤,纵横海上。因为他英勇善战,又颇有才智,因此深得林凤器重。林凤临终之际,拉着他的手,将一众兄弟托付给他,嘱咐他一定要实现自己的未竟之志,将吕宋从西班牙人的手中夺过来,重新建立汉国,"建功立业,扬中国名声",颜思齐答应了。

经过在海上几天的航行,这天船队抵达了台湾。

台湾,由台湾本岛及兰屿、绿岛(火烧岛)、琉球屿、龟山屿、彭佳屿、钓鱼岛、黄尾屿等二十二个附属岛屿、澎湖列岛六十四个岛屿组成,在远古的时代,与大陆连接一体,今天从海底河谷尚且可以看出,河谷有向南及向北两大河系,此地形乃台湾海峡还是陆地的时候,由陆上河谷侵蚀而成。

台湾最早的居住民,被认为是三万年前从大陆东南长途跋涉来到这里的"左镇人"(因在台南左镇考古出土人类右顶骨残片化石而得名)。之后,便有内地的百越族中的分支闽越族居民,善于航海,进入台湾,与当地的土著人融合而形成了泰雅、赛夏、布农、朱欧等的祖先。

台湾的早期居住民,除了从大陆移居而来之外,还有一部分是从南洋群岛移居来的南岛语族。他们经过菲律宾群岛进入台湾,是现在鲁凯人、排湾人、雅美人、阿美人、卑南人的祖先。

关于台湾在古代史籍中的记载,最早可见于三国时代的吴国黄龙二年(公元230年),吴王孙权派遣将军卫温、诸葛直率领一万名官兵"浮海求夷洲",到达了夷洲。大多数学者认为,夷洲就是台湾。由于水土不服,疾疫流行,一年后,"士众疾疫死者十有八九",不得不返回内地。此次情况,被写入《临海水土志》。

到了隋代,将台湾称为"流求",隋炀帝曾经数次派官兵到流求。众多学者都认为,"流求"即台湾。

宋代，已经在澎湖戍兵防守，澎湖隶属于福建晋江县。

元代，到达澎湖地区的汉人更多，他们已经在这里建造茅屋，开始过上定居的生活了，不仅到海上捕捞鱼虾，而且开始在岛上种植麻、绿豆，放牧成群的山羊，形成了男子耕、渔、牧，女子纺织的聚落社会。

元至元二十八年（1291年），海船副万户杨祥带兵六千人前往流求招降，只抵达澎湖而返。五年后，元朝政府改福建省为福建平海等处行中书省，并由福州"徙治泉州，以图流求"。此一时期，元朝积极经营流求，设立了澎湖巡检司。

明初，朱元璋在东南沿海实行迁界移民、坚壁清野的政策，对澎湖一带居民进行迁徙。然而更多的居民却进入澎湖，并且从澎湖列岛进入到台湾中南部的魍港一带，然后扩展到鸡笼、淡水等北部渔场。

除了渔民，还有出入海上、亦商亦盗的商人，出入于澎湖各地。据史料记载，嘉靖三十三年（1554年），陈老等"结巢澎湖"。嘉靖四十二年（1563年），林道乾集团逃入台湾，俞大猷率军追至澎湖，因水道迂曲，不敢冒进，留偏师驻守澎湖，林道乾从大员、二鲲身遁走。隆庆年间，曾一本集团冲破兵部侍郎刘焘会同广东巡抚熊桴、福建巡抚涂泽民的围剿，准备到澎湖、台湾建立基地。

万历二年（1574年），林凤集团被福建总兵胡守仁打败，撤退至澎湖，之后自澎湖进入台湾魍港。

在魍港，林凤苦心经营，以此作为大本营，渡海至福建、广东沿海，很是轰轰烈烈了一番。

后来，林凤迫于明朝政府压力，遂转向吕宋，密谋在马尼拉建立汉国。虽然最终失败，却在魍港留下了根基。

这天，郑芝龙跟随颜思齐等人，在魍港的港湾上岸。正是夕阳西下的时刻，天边彩霞绚丽，海面上碧波荡漾。除了他们的船队，尚有星星点点的帆船，正在从外面归来，海岸上人声喧哗，有老人在静静欣赏落日景观，有女人在翘首等待丈夫归来，有孩子在赤着脚在海滩上追逐嬉戏，那笑声如同清脆的铃声一般传出去很远。还有大批的水鸟在头顶上盘旋，不远处是一座座木头搭起的屋子，屋顶上炊烟袅袅升起，空气中弥漫着鱼米和蔬菜煮熟后的令人垂涎的香气……

这幅画面,是如此的生机盎然,又是如此的温馨感人,郑芝龙一瞬间忽然眼眶湿润,有种想家的感觉。

　　"大甲螺"颜思齐一上岸来,立即被众人包围,争着上来问这问那,连孩子们也都上来抱着他的腿,问他有没有从外面带回来新奇的礼物,足见这个首领在众人中受到的尊敬和他素日里是多么的平易近人。他一边面带微笑,一边从怀里掏出各种颜色的糖果,分散给孩子们。

　　那些跟随他出生入死的兄弟,也都各自和自己的家人团聚去了。每一间小木屋都是一个家庭,妻子儿女,其乐融融。

　　颜思齐居住的地方,在寨子的中间,是一所很大的木屋。本来郑芝龙以为,作为"大甲螺",他的房间里面一定陈设满奇珍异宝,妻妾子女成群。可是,进来以后,才发现里面空空荡荡,一排排的椅子,显然是平日里议事用的,都整齐地排列在那里。两排椅子的尽头,簇拥着一把威势显赫的金椅。

　　金椅后面,陈列着一排排的,都是书籍。原来这位"大甲螺"每天议事完毕,其余时间都在读书。

　　颜思齐见郑芝龙面露诧色,笑着问他:"你祖籍哪里?"

　　"泉州南安石井人。"

　　"可读过书?"

　　"读过几年。不过不太认真,很不成材,所以只能丢弃书本,到海上谋生求得一条发达道路了。"

　　"可惜,可惜。"颜思齐对郑芝龙没有好好读书,似乎颇为惋惜,"年轻人还是要多读书,不过不是为了升官发财,而是为了增长自己的才干。既然你不以读书见长,那么,你是习过武啦?"

　　"略会几手三脚猫功夫。"

　　"三脚猫功夫?你能够得到李先生的青睐,蒙他收为义子,一定有过人之处。我倒要领教一二。"

　　"不敢。"

　　"有什么不敢?尽管放马过来。"

"好吧！"郑芝龙觉得他的口气并不如何严厉，可是自有一种令人无法抗拒的威严，因此只好从命。

"得罪了！"

他不敢使出全力，只使出了五成力道，一拳打过去，却不料颜思齐根本不放在眼里，随手一挡：

"放心，尽管使出全力，伤不了我！"

就这么胳膊一碰，郑芝龙已经感觉到，自己仿佛撞在岩石上一样，这才知道遭遇平生所仅见的劲敌，不由大为警惕。而对方话中虽无轻蔑之意，然而如此托大，却未免激起郑芝龙的争强好胜之心。

"是！"

他答应一声，深吸一口气，这次却是使出了全身的力气，一拳打去。拳头未至，风声已经隐然响起。

"不错！"

颜思齐赞了一声，显然刚才的试探已经让他知道郑芝龙力大无比，因此不敢轻敌，暗运内力，凝神应战。

郑芝龙的这一拳，足以开山裂石，可是击中对方的身体，却如击中棉花一样，软绵绵的，不似血肉之躯。

"不好！"

郑芝龙知道碰上了真正的高人，惊慌之下，想要将拳头收回来，却被对方使了一个"粘"字诀给黏住了，根本抽不回来。

他哪里知道，对方所使用的，是正宗的内家功夫。颜思齐也是从小酷爱习武，后来机缘凑巧，得遇一位内家拳的宗师，传授了他一套太极拳。如今他和郑芝龙对敌，用的便是最高深的太极。

"哈哈，去吧！"

颜思齐忽然将劲力向外一吐。郑芝龙本来觉得自己全身的力量都在源源不断地向对方涌过去，仿佛水流汇向洼地。如今一下被反弹回来，犹如水流决堤，汹涌而来，一个身子顿时飞了出去。

"咔嚓——"

他身强力壮,竟然将一把椅子撞倒,在身下压了个稀烂。

"对不起,没伤着你吧?"

"没事……"郑芝龙立即爬起来,对颜思齐的功夫佩服得五体投地,"这……这是什么功夫……"

"这叫太极,是张三丰张真人所创,我也是机缘凑巧,才学来的。"颜思齐给他解释道,"这种功夫如果真的练习到了高深之境,根本不需要和任何人动手,你用多大的力气打过来,就会有多大的力气反回去!你刚才这一拳,用了多大的力道打我,就是用多大力道打在自己身上了。"

"啊?天下竟然有如此神妙的功夫?"

郑芝龙学武的时候,老师就告诫他:人外有人,天外有天。但是他今天才真正信服了这一句话。

他是个聪明人,见了这等功夫,如何不心痒?当即跪倒在地,给颜思齐磕头:"一官今日才遇真师,请收下我吧!"

"你要跟我学武?"

"是!"

"那你告诉我,为什么要学武?"

"这……男子汉大丈夫,生于天地之间,自然要作出一番惊天动地的事业,我学武就是要成就一番大业。"

"成何大业?"

"就是要像汉王、像'大甲螺'您一样,扬我中华声名,使普天之下,不敢再有人欺负我中华子民!"

"好,有气魄,有志向!"

颜思齐大喜,他最需要的就是郑芝龙这等年轻有为、胸怀大志的人才,因此一口答应:"那我收下你了!"

"谢师父!"

郑芝龙按照武林中拜师的规矩,就要大礼下跪,磕头拜师,然而却被颜思齐给拦住了:"起来,我可以教你功夫,但是不做你的师父。这样吧,如果你愿意加入,我就把其他兄弟叫来,咱们举行一个仪式。当年,我们追随汉王,一共是二十八个兄弟,号称'二十八星宿',可惜其中一位兄弟,和红毛作战的时候,用自己的船去撞击红毛的船,一同沉入了海底。自那之后,我们就只剩下了二十七人。我早想重组'二十八星宿',苦于没有合适的人选。现在你肯加入就好了。"

"好!"

于是,颜思齐立即吩咐人去叫来众兄弟,又安排举行仪式,将汉王的灵位请了出来,众人跪拜。

首先由颜思齐亲自给汉王上香,燃着了三根信香以后,众人跪伏在地,由颜思齐禀报汉王:

汉王有灵,
在天容禀:
小子振泉,
无德无才,
自接王印,
迄今三载,
虽有图谋,
怎奈无功。
思忖之下,
非在人谋,
而在天命。
天命有降,
赐予一人。
二十八星,
今又聚首。
建功立业,
指日可待。
……

禀报完毕之后，颜思齐和众人起身，早有人在桌子上排开一排二十八碗水酒。取来一只冠子红艳如血的大公鸡，一刀斩去头颅，在每一碗水酒中都滴入了鸡血。然后，颜思齐带头用刀子割破手指，在每个碗里滴入一滴鲜血，其他人也都跟在后面，依次割破手指，滴入鲜血。

接下来开始盟誓，颜思齐带头再次跪下，将一碗掺杂鸡血和众兄弟鲜血的酒举过头顶，对天发誓：

皇天在上，

后土在下。

四方神灵，

俱为见证：

今我兄弟，

二十八人，

在此立誓：

生死与共，

齐心协力，

共图大业。

若有违约，

鸣鼓共诛。

若有异心，

天其灭之。

其他人也都在后面跪下，将酒碗举过头顶。颜思齐说一句，大伙儿就跟着说一句，然后，盟誓完毕之后，众人纷纷将酒碗端到嘴边，"咕咚，咕咚"一饮而尽，将酒碗狠狠地摔碎在地上。

这天晚上，为了庆祝"二十八星宿"的重新团聚，在颜思齐吩咐下，大家举办了盛大的宴会。宴席就摆在露天的沙滩上，男女老少都来了，点燃了一堆堆的篝火，人们有的喝酒，有的围绕篝火，手拉着手，跳起欢快的舞蹈，唱起动听的歌曲。头顶之上是点点繁星，一轮圆月挂在高天，下面是无边无际的大海，海面上尚且有晚归的渔船，灯火闪烁，如梦如幻，和星光、月色、海面，以及海滩上的篝火、人群，组成了一幅奇特的、瑰丽的、朦胧又壮观的和谐画面……

郑芝龙很快也融入了这幅画面中去，他和素不相识的人们拉着手，围着篝火蹦啊、跳啊、唱啊……

从第二天开始，郑芝龙早早起来，跟随颜思齐学习功夫。当然这么艰深的功夫，绝非一朝一夕可以学会。好在郑芝龙有很好的底子，加上为人聪明，很快领悟到了功夫中的奇妙之处，勤加练习。

这天，他又被颜思齐叫去议事。颜思齐告诉他，已经安排了一艘船只，明天就送他到日本去。

"啊？这么快？"

郑芝龙这段日子专心练功，以至于忘记了自己要去日本找"义父"李旦这回事。但他自知失言，又马上补充道："我当然也想尽快见到义父，侍奉在他老人家身边，可是我功夫还没学好呢。"

"不要紧，这功夫的口诀你都记住了，动作要领也学会了，其他的只需要慢慢修习，自己领悟就可以了。"

颜思齐告诉他，这段日子经过深思熟虑，他决定交给郑芝龙一个非常重大的，也是艰巨异常的任务。

"一官，你不是说，要做一番大事业吗？现在就有一个很好的机会，不知道你有没有信心去把握住。"

"什么机会？"

"我不是跟你说过？从跟随汉王起，我们就一直将目光投向吕宋，谋求在吕宋建立一片基业。事实上，若非后来红毛突然来到，我们的计划可能早就实现了。但偏偏红毛也看上了吕宋，而且不惜一切代价，要和我们争夺。我们打了这么多年，无奈他们的大炮实在厉害，我们每一次交手，最后都是以我们的失败而告终。所以，我最近就一直在想，是不是我们选择吕宋作为事业根基的这一根本战略出了问题。与其这么和红毛无望地纠缠下去，不如积蓄力量，另外选择一个地方开辟新天地。这个地方你知道是哪里吗？"

"日本？"

"不错！"郑芝龙一点头，目光炯炯地道，"我仔细分析过了，吕宋、澳门，这些地方都已经被洋人占领，而且经营已久，大炮厉害，我等诚不能与之争锋！而像我等现在所据有的台湾，虽然一时平安无事，然而蛮荒贫瘠，不足以供养军队。唯有日本，目前尚未被占领，亦未被完全开发。日本当今最杰出的人物是德川家康，然而此人已经垂垂老矣，不足为虑。我粗略算来，现在在日本经商的华人，大约有两三万，如果你能说服你义父李旦，让他出面联合这股力量，再加上我们在海上的船队，里应外合，拿下日本应该没有问题。到时候，取日本而代之，在日本建立一个大汉之国，由你义父来做'汉王'，你我兄弟辅佐左右，岂不伟哉？"

"'大甲螺'所言极是！"

这一番计划，果然天衣无缝，亦激起了郑芝龙的无限雄心。他本来还忌惮去日本，害怕自己的冒牌货身份被揭穿，如今却迫不及待，要去日本冒险一番了。毕竟人生苦短，这样做大事情的机会，可遇而不可求，就算其中有再多的艰难险阻，都值得去赌上一把！

"那我就先去见义父，将'大甲螺'的这番心腹之言，如实相告。相信义父一定会答应的。"

"好！空口无凭，这样吧，我把这把剑交给你。"颜思齐显然对这件事情看得极重，将自己的宝剑从墙上摘下来，交给了郑芝龙，"你义父认得这把剑，乃是汉王生前所佩之剑，名叫'飞虹'。汉王临终之前，将剑交给我，嘱咐说，将来谁能帮助他实现梦想，建立汉国，就以此剑相赠，号为'飞虹将军'。一官，我希望你能好好使用这把剑，将来这飞虹将军，非你莫属！"

"多谢'大甲螺'厚爱，一官一定不负所托！"

郑芝龙再拜叩谢，将飞虹剑捧在手上，一种英雄之气在胸臆间陡然而生。他虽然还从来没有去过日本，但是事在人为，他已经预感到，自己的时代即将开始，人生新的一页，即将掀开……

第4章
平户岁月

  郑芝龙到日本之事，历史记载不少，可是说法也很多：有的人说他是卖鞋为生，也有人说他给人理发。最多的说法，是他和一家姓翁的刀剑冶铸铺的老板结识，从而认识了老板的女儿田川氏，二人生出来一段恋情……

  当然也有另外的说法，说郑芝龙生性放荡，是在一家妓院里认识了田川氏，因为迷恋田川氏的美貌，答应替她赎身……

  不管如何传说，有一点是肯定的，就是郑芝龙在日本一开始并不顺利。他尽管雄心万丈，可是这么一个青年人，漂洋过海来到日本，初来乍到，的确难以有什么作为。他答应颜思齐要来找李旦，可是李旦是大名鼎鼎的"甲必丹"，郑芝龙只是一个一穷二白的穷小子，二人不啻天壤之别！

  命运之手再一次将郑芝龙推向前进：一件看似无关紧要的小事情，却让郑芝龙和李旦有了会面之机……

郑芝龙：海商传奇

  郑芝龙是乘坐一艘前往日本的朱印船抵达平户港的。

  所谓"朱印船"，是日本一种特殊的允许船只出海贸易的经济政策下的产物。船主必须得到盖有德川家康大将军印的"异国渡海朱印状"，才能够从日本出海，到中国南部的沿海和东南亚国家的港口，与停泊在那里的中国商船进行贸易，买进中国的生丝、丝织品，以及东南亚各地的特产。而日本对外输出的则是大量的白花花的银子，以及成吨的铜，还有大量的铜钱等。

  能够得到"朱印状"的船主，在日本都是经济实力雄厚的人物。因为每年出海的朱印船，不过十几艘而已。

  至于朱印船的贸易利润，则可以用"惊人"二字来形容。从日本载出的大量的白银和铜钱，换来的是中国大批的生丝、各种丝织品，以及东南亚各国的鹿皮、鲛皮等。日本人将丝、丝织品做成各种服装，体现自己的身份尊贵和豪奢；用各种毛皮制成武士的护胸、裤子、上衣、鞋套、手套、刀鞘、刀柄，以及包裹火绳枪的皮袋……所有的货品都供不应求，每一艘朱印船进港，都会有来自日本各地的大批经销商在这里等着接货、卸货。一次出海，一船商品获得的最少利润，也在百分之百，有的甚至高达百分之二三百，获利之丰，难以想象。

  巧合的是，郑芝龙所乘坐的这艘朱印船，其船主正是平户最赫赫有名的华人领袖——李旦。

  这天黄昏时分，朱印船在平户港靠岸了。经过半年多的航行，满载着东南亚各国的特产归来，朱印船一进港就引起了轰动。日本各地的经销商忙着要上船来卸货，船员的家人们则在码头上焦急地期盼着亲人回家团聚。

  然而，朱印船靠岸之后，船上的人们却不能马上下船，因为还要履行最后一道手续：接受检查！

  负责检查的是平户当地的官员。而上船来检查的主要内容，实在令人难以置信：他们所要查的，主要是船上有没有外国来传教的传教士，以及有没有信奉天主教的教徒！

  天主教此时传入日本，已经超过六十年之久。第一个到日本传教的，据史载是耶稣会的创立者之一方济各·沙勿略（Franciscode Xavie）。方济各·沙勿略是西班牙人，1540年以国王钦使和耶稣会东方传教团首脑的身份，从葡萄牙出海前往东方，在马六甲遇见了流亡的日本浪人弥次郎，后者向他介绍了自己的祖国。于是在1549年，方济各·沙勿略从印度的果阿起程，前往日本，同年8月抵达日本最南端的鹿儿岛，通过弥次郎见到了当地的大名岛津贵久，并成功获得了岛津的传教许可。

后来，因为受到本土的佛教排挤，传教事业并不顺利，于是方济各·沙勿略决定前往京都寻求天皇的支持，然而却连天皇的面都没有见到。他转而求见权势极大的大名大内义隆，以难得一见的"南蛮物"闹钟、火枪、八音盒等新奇之物获得了大内义隆的好感。大内义隆成为天主教在山口传播的保护者。1551年，方济各·沙勿略又接受了府内的大名大友宗麟和当地葡萄牙商会的邀请前往府内，开辟了府内传教点，九州北部成为日本天主教的主要传播中心。

方济各·沙勿略于1552年病死。十年之后，另外一位传教士弗罗伊斯（LuisFrois）到达日本，他与当时最有权势的大名织田信长会面，取得了织田信长的信任。织田信长主要利用天主教来打击佛教敌对势力，且借助天主教获得和"南蛮"人贸易的利益和装备军队所需要的枪支。这一时期，天主教在日本的发展达到了最高峰，上至手握兵权的大名，下到贩夫走卒，无不皈依，北到北海道，南到鹿儿岛，都有信徒。京都、安土、府内等地都是天主教鼎盛之地。

然而，当日本进入丰臣秀吉时代，天主教遭遇了第一次沉重打击：丰臣秀吉于1587年发布了著名的《伴天连追放令》，宣布日本为神国，故天主教违反天下御法度，是为"非法"，所有传教士二十日内必须离开日本，不得再来。但允许和"南蛮"人保持商业上的往来。

几年后，1596年，发生了"圣菲利浦"号事件，从而引发日本天主教史上著名的"庆长大殉教"。事情的经过是这样的：有一艘西班牙商船叫做"圣菲利浦"号，在海上遭遇了风暴，遇海难漂到土佐，增田长盛作为日本方的使节上船处理，扣押了所有船员。在审讯时，船长供出了西班牙人是如何利用天主教作为先锋，在取得当地的信任后，建立殖民地的。这一供状迅速交到了丰臣秀吉的手上，令丰臣秀吉惊恐万状，他随即作出了一个决定：全面禁止天主教。第二年，他把各地的天主教信徒和传教士二十六人逮捕，处死于长崎。天主教在日本转入地下。

等到日本进入了德川家康时代之后，一度放宽了对天主教的限制，但是很快德川家康发现，全国的天主教徒竟然超过了七十万。这个可怕的数字让德川家康大吃一惊，天主教再次被禁。

因此，当郑芝龙跟随朱印船来到日本的平户后，才会出现当地官员上船检查有无天主教徒的诡异一幕。

可是郑芝龙并不知道日本有这个禁令，所以，当他跟随众人准备下船时，却发现日本官员在地上铺了一张大大的图画，画像上正是耶稣。每个下船的人都必须从耶稣的画像上踩过去。如果拒绝踩画像，或者踩画像的时候稍有犹豫，就会被搜身，然后就会被带去进一步询问。

郑芝龙经过画像的时候，倒没有犹豫。可是他却担心自己口袋里的那本《圣经》，还有脖子上挂着的十字架项链。

真是怕什么来什么，他刚要下船，忽然被平户的官员给叫住了，用手一指他：“你，到这边来！”

郑芝龙心中一惊，硬着头皮走过去，谁料那官员不是将他当做天主教信徒，而是看上了他腰间的宝剑。

"这是什么？"

"我的剑。"

"拿过来！"

郑芝龙没有办法，只好将剑递过去，那人将剑拿在手上，摩挲了一下剑套，然后将剑轻轻一抽，顿时寒芒闪闪。

"这把剑是怎么回事？"

"什么？"

"为什么上面会刻有一个'十'字？"

那人显然存心要吞掉这把剑，强词夺理地道，"莫不是天主教故事中的圣剑？我要带回去看看！"

"你……"

郑芝龙大怒,这把剑是颜思齐千叮咛万嘱咐才交给他的,是汉王林凤所传之物,亦是联络李旦起事的信物。如果被这个官员给占去,那自己来日本徒劳无功不说,怎么对得起汉王和颜思齐?

一瞬间,他在头脑里转了无数个念头,电光石火之间作了决定。他趁着众人的目光都被宝剑所吸引,悄悄将身上的《圣经》掏出来,丢在地上,又将前面一人猛烈撞倒在地,然后大喊了一声:

"快看,他是天主教徒!"

这一喊,众人都将注意力集中到倒在地上的那人和《圣经》上。愣怔之间,郑芝龙早一下子跳到那个官员跟前,一把将飞虹宝剑夺了过来,然后将身子一纵,"扑通"一声跃入海水中……

甲板之上一阵大乱,平户官员气急败坏地带人搜捕郑芝龙,郑芝龙却早从水下潜出去很远……

入夜之后,郑芝龙从一个人迹稀少的地方上了岸。在冰冷的海水中浸泡了这么久,饶是他年轻力壮,身子骨硬实,却也熬不住。冷风一吹,他更加觉得仿佛无数的钢针刺来一般……

他走出去一段路,忽然,他只觉得天旋地转,然后眼前一黑,就倒在了地上,失去了知觉……

当他醒来的时候,发现自己正置身在一所小屋子里。屋子不大,然而颇为干净,墙壁上挂满了刀、剑等物。灿烂的阳光从窗子里洒进来,照得郑芝龙的眼睛一阵阵刺痛。他猛地坐了起来。

"我……这是在哪里?"

他走到半掩的窗子前,向外面一看,只见外面是一条宽阔的街道。街道上人来人往,贩夫走卒、引车卖浆者都有,当然最多的还是从各个国家来的商人,穿着服装各异,所操着的口音也不同。街道两边店铺林立,两侧摆满了各种各样的物品,叫卖之声此起彼伏,一团喧嚣。

他正看得出神,身后"吱呀"一声,门被推开了,一个甜美而温柔的声音在背后响起来：

"喂，你醒了？"

郑芝龙闻言转过身来，只觉得眼前一亮：一个十五六岁的面容姣好的少女，正在满脸堆笑地望着他。她的个头不高，然而肤色白皙，容貌俏丽，尤其一大眼睛，水灵之极，扑闪扑闪，会说话一样。

"我……怎么会在这里？"

"是这样，昨天夜里，你在我们店铺门口昏倒了。爹爹喝酒回来，发现了你，就将你救进来了。"

少女口齿伶俐，而且能说一口流利的汉语，还带着泉州一带的口音，这让郑芝龙听来很是亲切。

"啊……原来你们救了我，多谢！对了，姑娘是中国人吗？为什么说话会有我家乡的口音？"

"不，我是土生土长的日本人。不过我爹爹是中国福建的泉州人，他是中年以后才来这里的。"

"原来如此。"

郑芝龙没有想到，自己在异国他乡遭遇大难，竟然会被自己的老乡所搭救，看来冥冥中命不该绝啊！

二人正在说话，外面咳嗽一声，一个苍老的声音响了起来："松子，你在和谁说话，那人醒了么？"

"醒了，爹爹，快点来，他还是您的老乡呢！"

门外一阵脚步声响，一个老汉叼了一根长长的、锃亮的铜竿烟袋，不慌不忙地踱着步，走了进来。

郑芝龙不待仔细打量，早上前两步，跪下去，咚咚磕头："小子叩谢老丈救命之恩！大恩大德，没齿难忘！"

"起来，起来！"

老人虽然上了年纪，然而一只大手却力道非凡，只轻轻一拉郑芝龙，郑芝龙就觉得一股大力将自己提了起来。

"你叫什么名字？"

"郑芝龙。"

"哪里人？"

"福建泉州南安石井人。"

"巧了，老夫也是泉州人。老夫姓翁，这位是我的女儿松子。"

翁姓老人意外救了一位泉州同乡，显然也说不出的欢喜，连忙吩咐女儿："去给阿龙弄点吃的来！"

叫松子的姑娘答应一声，转身去了。这边，翁姓老人坐下来，一边抽烟，一边和郑芝龙闲聊。

"阿龙，你究竟出了什么事？"

"没什么，本来我是跟着一艘货船来的，想到这边看看有没有事情好做。谁知道这里要禁什么天主教，我正好身上装了一本《圣经》，搜身时候被发现了，他们要逮捕我，我一害怕，就跳了水……"

他说的有一半是实情，一半是谎言。他没有提飞虹剑的事情，因为他不愿意多涉及此事。

正在说着，松子已经送来了饭菜。饭菜很简单，然而却香甜可口。郑芝龙早饿得很了，一口气吃了三大碗饭。

吃完饭，从房间出来，才发现原来翁老人所开的这家铺子，是一家刀剑冶铸铺。据松子介绍，老人在泉州乃是出身于铸剑世家。后来中年时候，发生了一场大变故，因此离开家乡，来到日本，开了这家冶铸铺。他技术精湛，价钱公道，很快出了名，甚至获得了平户贵族的青睐，专门为贵族冶炼刀剑。

说着，二人来到一座火焰熊熊的大火炉前。翁老人正用铁钳夹了一把烧得通红的剑，准备锻打。

"老丈，我来试试！"

郑芝龙年轻，有的是力气，上去主动提出要帮老人的忙。老人见他好学，也就答应教他，指点他：

"慢点，一下一下打……对了……"

很快，郑芝龙就学会了，一锤一锤地打下去，居然和翁老人配合，也打出了一把剑，别提多高兴了。

"老丈，我反正也没有什么地方可去，以后就留在这里，跟您学习铸剑好不好？"

"嘿，你要学习铸剑？那要看你是不是这块材料？我瞧着你人倒是挺聪明，先留在这里烧火吧！"

"好嘞！"

郑芝龙觉得只要能留下来，烧火就烧火。

然而等他真的住下来，开始学习，才知道要将火烧好也不是一件轻松的事情。尤其拉风箱，一下一下，有长有短，有快有慢，要根据翁老人的要求，拉出不同火焰高度、不同颜色、不同温度的火来，仅仅这一项，就不知道有多少学问。一天下来，郑芝龙拉得胳膊酸痛，如同断了一样。

不过，郑芝龙的天性就是不屈不挠，不肯服输。咬牙坚持了一段时间，居然也挺了过来。

学会了拉风箱之后，接着是抡锤子。锤子包括各种大锤、中锤、小锤，力道各有不同。普通人学习抡锤，没有个三年五年根本出不了徒。可是郑芝龙是跟颜思齐学过太极功夫的，这门功夫专门研究的就是对力的运用。因此，郑芝龙将太极的功夫融入到抡锤中，很快掌握了诀窍。

这段时间，郑芝龙白天干活，晚上就在店里看店。翁老人和女儿松子住得离这里不远，每天晚上吃过晚饭，一道回去。

大家都注意到，由于郑芝龙的到来，松子有了明显的变化：她不但每天在饭菜上倾注了更多的心思，变着花样给大家做好吃的，而且每天待在刀剑铺子里的时间也更长了，经常帮助这个倒水，帮助那个端茶，还经常拿着毛巾，去给抡锤的郑芝龙擦汗。众人一闲下来，松子就给大家唱歌、跳舞。她的喉咙极其清丽，舞跳得又好。每当这个时候，郑芝龙简直要看痴了。

本来，刀剑铺子里有几个师兄，对松子的美丽早倾慕不已，颇生爱恋，但是郑芝龙来了之后，他们自忖论相貌之美，论聪明才智，都比不上郑芝龙，再加上松子对郑芝龙似乎情有独钟，他们也就放弃了，一个个只能在心里偷偷想着松子，眼睁睁看郑芝龙和松子越来越近乎。

这天，一大早，郑芝龙刚起身，松子就到店里来了，一来就拉着郑芝龙往外走："陪我去买东西。"

"不行，我还要干活呢！"

"我今天和爹说了，放你一天假。"

"为什么？"

"本姑娘今天生日。"

原来，今天是松子的十六岁生日，父亲给了她一笔钱，要她自己去买生日礼物。她非要拉上郑芝龙一起去。她父亲本来也不太放心，听说有郑芝龙陪伴，心里就踏实多了，于是答应给了一天假期。

郑芝龙虽然已经来平户时日不短了，今天却还是第一次这么悠闲地在大街上闲逛。这里真是热闹啊，因为临近港口，所以从各个地方归来的朱印船，一卸下来货物，马上就地展开交易。其中最引人注目的自然还是从中国商人那里贩运来的丝绸，五颜六色，漂亮极了。

松子和所有爱美的姑娘一样，一见了这些丝绸就被迷住了，上去挤在人堆中，挑了一块又一块，不停地在身上比着，让郑芝龙替自己判断，哪一块做衣服更好一些。挑了半天，最后终于买了一块色彩淡雅的，配上她的清新容颜，宛如刚出水面的荷花，令人心旷神怡。

买了丝绸、胭脂、水粉之后，身上父亲所给的钱已经不多，但松子还是留出了一点，要郑芝龙陪她去寺庙。

等进了寺庙以后，松子就虔诚地去添了灯油，上了香，然后认真地在佛像前跪下来。

她口中喃喃，也不知道在说些什么。不过从她的神态上，可以看出她非常认真，显然发愿甚诚。

过了半天，从寺庙出来以后，郑芝龙忍不住问她："松子，真想不到，你还是一个这么虔诚的佛教徒呢！你都向佛祖祈求什么了呀？"

"这是我的秘密,不过我只告诉你一个人。"松子对郑芝龙无话不谈,敞开心扉,说道,"其实我是向佛祖祈求,让佛祖保佑我父母的亡灵,早日升入极乐世界,永远不再堕入轮回的苦海!"

"啊?你说什么?你父亲不是活得好好的?"

"不,你不知道,其实我现在的父亲,不是我的亲生父亲。我的生身父亲姓田川氏,本是平户侯的一个家臣,可惜年轻的时候染上了不治之症,英年早逝。留下我和母亲。我那时候还不到两岁,我母亲要照顾我,还要一个人挑起生活的重担,很是辛苦,不久便因为劳累过度,也撒手归天了。我只有三岁,一个孤苦伶仃的小女孩,难以过活,平户侯便提出将我送人。当时,我现在的父亲正好来到平户侯府上,在那里偶然听说了此事,见了我一面之后,立即提出要收养我,平户侯就同意了。于是我就离开平户侯府上,跟随父亲来到了这个地方。"

"啊呀,松子,真对不起,我不知道原来你还有这么一段凄惨的身世。"郑芝龙真难以想象,松子小小年纪,竟然早经历过了生死别离,经历过了人间苦痛,真难为她竟然还保留如此纯真的笑容。

"没什么,其实我现在的父亲,对我比亲生女儿还要好,我已经很知足了。"松子轻快地道。

二人从山上下来,来到一处山坡上,这里有一树向阳的樱花,早早开放了,那洁白的花朵,看上去那么柔弱,然而却自有一种惊心动魄的美丽。一树樱花,绽开得轰轰烈烈,让人震撼不已。

"阿龙,你知道我为什么喜欢樱花吗?"

"不知道。"

"就因为樱花这么小,这么平凡,然而却从不抱怨什么。到了开放的季节,毫无保留,绽放出全部生命的美丽,奉献给世人。一刹那的绚丽过后,又悄悄凋落,归于平凡。"

松子走过去,在树下轻轻坐下,将地上凋零的落花,用双手捧起来。"我觉得,我和它们的命运一样。我也是这么平凡,但是我也愿意和它们一样,将最美丽的一面展示给这个世界。"

"所以，你就从不提自己的身世？"郑芝龙在她身边坐下来，"松子，我觉得，有什么心里话，你就说出来。何必这么一个人憋着，总这么委屈自己，时间长了，身体会吃不消的。"

"也不是呀，主要是没有人可以说这些话。"松子一笑，"现在好了，以后我可以说给你听了，就怕你不爱听。"

"爱听，只要你愿意说，我爱听一辈子。"

郑芝龙也丝毫不掩饰自己对松子的爱慕之情。毕竟二人正值青春年少，两情相悦，是很自然的事情。

樱花怒开，蜂飞蝶舞，在这么一个晴朗的天气里，这么一个如诗如画的地方，二人都有些情不自禁。

"我记得，小时候，平户侯府上，也有这么一片山坡，这么一丛丛的樱花，妈妈抱着我，坐在树下，唱着一首樱花的古歌……"

松子显然沉浸在了对往事的回忆中，眼中含着泪水，轻轻地哼唱起来：

  樱花，樱花
  开在深山里，乡野间
  触目所及，是雾，是云？
  哦，朝日映照，芳香漫天

  樱花，樱花
  盛开正艳
  春日里，晴空下
  触目所及，是雾，是云？
  空气中弥漫香气
  走吧 走吧
  去看看她……

她唱着，唱着，从地下站起来，开始慢慢地起舞。她曼妙的舞蹈，是那么的优美，歌声、舞步，加上从头顶时时飘落的樱花，构成了一幅春日、樱花、少女的诗意图画，令人遐想万千……

可是，如此美妙的一幕，却被一个粗野的声音给打断了："喂，山坡上的那两个家伙，快滚下来！"

郑芝龙和松子都是一惊。松子停止了舞蹈，郑芝龙皱着眉头，向下面望去，只见不知道什么时候，下面的山路上已经聚集了一群人，这群人都是男子，一个个衣着华贵，气度不凡。

其中，一个身材高大、腰间佩刀，满脸疤痕的武士模样的人，正在指手画脚，冲着山上的二人嚷着："还不下来？"

"这些家伙，是什么人？"郑芝龙厌恶地问。

"别理他们，我们走！"

松子拉着郑芝龙从山坡山下来，刚要走开，却被几个武士上来拦住。

"你们要干什么？"

"哼，干什么？你们破坏了那片山坡上的樱花美景，就要赔偿。"刚才发话的那个武士恶狠狠地道。

"赔偿？赔偿谁？"

"自然是我们家的荣宇少爷！你们难道不知道，这座寺庙都是我们家荣宇少爷的？"

"那……怎么赔偿？"

"嘿，怎么赔偿？实话说吧，我们家少爷看上了这个小妞，就把这个小妞赔偿给我们少爷好啦！"

"呸！"郑芝龙大怒，"欺人太甚！天底下哪里有这样的事情？这不是明摆着欺负人吗？谁是你们家少爷？"

"我就是！"

人群中，众人簇拥着，过来一个年轻人。他看上去和郑芝龙年纪差不多，只是瘦弱了一些，一张脸因为纵欲过度，显得有些苍白。他的长相也称得上俊美，就是一双眼睛充满淫邪之气。

"我荣宇太郎想要的东西，还没有什么是不能到手的。我要这个姑娘，就一定要得到手。"

他手中摇着一柄描金扇子，颇为风雅，却不料一张口说出话来，这么蛮横无理，郑芝龙气得鼻子都歪了。

"好，我倒要看看，你凭什么这么霸道！"

"怎么，你不服气？"

荣宇太郎的父亲，是欧阳华宇，平户赫赫有名的朱印船大商人，一年前刚刚去世。荣宇继承了父亲的万贯家业，不知道怎么挥霍才好。因为他的父亲欧阳华宇和李旦是生死之交的兄弟，有李旦在背后撑腰，所以荣宇太郎在平户肆无忌惮，连当地的地方官员都不放在眼里。

"给我教训一下这个不知道天高地厚的小子！"

他一声令下，那个刀疤脸的武士顿时向郑芝龙扑过来。然而郑芝龙岂会将他放在眼里，略微使出一点太极功夫，将身子一闪，然后抓住他的衣服，顺势向前边一送，轻喝一声：

"去吧！"

那人偌大的一个身子，一下子飞出去三四米远，摔在一片稻田里，全身上下沾满泥水，好不狼狈！

"臭小子，找死！"

刀疤脸哪里丢过这么大的人？尤其在主子和众多手下的面前，他气急败坏，起身后就拔出腰刀，大喝一声向郑芝龙劈过来。郑芝龙哪里将他放在眼里，身形一闪，躲过来刀，将脚尖在他手腕上一踢，长刀脱手，刀疤脸疼得捂住手腕，一屁股坐在了草地上，满脸都是不敢相信的神色。

"大伙儿一起上！"荣宇太郎下令。

七八个武士一起涌上来，郑芝龙也动了怒，拿出自己的真本领来，指东打西，顷刻将众人打倒一地。

"好小子，有种！"荣宇太郎见了他的身手，知道是个劲敌，喝住众人，对郑芝龙道："不怕死的，报上名来！"

"怕什么？我叫郑芝龙，就住在下面翁记刀剑冶铸铺子里，你有本事，就到那里去找爷爷！"

"哼！你等着，本大爷今天还有事情，三天之后，我一定会登门拜访，走！"

荣宇太郎抛下狠话，率领众人狼狈而去。这边，松子被刚才的打斗吓坏了，上来扑在郑芝龙的怀里：

"阿龙，你惹下大祸了！"

"别怕，松子，有我在，不会有事的！"

当下，郑芝龙一路安慰着松子，带她回到了刀剑铺子里。翁老头见二人久久不回，正在担心，听说他们回来途中，和荣宇太郎发生了冲突，更加担心不已。

"唉，年轻人就是容易冲动。我最怕的就是你惹出祸端，果然还是闯下祸了。阿龙，你走吧，这里不能留你了。"

"师傅，我不怕他们！您放心，一人做事一人当，不用等他们来，我自己找上门去，了结此事！"

"阿龙，不要逞强，听我一句劝，赶紧逃命去吧！"翁老头将一把银子塞在他的手上，"唉，你知道我当年为什么要离开泉州，背井离乡到这里来？就是因为我有一个不成器的儿子，也是一天到晚和人打架，仗着我们家剑器锋利，动不动就伤人，不知道惹了多少祸端！后来，一次喝多了酒，又和人家发生争吵，拔出剑来要伤人，却被人家反夺过去，将他给杀了……唉，我只有这么一个独子呀！我去将儿子的尸体抱回来后，大病一场。病好之后，就收拾东西，来到这里了。"

"阿龙，你不知道，你和我的儿子长得很像，我一直将你当儿子一样看待。可是你和他一样，喜欢逞勇斗狠，这样下去，早晚和他一样被人杀死。你自恃武艺高强，却哪里知道荣宇家人多势众，光是武士就养了一百多人。难道你一个人，能敌得过这一百多一流的武士？无非白白送死而已。我已经失去了儿子，不忍心再见你死于面前，所以，听我的劝，快快逃命去吧！"

他这一番话，讲到动情处，潸然泪下。郑芝龙从不知老人尚有如此伤心经历，一时愣在那里。

"是呀，阿龙，你快走吧！"松子也不愿意郑芝龙这么去送死，"你走了，他们找不到你，就没事了！"

"他们找不到我不要紧,可是他们要的是你,怎么办?"

"我……我不是跟你说过吗?我的命薄如樱花一样,不值得你这么为我做出牺牲。不要管我了。"

"不行!"郑芝龙却下了决心,"我决不能就这么一走了之!我决定了,就在这里等他们来!"

他就是这个脾气,一旦决定了什么事情,再也不会更改。说完这番话,他就进屋睡觉去了。

一连两天,每天都是蒙头大睡。除了松子来给他送饭,其他人他谁也不见,也不和任何人说话。

翁老头本来还想再劝说他几句,可是看这个情势,再劝也没有用了,只好让松子每天多准备酒菜,让郑芝龙吃饱喝好。郑芝龙喜欢喝酒,翁老头就将自己珍藏的好酒拿出来让他喝。

到了第三天,一大早,荣宇果然带着大队人马来到刀剑铺子前。几十个武士各带刀剑,前来寻衅。

街道上的人们一看不对,谁敢开门?无不门窗紧闭,只偷偷从门缝里向外面看。

郑芝龙听说荣宇太郎来了,也是抱了必死之心,将飞虹剑握在手上,来到刀剑铺门口。

"小子,真有种啊!"荣宇太郎见他居然没有逃走,多少也有些意外。这么不怕死的人还是第一次见到。

"哼,少废话,来吧!"

"上!"

荣宇太郎一声令下,刀疤武士第一个舞起刀冲过来。郑芝龙"当啷"一声,宝剑出鞘,一下将对方来刀砍为两段。

对方大骇,而郑芝龙有如此神兵利刃在手,精神大振,任凭荣宇那边众武士一齐冲上来,他也不怕。

一时间,众人将郑芝龙团团围住,稍微靠上去,就被他的宝剑削断兵刃。这还是郑芝龙没有存心伤人，否则他这把剑舞动起来，那是碰着即伤，不死也要断胳膊断腿。局面一时僵持住了。

正在此时，忽然听得荣宇太郎一声大叫："住手！"

"怎么了？"

郑芝龙一愣，抬头看时，却是荣宇太郎早派去几个武士，将翁老头和松子姑娘给绑了来，用刀架在脖子上。

"小子，再不束手就缚，我杀了他们！"

"呸，卑鄙，无耻！"

郑芝龙大怒，没想到对方会这么阴险。他虽然神剑在手，却也无可奈何。那边，松子哭着大喊：

"阿龙，别管我们，快走！"

可是郑芝龙怎么会丢下她们父女不管？他只能长叹一声，将剑一丢，闭上了眼睛。立即，对方几个武士冲上来，将他的剑拿去递给荣宇太郎，然后用绳索将他五花大绑，捆得像粽子似的。

"小子，这下我看你还能什么能耐？"荣宇太郎将飞虹剑擎在手上，仔细端看了一会儿，脸露喜色。

"统统给我带走！"

郑芝龙和松子姑娘都被带走了，只剩下翁老头被推倒在地上，眼睁睁看荣宇太郎趾高气扬而去……

入夜，郑芝龙被押在荣宇太郎府上的一处柴房里，虎目蕴泪，然而手脚被缚，没有任何的办法。

"难道我郑芝龙这么命苦，在澳门待不下去，被迫出海又遭遇风暴，好容易死里逃生，到了马尼拉又失火烧了教堂，被打入死牢，等待被绞杀而死；幸而天可怜见，被颜思齐大哥所救，结拜兄弟，委以重任，来到日本，却不料又落到这步田地，难道我命中注定，只能一事无成吗？"

"不，我不服，我不能就这么死去！"他在心里倔强地告诉自己，"我一定会绝处逢生，会有出人头地的一天！"

同时，在府上另外一间花团锦簇的房间里，荣宇太郎喝得醉醺醺的，正在试图劝说松子服从自己。

"松子姑娘，你看，这些都是我送给你的礼物。"他指着满满一桌子的绫罗绸缎，珍珠宝石，对松子说，"只要你跟了我，以后就有享不尽的荣华富贵，你想要什么，我就给你什么！"

"我不稀罕你这些东西，再说，我也不想要什么，我只要你马上放了我，送我回家。"松子道。

"哼，别敬酒不吃吃罚酒，我知道，你心里还惦记着那个臭小子。他究竟有什么好，除了花言巧语，还能给你什么？"

"你别乱说，我们……我们是清白的……"松子急忙辩白，"我求求你，放了他吧，他不是存心要和你作对！"

"想得倒美！"荣宇太郎不耐烦了，呵斥道，"忘了他吧，那小子过了今夜，明天就要死了。不过，如果你乖乖地答应我，今天晚上侍奉得本大爷高兴了，也许我会考虑让他再多活几天！"

他看着松子一张玲珑无瑕的脸蛋，按捺不住自己的情欲，正想强行上去亲她一口，却不料，松子手里忽然亮出来一把寒光闪闪的匕首。

"你……不要过来……否则我就死在你面前！"

她这一招，突如其来，可把荣宇太郎给吓坏了，酒醒了一半。如果松子真的自刎，那就竹篮打水一场空了！

"别……别……唉，你怎么和那个臭小子一样，都这么不怕死？"

他嘟囔着，退后几步，想要走开，却舍不得；可是看松子将匕首横在脖子上那坚决劲儿，又只能放弃。

"唉，算了，我也不逼你了，你再好好想一想。如果你答应我，我就放过那小子；如果你不答应，我就杀了他。"

他转身出去，吩咐人将松子看紧，就不知道去哪里寻欢作乐了。松子等他走远，才松了一口气。

她将匕首收好以后，坐下来，一颗心却怎么也放心不下郑芝龙。怎么办？他一定是被他们牢牢地锁起来了,除了等死没有别的选择。而自己呢?自己如果答应荣宇太郎,真的能救他一命吗?……

  这一夜,郑芝龙和松子,二人都胡思乱想,一直到天亮,才疲惫得不行,迷迷糊糊睡去了……

第5章
青云直上

郑芝龙因为机缘巧合,而被李旦收为了义子,这意味着他正式成为了李旦的事业接班人!

他的运气这么好,好到令人不敢相信,于是就有各种传说:有人说李旦好"男风",郑芝龙青春年少,以"男色"见宠于李旦。也有人说,郑芝龙花言巧语,欺骗李旦,骗取了老人的信任。其实,结合李旦在吕宋的一段坎坷经历,我们更愿意相信,李旦是相中了郑芝龙的过人才华,不但看中了郑芝龙有过在马尼拉待过的经历,更因为他精通各种语言,能够和西班牙人直接交流。李旦所以要扶持他,就是要他将来到海上去对付西班牙人。这一点才是关键中的关键。

至于郑芝龙有没有见过德川家康,也存在着争议。但我们的倾向是见过。因为以郑芝龙的冒险、好动性格,和他在社会上层的交际能力,他一定会去日本的头面人物那里寻求支持。他从德川家康那里并不需要得到什么权力,但是他需要从这个传奇人物身上,获得一种巨大的精神力量……

平户最大的华商领袖李旦府上,张灯结彩,正在庆祝李旦在六十岁花甲之年,喜得一女。

从来宾的身份上,就可以看出李旦在当地"甲必丹"的至高无上地位:当地领主松浦隆信等贵族、长崎奉行长谷川权六、萨摩领主岛津氏、英国东印度公司驻平户商馆馆长查德·考克斯(Richard Cocks)、舰队司令约翰·赛利斯(John Saris)等。

李旦是今天的主人,格外精神。他穿了一身大红唐装,头顶早已光秃秃的,胡子和眉毛也已经稀疏。因为保养得法,看上去红光满面,滋润异常。他又是做了一辈子生意的,见人三分笑。加之身材矮小而肥胖,看上去如同一尊弥勒佛。他青年时代游历四方,到过许多国家,和各种各样的人打交道,因此葡萄牙语、荷兰语、日本话等,都懂一些。

只见他一会儿用各种语言和外国人交谈,一会儿又和当地的老华侨开着玩笑,应付自如,的确有大家气派。

宴会开始之后,李旦先感谢了大家的光临,然后又向大家介绍,今天将邀请考克斯担任女儿的教父。

一会儿,尚在襁褓中的小女儿被抱了出来,只见她又白又胖,一双大眼睛机灵地转动着,居然一声不哭。

虽然当时日本严禁天主教,但是李旦却不管这一套,请考克斯给女儿洗礼,又请他给女儿取一个教名。

"我看,就叫伊丽莎白(Elizabeth)吧!"

考克斯给李旦的女儿取了教名,又对众人解释了这个名字的寓意,引来一片热烈的鼓掌之声。

接下来,每个人都要拿出自己的一样礼物,献给李旦新生的小女儿。

来宾都是大有头脸的人物,所送上的礼物自然争奇斗艳,价值不菲。李旦客气地一一道谢,收下礼物。

荣宇太郎也在人群中,等轮到他上前,他将一个木匣恭恭敬敬地呈给李旦:"伯父,这是我的一点心意。"

"哦？这是什么？"

李旦和荣宇太郎的父亲欧阳华宇是生死之交，因此将荣宇也看作亲生儿子一样。"你又去费心给我弄来什么宝贝？"

一边说，他一边将木匣放在桌子上，小心翼翼地打开。众人都将目光投过去，却发现是一柄古剑。

这把剑一看就知道来历不凡，剑把上镶嵌着宝石，剑鞘不知道用什么做成，闪着幽幽的光芒。

"好剑！"

众人都是见多识广的，一看就知道这把剑是稀世珍品。

然而，李旦见了那剑，却脸色一变。他将剑从木匣里取出来，轻轻拔出来一截，屋子里顿时寒气逼人。

"荣宇，这……这是从哪里来的？"

李旦本来一直微笑着，现在却突然一脸的凝重神色。"快说，你从哪里得到的这把剑？"

"我……"

荣宇太郎一下子嗫嚅起来，不知道自己要不要说出实情。因为这把剑正是从郑芝龙那里抢夺来的飞虹剑。

他这么一犹豫，李旦已经知道，其中必有隐情。于是摆了摆手，示意他不要再说此事，搪塞过去。

等宴席散去，众宾客纷纷离开，李旦将荣宇太郎叫到自己的房间里，脸孔一板："说，这把剑怎么回事？"

"伯父，有什么不对吗？"

"别多问，快说！"

"好吧！"

荣宇太郎显然也知道关系重大，不敢再隐瞒什么，于是将自己如何捉了郑芝龙、如何得到此剑，详细说了一遍。

"原来如此。"李旦听了以后，点了点头，又紧张地问，"那个年轻人呢？

你把他怎么样了？"

"我把他关起来了……"

"混账，怎么能这么对待人家？"李旦将他骂了一通，"算了，别的不多说，快去将他给我请来这里！"

他说得这么郑重其事，甚至在言语里还用上了一个"请"字，足见对这把剑持有之人的重视。

荣宇隐约感觉到不好，屁滚尿流离开李旦的府上，立即回去将郑芝龙释放，将他领到李旦这里来。

郑芝龙却不知道发生了什么，反正怎么都是一死，死在哪里倒也无所谓了。

不过，他跟着荣宇太郎来到李旦的府上，还是被这里富丽堂皇的装饰吓了一跳。荣宇太郎家的宅第已经足够豪奢，可是，现在这个地方，更加胜出一筹，足见主人实力之雄厚。

荣宇太郎将郑芝龙引到李旦的房间，说道："伯父，就是此人。他就是那把剑的主人。"

"你下去吧！"

李旦摆了摆手，让他到房间外面去。然后，李旦将门关好，回来在郑芝龙的对面坐下来。

他认真地打量着郑芝龙，郑芝龙也无所畏惧，迎着他的目光。李旦显然对他这么年轻大感诧异。

"年轻人，叫什么名字？"

"郑芝龙。"

"多大了？"

"十八岁。"

"哪里人？"

"泉州南安石井人氏。"

"什么时候来的日本？"

"有几个月了吧。"

"从哪里来的？"

"马尼拉。"

"什么？你从马尼拉来的？"李旦一听，问得更加仔细了，"那么你在马尼拉做什么事情？"

"问那么多干什么？"郑芝龙却不耐烦了，"不就是要杀我吗？干脆给我来一个痛快的，我已经死过好几次了，也不多这一次。"

"哈哈，"李旦大笑起来，"年轻人，你怎么知道我要杀你？你大概连我是什么人，都还不知道吧？"

"不知道。"

"那也难怪，一定是荣宇那臭小子做了什么亏心事，才不敢对你提起我。"李旦如实相告，"我姓李，叫李旦。你从马尼拉来，可曾听过我的名字？"

"啊……您……您就是李旦？"

郑芝龙本来抱定必死之心，现在却一下子又重新燃起了生的希望。他当即起身，跪下给李旦磕头："我终于见到您老人家了！"

"快起来！"李旦将他扶起来，"有什么话，慢慢说。"

"我是受我们'大甲螺'颜思齐的委托……"

郑芝龙只说了这一句话，李旦就激动起来："啊？颜思齐？你是颜思齐的人？他现在在哪里？"

"他在台湾，此次派我来找您，是交代给我一件大事要办，只可惜，他给我的信物飞虹剑，被刚才那家伙夺去了……"

"是不是这把剑？"

李旦从一见到那把剑，就认出来是飞虹剑，此刻将木匣取来，将剑从里面拿出来。

"对，就是这把飞虹剑！"郑芝龙这才明白，一定是李旦见到这把剑，才让荣宇太郎放了自己的，"这把剑是颜思齐大哥交给我的，他说让我将这把剑当面交给您，您见了剑，就会确认我的身份。"

"不错，这把剑我太熟悉了。这是我林兄弟，也就是你们汉王的随身佩剑，睹剑思人，徒增感伤啊！"

他将剑拿在手里，摩挲一番，然后重新将剑交给郑芝龙。"我老了，这剑对我来说，没有什么用处了。我把它交给你了，希望你们汉王的精魂，能够附着在这把剑上，帮助你成就一番事业。"

"是！"

郑芝龙恭恭敬敬地将剑接过来，李旦既然确定了他的身份，也就不再多说什么，径直问道："说吧，你们'大甲螺'要你找到我做什么？"

"是这样的……"

于是，郑芝龙讲了颜思齐如何图谋为汉王报仇，数度攻打马尼拉未果，决心改变战略，将目光盯上了日本，希望可以和李旦联合，由李旦在日本做内应，颜思齐等在海上作外援，一举拿下日本，建立汉国。到时候，就拥护李旦来做国王，颜思齐等众兄弟辅佐左右，共谋天下。

李旦听罢颜思齐的这一宏大战略构想，久久无语，显然内心在反复地、紧张地盘算着。半晌，只听他一声长叹："唉，太迟了！岁月不饶人啊，我已经六十岁了，不能再像你们年轻人一样，去建功立业了。如果早上十年，我会毫不犹豫地答应你们，毕竟十年前，我就和林兄弟图谋过同样的事情。我们虽然没有在马尼拉建立汉国，但是至少我们为之拼搏过了，无怨无悔。即使被囚禁在西班牙人galeyen号上的那几年，我也从来没有后悔过自己的选择……可是现在，我已经力不从心了。同样的机会，在一个人的一生中不会出现第二次，我已经知道天命了。现在的我，只想安安稳稳，度过剩下的人生岁月，我想老天不会给我多少时间了！……"

"不过，"他话锋一转，"年轻人，你不一样！你的人生才刚刚开始，有的是时间去冒险！只要你坚持追逐自己的梦想，就一定会有梦想成真的那一天！说吧，需要我提供什么帮助，尽管开口！"

他已经将话说得这么清楚了，郑芝龙还能说什么呢？颜思齐策划再周密，却百密一疏，唯独忘记了：李旦已经是一个年过花甲的老人，经历了那么多人生的风浪之后，他需要休息了！

"那好，等我回去见了我们'大甲螺'之后，我会如实将您的这一番话转告给他。"郑芝龙道，"至于说需要什么帮助，我现在还没有想好。不过，我有一个小小的请求，您可以答应我吗？"

"说吧！"

"我想，请您收我为义子。这样我在日本，就会有一个名正言顺的身份，以后好图谋更大的发展。"

郑芝龙此前对颜思齐冒充说，自己是李旦的义子，他一直怕自己的冒牌身份会被发现，所以，如今有了机会，他第一件要做的事情，就是让李旦收下自己，真正成为李旦的义子。

"没问题。"

李旦还以为他要提出什么惊天动地的要求，不想却是这么简单的事情。他一口答应："过几天，我就正式举行一个仪式，把大家都叫来，一来作个见证，二来将你介绍给他们，怎么样？"

"那真是太好了。"郑芝龙没想到事情这么轻而易举，他道了谢，忽然又想起来一件事情。

"哦，对了，我还想……求您一件事情……"

"尽管说好了，别客气。"

"我有一个朋友，叫松子，也被荣宇捉去了，能不能……"

"荣宇那个臭小子，真是越来越不像话了！你放心，这件事情包在我身上，我让他亲自把你朋友送回去！"

"多谢！"

于是，郑芝龙再次给李旦磕了头，然后就从李旦这里告辞离开。

等他回到翁家的刀剑铺子，远远地，只见松子已经站在门口，翘首张望。一见到郑芝龙出现，她立即小鸟展翅一样扑上来，喜极而泣：

"阿龙，你没事，真的太好了……"

"放心，松子，事情都过去了。"郑芝龙拥着她的娇小瘦弱的身子，那种想要保护她一生一世的感觉更加强烈。

"真的吗？真的都过去了？"

"是啊，我向你保证，以后荣宇那小子绝不会再来找你的麻烦。"

"你凭什么这么说？"

"说来话长，走，先进去再说！"

等进了刀剑铺子，翁老头还在唉声叹气，郑芝龙将自己如何见了李旦，如何蒙李旦宠爱，答应收为义子的事情一说，翁老头才放了心，啧叹郑芝龙怎么会有这么好的运气。而松子才明白，何以荣宇那家伙会突然放过自己，原来是郑芝龙在李旦那边有了令人难以置信的奇遇。

"阿龙，你的剑可不可以借给我看看？"

翁老头不再操心郑芝龙和松子的事情，才忽然想起来，郑芝龙大战荣宇家的众武士，那把剑委实神奇。

"给。"

郑芝龙将飞虹剑递给老人。尽管老人出身铸剑世家，自己也冶铸了一辈子刀剑，一见了这把剑，还是忍不住惊叹连声。他将剑从里到外，仔细看了又看，连声道："神品，真是神品哪！阿龙，此剑有灵，保佑你逢凶化吉，我们一家子都应该好好祭拜，感谢神灵保佑才是！"

他絮絮叨叨地说了一通，竟然真的去洗了手，然后摆上了香案，设好供桌，又让松子去拿来了新鲜的水果，作为祭品。看他那么虔诚，每一样都做得那么认真，似乎确信这把剑真的有灵。郑芝龙简直要笑破肚皮，却不敢在脸上流露出来。只能也跟着忙前忙后，一起跪下磕头……

半个月后。

李旦府上又一次张灯结彩，而且这一次举行收义子仪式的隆重程度，比起上次他诞女之喜，有过之而无不及。

所有人都对这次李旦所要收的义子充满了好奇，都想看一看，究竟是什么人能够得到如此的恩宠，能够有幸成为李旦的义子。毕竟，以李旦在日本商界的地位，能够成为李旦的义子，就意味着可以参与他的事业，将来即使只分到他的一小部分的家业，也足以富甲一方。

因此，这天一大早，李旦府前就车水马龙，除了上次来的宾客，又多出来许多看热闹的人们。

来宾中，不管是外国人还是华人，都是各怀心思。大家都想知道，李旦在这样一个时刻，突然举行这么一个仪式，是不是意味着他要引退，要将自己的事业交给选好的接班人了。如果这个义子是李旦的接班人，那么，从现在起，大家都要对他有所忌惮，早点感情投资才好。

李旦依旧是一副精神焕发的样子，亲自在门口迎接各方客人，接受客人的祝贺，道一声感谢。

等所有的客人都来到之后，屋子里已经没有什么空地，人群黑压压地站了一地，都静静等候李旦宣布。

李旦先朗声再一次向众人表示了感谢，然后宣布："下面，请出我的义子！"

随着一阵热烈的掌声，郑芝龙一身盛装从里面走出来，和众人见面。他今天特地穿了李旦为他定制的新衣服，真是人靠衣裳马靠鞍，这么一打扮，人群中的荣宇太郎竟然险些认不出来。

"啊！这……这不是那个臭小子吗？真不知道他交了什么狗屎运，竟然能得到伯父的青睐！"

"诸位，请让我来介绍。"李旦拉着郑芝龙的手，给大家介绍道，"他姓郑，叫做芝龙，小名叫做一官，教名叫尼古拉斯。他在澳门、马尼拉都做过事情，如今我年事高了，就请他来这里帮我。以后，生意上的事情，我就交给他了，希望诸位多多关照，尽量帮助犬子。"

众人一听，将目光一齐投向郑芝龙，上上下下仔细打量，仿佛要看出他有什么过人之处，能成为李旦事业接班人。

仪式开始，李旦端端正正坐上椅子，郑芝龙则恭恭敬敬跪下，给李旦磕头："父亲大人在上，请受孩儿一拜！"

如此连磕九个响头，郑芝龙站起身来，李旦则将一个沉甸甸的黄金大印交给他，象征权力移交。

仪式完毕，宴会开始，众人都知道眼前这个年轻人将成为未来平户乃至日本的华人新"甲必丹",于是纷纷上来祝贺,和他攀谈。而郑芝龙呢,此时则显示出了自己的过人之处,他不但能轻松自如地操着几个国家的语言,和来自不同国家的人们交流,而且能够和不同的人谈论不同的话题:谈论澳门,谈论马尼拉,还和考克斯饶有趣味地谈论了一通天主教的教义……

一番交谈下来,人们确信:李旦没有看错人,这个年轻人的确有过人之处,是一个天生奇才!

不但如此,作为送给义子的一份大礼,李旦更是不惜重金,给郑芝龙修建了一座豪宅。

豪宅落成,也正是郑芝龙和田川松大喜之日。李旦亲自主持了这一对新人的婚礼,婚礼之盛况,为许多年来所仅见。不到半年的时间,郑芝龙赢得了一个令人尊敬的称号"老一官"。

新婚之夜,郑芝龙虽然喝了太多的酒,然而却没有丝毫的醉意。他迈着坚定的步伐进入洞房,来到顶着大红盖头、静坐床沿的新娘子面前。

"松子……"

他心神荡漾,轻轻伸手去揭开了新娘子的盖头。却发现盖头下面,那一张俏脸上泪珠晶莹,宛如梨花带雨。

"松子,你怎么哭了?"

"傻子,人家这是高兴。"田川松轻轻抬起手,揩去泪珠,"我是一时想起了爹娘,所以才有些伤感。"

"是呀。我的爹娘也没有能够亲眼看到这一幕,的确有些遗憾。不过,不说那么多了。明天一早,咱们就去你爹娘坟地上给两位老人家磕头。至于我爹娘那边,等我事业有成,我就带你衣锦还乡。"

"嗯。"

听郑芝龙这么懂得事理,体贴入微,又在事业上这么踌躇满志,田川松越发相信:自己没有看错人!

一夜缠绵,第二天一早,郑芝龙和田川松早早起来,先去给李旦请了安,又轻车简从,回去看望了翁老爹。接着,二人便来到田川松父母的坟上,向两位老人家报告二人结合的消息。

结婚之后，按照日本的规矩，身为平户侯家臣的女儿，田川松应该和丈夫一道去拜谒骏府。

骏府，是德川家康归隐之地，也是当时全日本的政治和权力中心。虽然江户郡的秀忠将军，已经继承德川家康衣钵，是日本幕府掌握实权的人物。但人们还是将大小事情，求决于德川家康。

骏府的门口，车水马龙，达官贵人络绎不绝，等候接见的人们排起了长队。

一墙之隔，骏府里面，却没有任何的动静。那样的静，静得和外面仿佛是完全不同的两个世界。

郑芝龙和田川松，也跟随大队人马，在外面等候了一会儿。他们的地位卑微，马车又不起眼，不像别人那样有一大批随从。因此排在长长的队伍的末尾，根本不被人注意。但郑芝龙很快就不耐烦了。这样等下去，何时才有结果？与其在这里浪费时间，不如冒险闯进去，撞一撞运气。

"走！"他一拉田川松的手，大步迈上台阶，道，"咱们进去！"

他的气势震慑了所有在前面的文武大臣，人们都让开一条道路。郑芝龙无所畏惧，拉着田川松，昂首直入。

"喂，什么人？报上名来！"

门口，一左一右站着两个身材高大的武士，呵斥了一声，却被郑芝龙伸手将他们拎起来，"扑通扑通"，抛到了台阶之下。

"铃——"

刹那间，院子里铃声大作。门开处，许多佩戴长剑的武士，闪身出来，就要向郑芝龙扑过来。

"咳咳"，就在这时候，忽然响起两声苍老的咳嗽声。于是，众武士如同接到了什么命令一样，突然又都散去了。恍如一阵风，院子里又恢复了宁静。

静，然而杀机四伏，随时都有可能丧命在这里。郑芝龙浑身上下的肌肉也都绷紧了。

他让田川松跟在自己身后，一步一步稳稳地走进了大门，并没有人从暗处冲出来发动袭击。

穿过院子，在一棵开满樱花的大树下，挂着一张长长的大弓，搭着一只雕翎羽箭，引起了他的注意。

"看来，这是要考考我的本领！"

他暗暗想道，上前取下弓，手先往下一沉。真看不出来，这张弓，黑黝黝的，毫不起眼，竟然这么沉。他才知道原来是铁制的弓胎。他掂了掂分量，相信自己还是有能力拉开的。又四下里看了看，只见数十步之外，一处假山上面，一朵迎风绽开的大红花朵，在不住地晃动着。

"好。"他想，"我就露一手功夫，叫你们看看！"

只见他不动声色，将弓弦装上，又取下那支箭，搭在弦上。弯弓搭箭，一声大喝"着"，"嗖"的一声，不偏不倚，正好将那朵小红花射落下来。那箭去势未停，一直射进对面的墙壁里。

"好箭法，咳……"

这边，郑芝龙刚放下箭，那边一个老人，已经从内室里掀开帘子，站在了台阶上。他一边咳嗽，一边打量着一官，称赞说道："果然是英雄出少年。看来，我真是老了……"

不用说，此人便是德川家康。只见他身材高大，满脸浓须，双目如电。虽然已经七十多岁了，然而，依然那样气势逼人。可以想象，这个老人在年轻的时候，挎长弓，持白刃，如何在战场上率领他的武士们冲锋陷阵，南征北战，结束了战国时代，一统天下，创造出日本今日局面。

这是两个真正的男人，一个已经在过去的时代里证明了自己，一个即将开拓属于自己的时代。他们如同两只凶猛的动物对峙着，四股目光如同利刃，无声地格斗着。谁都不肯退缩。

气氛紧张到令人窒息。那股力量，无声无息地激荡着，甚至逼迫得樱花树上的片片樱花，无风自落。

"咳，咳……"良久，德川家康才又咳嗽起来，目光中的锋芒一闪而逝，苦笑道："进来吧，年轻人！"

他率先进了屋子。郑芝龙在后面，拉着田川松跟随进去。这间屋子非常宽阔，可是里面却徒立四壁，空无一物。只有地上铺着厚厚的波斯地毯。一代惊天动地的英雄人物，生活竟然如此俭朴。

"坐吧！"

"谢谢！"

郑芝龙在德川家康的面前坐下来，这么近距离接触日本的精神象征——德川家康，简直难以想象。

"年轻人，你叫什么名字？"

"郑芝龙。"

"从哪里来？"

"泉州。"

两人一问一答，德川家康对中国那边的情形非常关心，而郑芝龙对答如流，知无不言，言无不尽。

一老一少，越谈越是投机。德川家康也越来越喜爱这个来自异域的少年，他甚至坚持要给郑芝龙表演"刀舞"。

"年轻人，你瞧——"

他站起身，从墙壁上面取出来一把明晃晃的长刀。刀鞘已经陈旧，摩挲得上面的花纹都看不清了。可是，当他从刀鞘里将刀一拔出来，顿时如同划过一道闪电一样，耀得人不敢睁眼。

"就是这把刀，陪伴我度过了一生，从青年时代到现在，它见证了我所有的光荣与梦想，所有的辉煌和暗淡。"

他轻轻地抚摸刀身，如同一个男子痴迷地抚摸情人的娇躯一样。然后，他起身来到堂下，摆出来一个姿势。凝神半晌，才缓缓地舞起来，一招一式，那么认真，脸上的神情凝重之极，如同在进行着什么重大的祭神仪式。

一边舞，他一边低声吟道：

　　人生五十载，

　　去事恍如梦幻。

　　天下之内，

　　岂有长生不灭者……

一声长啸，德川家康停下来，依稀还能看出他年轻时代英雄无敌的影子。然而，他毕竟老了。

"年轻人，让我来告诉你。人的一生之中，有三次不好的变化。"他收了刀，重新坐下来，语重心长地告诉郑芝龙道："首先是十七八岁时，受朋友的影响学坏。接着是到了三十岁左右，由于功绩产生骄傲，心底里看不起老练的人。最后是到了五十岁，以为万事皆休，不再着眼于将来，积极性随之消退。如果能够完全避免这三次变化，平安度过，就能成为身无遗憾的伟人了。"

"多谢教诲！"

郑芝龙一生之中，以从德川家康这里听到的教诲最为珍贵。他将每个字都牢牢地刻在了心田上。

"这把刀，是我一生的见证，也是守护德川家族的象征。本来，我要将这位老朋友和我一起，长埋于地下，但现在我忽然改变主意了。"他将刀拿起来，又抚摸半响，最后似乎下了什么决心一样，将刀连鞘交给郑芝龙，"年轻人，这个世界是属于你们的。我把刀给你了，希望你拿它来开启一个崭新的时代！"

"多谢！"能够得到德川家康的赏赐，实在是莫大的荣耀，郑芝龙激动地接过刀，给老人恭恭敬敬地敬礼，"您放心，我一定不会辜负您的盛情！"

他很想再和老人说上点儿什么，但是，看到德川家康已经露出了疲惫之态，他也只好起身告辞。

临别之时，德川家康亲自送郑芝龙出来，并且在门口执着他的手说道："年轻人，我封你为'武士'，好好干吧，放开手脚去开天辟地，你和我一样，一定会开创属于你自己的时代！"

"一定！"郑芝龙举起来手中那把荣誉之刀，大声说道，"我一定会成功！我一定会成功的！"

他携着妻子田川松的手，再次向德川家康深深鞠了一躬，然后退下台阶，转身扬长而去。

两个男人都仿佛没有将台阶下面目瞪口呆的众多文武官员看在眼中。或者，他们根本不屑去看……

第6章
功亏一篑

正当郑芝龙在日本风生水起,事业蓬勃发展,赢得了"平户老一官"的尊称之时,荷兰人也来到了东方。

荷兰人是继葡萄牙人、西班牙人之后,又一个来到东方的狠角色。他们很快在葡萄牙人占领澳门、西班牙人占领吕宋之后,又发现了一个可以和中国进行交易的绝佳地点——澎湖。从此,荷兰人开始图谋澎湖,甚至为此使出无赖手段,先是擅自占领,然后行贿中国官员,赖着不走。

中国政府自然不会容忍荷兰人,强行将其驱逐,但荷兰人觊觎澎湖,不惜发动战争,形成澎湖危机,而调节澎湖危机的,竟然就是李旦。作为李旦的全权代表,郑芝龙第一次和荷兰人打上了交道……

郑芝龙和颜思齐等人经过十年筹谋,终于要将袭取日本、建立汉国的伟大梦想付诸实施了,但儿子福松的出生,却打乱了郑芝龙的步骤。为了替儿子庆祝生日,他将众兄弟请来自己家中,却不料走漏风声,日本幕府得到了消息,率先采取了行动。十年筹谋,功亏一篑,郑芝龙和颜思齐等人只能仓皇逃离……

郑芝龙被迫诀别妻儿,踏上流亡之路。他不知道,这是一个悲惨的结束,还是一个伟大的开始……

十年过去了。

十年的时间中，郑芝龙的事业飞速发展。他不但亲自出海，带着商船到暹罗、柬埔寨、马尼拉、澳门、澎湖等地贸易，每一船都带回数十万两银子的巨大利润，而且每到一处，他都与当地官员、商人相谈甚欢，很快结成莫逆之交。于是，除了打有"平户老一官"旗帜的朱印船，其他朱印船即使到了以上这些地方，所能够收购到的商品和达成的贸易数额，也都大大下降。而郑芝龙却将朱印船的数量从最初的两三艘一口气发展到了惊人的十八艘。

正当郑芝龙率领朱印船纵横海上，将自己的声名远播东南亚各国的时候，外面的情势也在变化。

这一变化是由荷兰人带来的。早在葡萄牙人、西班牙人驰骋东方，获利丰厚的时候，荷兰人就有心来分一杯羹。他们一从西班牙人的统治下脱离出来，立即远征东方，驾大舰，携巨炮，首先直逼吕宋，挑战西班牙人的统治，结果没有占到便宜；继而又来到澳门。此时的澳门虽然为葡萄牙人所占据，却是属于中国政府管辖。荷兰人打算寻求建立与中国的贸易关系，税使李道同意荷兰人入城，待了一个月，却被葡萄牙人从中作梗，荷兰人的主张并没有被上报给朝廷。葡萄牙人对荷兰人严密防守、无懈可击，荷兰人最终一无所获，只得悻悻而去。

之后，荷兰东印度公司成立，被授权拥有自好望角到麦哲伦海峡的贸易独占权，可以组织雇佣军、发行货币并在殖民地上有统治、外交缔约的权力。在舰队司令韦麻郎（W·V·Waerwijk）的率领下，来到大泥，在当地经商的福建商人李锦建议他占领澎湖。于是，韦麻郎带领船队抵达澎湖，此时正值春汛结束，澎湖岛上没有守卫士兵，他们便在岛上伐木筑舍，准备在这里长住下去。得到消息的福建官员，多次派人到澎湖警告，荷兰人行贿税监高寀，暴露后高寀被处死。福建派遣熟悉澎湖、有丰富作战经验的沈有容来到了澎湖。

沈有容到达澎湖，见了荷兰人之后，义正词严地警告了对方，并且陈列二十艘战舰，以震慑荷兰人。荷兰人见中国强硬，而自己并无胜算，只能灰头土脸地撤退，至今当地马公镇尚有"沈有容谕退红毛番韦麻郎等"碑。

这是荷兰人到东方来的第一次尝试。尽管以失败而告终，却考察了沿途地理,发现了澎湖和台湾的重要性。

因此,当天启初年(公元1621年),荷兰人从捕获的一艘西班牙人的船上获悉,西班牙人已经制定了准备占领台湾的计划,荷兰人坐不住了。于是巴达维亚城的总督柯恩(J·P·Coen),决定采取先发制人的措施,向舰队司令雷约兹(Cornelis Reijersz)下达了占领台湾的命令:如果进攻澳门失败,则留数艘船只监视,而将主力移驻北纬二十三度半泉州对面的毕思卡度雷斯(Pescadores,今澎湖列岛)。当舰队主力到达时,应派船到雷克贝克诺(Lequeo Pequeno,今台湾)及邻近地区勘探,抢先占领南部良港,建筑城堡,并派兵镇守。

荷兰人的战略计划如此清晰,其占领澎湖、台湾而与中国贸易的决心也是显而易见的。只是他们没有想到,中国方面对他们的态度并没有改变。当雷约兹抵达澎湖,在澎湖修建城堡,然后与大陆官员交涉,要求贸易时,却遭到大陆官员的坚决拒绝。为了将荷兰人驱逐出澎湖,福建巡抚下令沿海戒严,任何人不得与荷兰人贸易,而且操练水师,调集重兵,将荷兰人团团包围。

双方对峙之际,荷兰人和中国方面不约而同地都想到了和谈:只是请谁来从中进行协调呢?

只有一个人能够扮演这个中间人的角色——李旦。

李旦与荷兰人的关系,在于他们都有一个共同的敌人——西班牙人,李旦对于西班牙人深恶痛绝,而荷兰人和西班牙人也是不共戴天的仇敌,所以在这一点上,双方有着坚实的共同基础。

而李旦和明朝政府也有千丝万缕的关系:李旦在福建漳州、厦门有一个生死兄弟叫做许心素,是李旦的生意代理人。此人在厦门担任中级军职的把总,是其上司俞咨皋的心腹。而俞咨皋正是抗倭名将俞大猷之子,是福建派来澎湖围攻荷兰人的军事主将。

以此两方面的亲密关系,因此,李旦无疑成为了调停荷兰人和中国政府之间的最好"中间人"。

当然了,李旦参与此事,从头到尾,少不了要带上义子郑芝龙,因为郑芝龙是一个"语言通",他可以直接帮助李旦和荷兰人翻译,从而省却了双方语言不通所带来的一系列的麻烦。

谈判的结果是：荷兰人退出澎湖，拆除在澎湖岛上的建筑，以表示永不再犯之意。而福建当局则允许荷兰人到台湾的大员港居住，大员港本来是日本、中国商人所占据的一个贸易点，李旦在那里已经经营多年，荷兰人到大员港是向李旦借住，因此必须向李旦缴纳一定的赋税。而福建当局则答应派出商船到大员，与荷兰人进行贸易。这是一个对三方都有利的协议，只是因为牵扯到李旦在内，不便形成正式文件，于是只能在口头上达成了协议。澎湖危机总算解决了。

双方达成了口头的协议，荷兰人于是拆除城堡，将建筑材料、大米、武器及其他财物运到了台湾大员港。

郑芝龙和李旦顺利完成任务，返回日本，郑芝龙匆忙返回家里，田川松已经给他诞下一子。

这天，田川松一个人像往常一样在海滨上散步。凉爽的海风拂面而来，吹去了一天的酷热。偌大的海滨沙滩上，只有田川松一个人。陪伴她的，就只有那些被海水冲上沙滩的五颜六色的贝壳。还有那些个旁若无人的螃蟹，一只只扭动肥胖然而矫健的身子，从一个洞穴爬出来，急忙钻进另一个洞穴。以往，这些都是田川松消遣时光的最好的玩伴。但现在，她的高高凸起的肚子，已经不容许她再弯下腰去了。

她只能拖着笨拙的身躯，一边在沙滩走着，一边和肚子里即将出世的小宝宝说话："孩子，娘也不知道，你会是个男孩还是个女孩。也许你爹希望你是个男孩，但娘却希望你是个女孩。因为男孩就会像你爹一样，很快翅膀硬了，飞得远远的。你一定会喜欢你爹那种海上漂泊的生活。如果是个女孩子，你就会留在娘的身边，娘会教你女红，教你插花，教你好多的东西……"

她每天都这么唠叨着，和孩子说话。

每天，娘儿俩一天的时间，倒有大半天是在海滩上，看潮起潮落，看船只扬帆出海，或者远航归来……

田川松一个人在海滩上，正在一边走，一边替丈夫担心着。忽然，她的肚子一阵剧痛。

"小家伙，又来捣乱了！"

最近，孩子常在肚子里乱蹬乱踹，因此田川松也没有当回事。正好前面有一块巨大的岩石，她就走过去，倚靠着岩石坐下了。

但她马上就知道不对了。因为每一次孩子都是踹两下完事，可是这次却是持续不断的痛，而且颇有规律，间隔越来越短。

"糟糕，该不是要生了吧？"

一瞬间，田川松紧张得额头上冒出了冷汗。因为这空旷的海滩上，只有她孤零零的一个人。

怎么办？

想要找人帮忙，是不可能了。而要回到自己家里去，却也来不及。她只能在这里接受命运安排了。

"真是个要命的小家伙，早不出来，晚不出来，偏偏在这个时候要出来。"她轻声说道。

"还有你那个该死的爹，怎么还不回来？如果他这时候陪伴在身边，娘不就安心了吗？"

不管说什么，都没有用。她的下身已经见红，接着似乎有什么鼓胀的东西"噗"一声轻炸开来。

她只能在这里生产了。好在她选择了一个背风的隐蔽地方，用身上仅有的衣服将下身遮盖住。

毕竟是平日里劳动惯了的，生孩子对她来说，并非多么的不可忍受。只不过半个时辰，孩子出生了。

"哇——"

即使是在空旷的海滩上，孩子的哭声也异常的响亮。田川松向孩子的两腿之间看了一眼，是个大胖小子！

"儿子呀儿子，你可是和你爹一样，真是个不安分的家伙！"

孩子生下来了，田川松从身边捡起来一块锋利的岩石，将孩子的脐带割断。又用衣服将小家伙包裹好。

她已经使尽了最后一分力气，真想就这么睡过去。但是不行，因为在这个地方，如果潮水涨上来，她和孩子都会被潮水吞没的。

她艰难地挣扎着，抱着孩子站起来。幸而不远的地方，有一棵巨大的松树。

"就去那里歇歇脚吧！"

她自言自语着，抱着孩子一步步来到松树下。松树如同一把天然张开的大伞，投下来一大片庇护的凉荫。

田川松来到树下，将身子倚靠树干，将孩子抱到胸前，开始给孩子喂奶。小家伙一口叼住母亲的乳头，用力地吸吮起来。只片刻，汩汩的奶水就流入他的喉咙，他闭着眼睛，大口地吞咽着。

"儿子啊儿子，你看起来还真像你爹呢！"田川松这才有机会打量孩子，见他大大的额头，粗粗的眉毛，一头浓密的黑发，鼻子挺起，颇为英俊。这些都是继承了他父亲的俊俏之处。

"这么漂亮的小伙子，将来不知道多少姑娘要为你着迷呢！"

一想到自己当年在养父翁昱皇那里初见郑芝龙的一幕，田川松就觉得有一股幸福的暖流涌遍全身。

"你爹见了你这个小家伙，一定高兴得不得了！"

田川松简直可以想象，丈夫见了儿子之后，那种兴奋和激动。男人都这样，希望第一个孩子是男孩。

在这棵巨大的松树下，给孩子喂完了奶，田川松也歇息得差不多了，于是将孩子包裹好，一步步回了家中。

深夜。

郑芝龙刚一进门，就听到孩子嘹亮的啼哭。郑芝龙顾不得换鞋子，直扑到妻子床前。

"松子，生了？"

"是！"

"男孩还是女孩？"

"是个男孩！"

"好,好,快让我看看!"

郑芝龙迫不及待地去看田川松身边的儿子。出乎他意料的是,那孩子竟然睁着大眼,正在冲他微笑呢!

"笑,他在冲我笑!"

郑芝龙激动得声音都颤抖了。尽管知道刚出生的小家伙不可能认识爹娘,但他那纯真无邪的笑容,还是令人心弦为之触动。

"来,爹爹抱!"

他向来以手脚灵活著称,现在将这个柔软的、浑身肉嘟嘟的小生命抱在臂弯里,竟然笨拙得不知道怎么样好。

"要这样,对,右臂抬高一些,左臂低一些,往里贴一点,对了!"

田川松从床上坐起身子,帮助郑芝龙调整姿势。现在,他将孩子抱在眼前了。小家伙一点都不害怕,又在冲他微笑了!

"松子,你说这孩子像你,还是像我?"

"他是你的儿子,自然像你。"

"对了,你还没有给他起名字呢?"

"等你回来起呀!"

"嗯,叫什么好呢?"

郑芝龙在生意上头脑敏锐,反应迅速,一到咬文嚼字,就不免皱起眉头来。想了半天,也没想出个名字来。

"对了,松子,快说说,你是怎么生下来的?我不在身边,一定吃了不少苦吧?"趁孩子又回到田川松怀抱里吃奶的机会,他在妻子的身边和衣躺下来,一边轻轻挽住了妻子的手。

"还说呢!不知道多危险哪!"

田川松将白天的情形一讲,即使没有亲见,郑芝龙也觉得惊心动魄。听到妻子在海滩那棵大松树下给孩子喂奶,他忽然一下子想到了一个名字。"对了,孩子在松树下出生,就叫'福松'怎么样?"

"福松?"

田川松将这个名字喃喃念了一遍，觉得不错。"是个好名字。这个孩子将来一定会像那棵不老青松一样，茁壮成长，顶天立地，不知道多少人都会受到他的庇护，他的恩泽将万世流芳！"

"好，就这么定了！"

于是，夫妻二人又一齐去看孩子。这个孩子还不知道自己已经有了一个寓意深刻的名字，早睡着了。

几乎与诞下儿子同时，郑芝龙和颜思齐策划多年的那个宏大计划，也已经到了付诸实施的时候。

这些年来，郑芝龙纵横海上，暗中和颜思齐等人秘密策划，购买了充足的炮火、枪支、弹药，武装起一支足够强大的力量。经过商量，最后决定，将正式起事的时间订在这一年的八月十五，中秋之夜。

中秋是中国人团圆的节日。到了这一天，平户的华人们也会聚集在一起，共庆佳节。以这个重大的节日作为掩护，颜思齐等人将来到日本沿海，屯船海上，再派众兄弟秘密携带枪支进入平户。这样，里应外合，就可以一举拿下平户。占领平户之后，以此为根基，席卷全日本。

所有的准备工作都已经就绪。他们调集了二十艘大船，每艘船上一百名精壮男儿，船都是经过改装的，上面装满火药和火炮。关于如何从港口发动攻击，如何上岸，都画出了详细的路线图。

这天，在船上，二十八星宿又一次聚集在一起，商量最后的行动方案。

"八月十四那天，是我儿子的满月，我想请大家去吃酒。不如大伙儿都去我家，第二天一早，就从那里举事！"

郑芝龙兴致勃勃地提议。

他如今在二十八星宿中的位置，早已非当年刚加入的那个毛头小伙子了。现在除了"大甲螺"颜思齐，他已经隐然是众人的头领。他这么提议，没有不响应的。

"好，到时候我们一定来！"

果然，到了八月十四这天，从早晨起，上门来贺喜的人就络绎不绝。门前的空旷草地上，很快停满了各色各样的马车。平户当地大大小小的中国商人，以及葡萄牙、荷兰、英国、西班牙等各个国家派驻在这里的外国人，悉数到齐。

再就是从海上到来的宾客了。这些人的面孔，一个个陌生得紧，然而却无不财大气粗。每一出手，将礼物展示与众人跟前，无不引起一阵啧叹。仅仅是一两米高的大珊瑚树，就送来数株。

众人之中，自然也包括颜思齐和其他众位兄弟，只是没有人认得他们，郑芝龙也就不作特别介绍。

这顿酒宴，热热闹闹，从中午一直进行到深夜。许多人都喝得酩酊大醉。局面一度陷入混乱之中。

颜思齐和众兄弟因为明天将举大事，都保持着清醒。而他们的戒备的确不无道理。深夜，忽然有兄弟来报告："大哥，不好了，我们留在船上的兄弟上岸来寻欢作乐，不知道怎么泄露了秘密！"

"啊？"

"快走吧，现在幕府的军队已经集结完毕，正在向这里开来！"

"糟糕！"

饶是颜思齐如何卓有谋略，临危不乱，这种情形还是令他慌了手脚。选择只有一个：马上撤离！

"留得青山在，不怕没柴烧，走！"

颜思齐果断地下达了命令。众人立即从屋子里奔出来，往海滩上撤去。只有郑芝龙还愣在那里。

就这么离开吗？可是他怎么舍得娇妻和刚刚满月的儿子？然而要带她们一起离开吗？似乎也不可能。

大海茫茫，自己一众人等，还不知道去什么地方落足，如何能够再带上妻子和孩子作为拖累？

片刻之间，郑芝龙头脑里转过了无数的念头。这时，田川松却表现出了日本女子特有的坚强。

"阿龙，你只管跟随颜大哥他们去吧。我会把孩子抚养成人，一直到等你回来接我们娘俩。"

"也只能这样了。"郑芝龙轻叹一声,将田川松和已经熟睡的儿子福松,轻拥入怀。这片刻的温馨,将永铭心中。

最后,郑芝龙只能推开妻子和儿子,匆忙去追颜思齐等众人……

炮火隆隆,海面上的船队没有防备,一下子遭到猛烈的炮击,顿时有七八艘船起了火,又引发了船上的火药爆炸,一时间,海面上巨响连连,火光冲天。郑芝龙和颜思齐等人匆忙上船,穿出火海而去……

第7章
开拓台湾

郑芝龙和颜思齐开拓台湾，是一件开天辟地的大事！台湾此前只有土著，从来没有一个统一的政权，也没有一个能够号令全岛的王者。此前林道乾、林凤等海盗，以此为巢穴，也只是暂且栖身，并没有长久占领之意。

然而，随着荷兰人在大员盘踞不走，渐渐就有鸠占鹊巢之意。荷兰人的意图从一开始就很明确：以台湾作为贸易基地，与中国展开贸易。

对于荷兰人的意图，没有谁比郑芝龙更清楚了。因此当图谋日本失败之后，郑芝龙立即告诉颜思齐：必须立即经营台湾，否则台湾必为荷兰人所据有！

于是，颜思齐采纳了郑芝龙的建议，才有大举招募泉州、漳州的居民进入台湾，和当地土著一道耕种、开垦的拓荒之举。这是台湾有史以来第一次大规模移民。后来颜思齐去世，郑芝龙继续实施这一移民战略，又两次大规模移民入台，所以，郑芝龙才是真正意义上的"开台王"。

而郑芝龙以李旦义子的身份，接收李旦在大员的遗产，他急于和李国助争夺，不择手段，结果给了荷兰人可乘之机。荷兰人宋克趁机提出不再给李旦、给李旦的继承人郑芝龙缴纳赋税，以作为交换条件。这就给了荷兰人后来在当地自己征税，并且进一步巩固其统治的机会，并最终埋下了祸根……

一场意外的事件，令颜思齐、郑芝龙多年的辛苦计划化为泡影。想要再占领日本，建立汉国，已经不可能了！

出发的时候壮志激扬，信心满满，如今回来却只剩下了十三艘残船，人人都垂头丧气，回到了魍港。

受此重挫，颜思齐一连几天闭门不出，任何人去求见他都不理。

只有郑芝龙知道，现在不是心灰意冷的时候。如今荷兰人已经在大员港展开经营，旦夕之间，荷兰人就会吞并整个台湾岛。如果不立即振作起来，与荷兰人展开竞争，那么最后的机会也没有了。

所以，尽管颜思齐下了令，不见任何人，郑芝龙还是固执地闯进他的营帐，来献计献策。

"大哥，都怪我不好！"他一见到颜思齐，首先自我责备，"如果不是我提议，为我儿子办什么满月酒，大伙儿也不会都到我家里去，结果放松了警惕，导致船上的兄弟生出乱子来！都怪我！"

"算了，一官，别说了，这是天意！"颜思齐几天之间，头发竟然白了一半，苍老了十岁不止。

"一官，不是我们兄弟不努力，而是老天不肯给我们这个机会。算了，我认命了，愿赌服输！"

"不，大哥，我们还没有输！"郑芝龙给他打气，"我们还有十几艘船，还有一千多生死兄弟呢！"

"那又怎样？同样的机会，老天不会给你第二次。这一次我们打草惊蛇，日本方面肯定有了戒备。"

"不取日本，我们可以在这个台湾岛上安家立业呀！"郑芝龙鼓励他说道，"这里以前不是叫做'东番'吗？我看这岛上虽然土著众多，却各自分散，没有一个统一的岛主统领全岛。如果大哥你做了岛主，以此为根基，不是一样可以在这里建立汉国，一样可以建不朽功业，扬万世之名吗？"

"这里……"

颜思齐一直以来，所图谋的不是吕宋，就是日本，从来没有想到要在身边这个地方做长久之居，因此一愣。

"可以吗？"

"怎么不可以？荷兰人都可以做的事情，为什么我们不可以？"郑芝龙遂将自己和李旦一起，参与荷兰人的谈判，最终由李旦将大员港借给荷兰人居住，收取赋税，福建官员也答应派船到大员展开贸易的经过，给颜思齐讲了一遍。颜思齐这才猛然惊醒："啊？荷兰人野心不小啊！"

"是！如果我们再不快点振作起来，只怕连这立锥之地也要被荷兰人抢去了啊！"

"哼！卧榻之旁，岂容他人鼾睡！"

颜思齐的那种英雄气概，顿时又被郑芝龙激发起来。"一官，马上召集兄弟们，我们来商量一下。"

很快，商量的结果出来了：占领台湾，屯荒垦田！

有了新的梦想，也就有了新的动力。魍港只是一个外港，如果要经营整个台湾岛，还必须向内开拓。

于是，经过商量，颜思齐和郑芝龙等人将目光盯上了距离此处不远的一个内港：笨港。

经过派人去考察，这里土地平坦，荒草丛生，是一个拓垦的好地方，然而当时却是平埔人的地盘。

这天，颜思齐、郑芝龙等人率领一众兄弟来到笨港，刚一泊船上岸，就引起了平埔人的注意，立即敲响用作警戒的大钟。钟声一响，各个寨子里的青年战士迅速聚集起来，在"土帅"（酋长）的带领下，借助浓密树林的掩护，悄无声息地围拢上来，从草丛缝隙里警惕地张望着。

颜思齐、郑芝龙等人都不是等闲之辈。从一上岸，他们就嗅到了空气中的紧张味道，神经为之绷紧。

"停止前进！"

颜思齐眼尖，已经发现了在浓密的草丛中一闪而过的土著人的身影。周围实在太安静了，静得令人不安。

"安营扎寨,昼夜警戒!"

对于这些海盗来说,这是他们的看家本领之一。有的负责砍倒树木,有的负责从船上解下来一捆捆的绳子。营寨的每一处结构都早印在他们脑海中,因此,如同变戏法一样,不大一会儿工夫,营寨就建成了。营寨的四周,是一排排的栅木。栅木的后面,是一队队的巡逻警戒部队。在寨子中间,用石头垒起来一座高台。高台上又搭起了瞭望哨,四下里一览无遗。

为了试探这群外来者的用意,是来访还是入侵,"土帅"命令一小股游击部队上前去骚扰。

这支身穿兽皮,手持弓箭、长矛的土著队伍一冲上来,令颜思齐等人不由哑然失笑。为了不伤害他们,而又给他们足够的震慑,颜思齐下令,船上的两门大炮瞄准前方空寂之处,一齐开火。

"轰——"

"轰——"

两声震天动地的炮响,乱石飞起,呼啸着滚落下来。土著人哪里见过这等阵势,还以为他们敬奉的大神发怒,吓得屁滚尿流,纷纷掉转头没命地跑回去。"土帅"一见之下,知道自己的军队和对方相比,实力太过悬殊,因此只能率领众人先退回去,再商量对策。

颜思齐知道,要想在这里长久居住,必须和土著人搞好关系。经过商量,这个重任落在了郑芝龙身上。

于是,郑芝龙命令从船上卸下来一批物品,主要是绸缎、白糖等生活用品,来和当地土著交换粮食。

带着这些东西,郑芝龙和十多个扮作挑夫的随从一道,从营寨里出来,前往土著的首领"土帅"的大寨。

这些土著人的山寨,建立在高高的山顶上。山路蜿蜒曲折,一层层的石头台阶,盘绕着延伸上去,不知道哪里是尽头。

一连经过数道防线,终于来到了山寨的大门口。一群挎刀、持弓箭的青年士兵,一个个脸上写满了戒备之色,用怀疑的眼光打量着郑芝龙一行。郑芝龙却异常坦然，让他们搜身后，众人挑着一应生活用品，跟随这些平埔人的年轻战士，进入大寨。

从大寨的寨门一直走了很远，又通过几道警戒线，才来到了寨子的中央。在这里，有一棵又粗又大的金丝楠树，不知道有几千几百年的高龄了，树干粗大挺拔，直入云霄。树冠仿佛一把天然的大伞，遮风避雨，透下来一大片荫凉。"土帅"的营帐，就围绕这棵大树搭成。

在帐门口，一些小孩子正在玩耍。一见到有生人来，一下子都跑散了，躲在各个地方，探头探脑。

郑芝龙和众人径直被领入帐篷中，"土帅"已经严阵以待。部落中的几位长老在左右分列，一些军事首领一级的人物，都已经到场。可见他们对于郑芝龙一行人的到来是多么重视。

郑芝龙进来后，被带到"土帅"面前。"土帅"看不出实际年龄，长发披散到腰际，一张宽大的脸上刺着花纹，一双眼睛里射出刀子一样锋利的光芒。他逼视着郑芝龙，一股野蛮之气，扑面而来。

郑芝龙却丝毫不将这种局面放在心上。见面后，他也不多说，立即吩咐一声，先将一担担的绫罗绸缎、盐和糖之类的生活必需品，都陈列堂前。

他亲自上去，从盛放白糖的筐子里抓起来一把，往嘴里一抹，露出甜蜜的微笑；又去装盐的筐子里抓一把，舔了舔，面露苦涩之情。然后，又将一筐丝绸抖开来，当众展示工艺、质地等。

这些肢体语言是最为奏效的。果然，"土帅"立即命令人上来，分别尝了尝盐和白糖，这些对他们来说，都是再贵重不过的。"土帅"又亲自上来，将一大块丝绸披挂在身上，比比划划。虽然听不懂他嘴里叽里咕噜着什么，不过，从他的得意神态上，可以猜出他在炫耀。

当郑芝龙示意，这些东西都是送给他们的见面礼，"土帅"和众人的态度立即来了个一百八十度大转弯。

当即，大帐里一片欢声笑语。"土帅"吩咐一声，立刻，外面酒宴摆开，从沉寂陡然转为喧嚣。

小伙子们磨刀霍霍，杀牛宰羊，姑娘们忙着梳妆打扮，以准备在宴席上展示曼妙的身材和迷人的舞姿。

很快，酒宴摆开，郑芝龙和随行而来的一众人等，被当做最尊贵的客人安排坐下，"土帅"和众长老作陪。

这等酒席，无非就是喝酒、吃肉，然后就是音乐响起，首先是小伙子们赤膊上阵，跳起了狩猎舞。

即使只是表演，也可以看出这个部落青年人的彪悍和英勇。小伙子们模拟猎杀野猪等大型动物，逼真之极。

当狩猎结束，小伙子们凯旋，姑娘们上来迎接，那歌声从众多的姑娘口中飘然而出，却各有韵律，和在一起，构成了一种说不出来的动听的和谐旋律。

在浓烈的酒香和动听的歌声中，月亮从树杈里升起来了。众人在如水的月华下，尽情欢乐。

第二天，颜思齐、郑芝龙便和当地平埔人缔结和约，双方划定界限，互不侵犯。

在笨港这片地方，颜思齐、郑芝龙很快开拓出了一片新天地，建立起了"十寨"。据说，这十寨分别是：

第一、主寨，大本营（位于水北村颜厝寮）；

第二、左寨，护卫营（位于土厝村陈厝寮）；

第三、右寨，护卫营（位于土厝村陈厝寮）；

第四、前寨，先锋营（位于兴化店，已毁于洪水，确切位置在北港扶朝里旁的北港溪河床）；

第五、后寨，训练营（位于考试潭，可能位于水北村内的后庄）；

第六、哨船寨，船队营（位于北港镇船头埔）；

第七、海防寨，海口镇狩营（位于水林乡后寮村）；

第八、抚番寨，安抚平埔族（位于北港镇府番里）；

第九、粮草寨，屯粮处（位于水林土厝村土间厝）；

第十、北寨（防范荷兰人据点，位于北港镇大北里）。

十寨建立之后，由于地广人稀，所以面临的一个急切的任务便是招募民众，来此垦荒。

当即，颜思齐镇守十寨，吩咐杨天生和郑芝龙秘密潜回，一个去漳州，一个回泉州，招募民众来此。

郑芝龙和杨天生立即起程。登陆以后，二人分手，郑芝龙在泉州找了一家豪华的客栈住下来，扮作一个大海商的模样，找了人贴出去告示，帮忙自己招募民众。数日间，已经招募了一千多人。

本来，完成任务就可以返回了。但郑芝龙已经有十多年之久没有回过家乡了。如今有机会返回故土，这份思念之情，更加难以遏制。他于是暗暗做了一个决定：推迟返回的日期，先回家看看再说！

这个主意一打定，郑芝龙立即收拾行囊，动身上路。昼夜兼程，那种迫切的心情，真恨不得插上翅膀，一夕到家。

然而近乡情怯。到了南安县城，郑芝龙的心里便忐忑了。家中的情形，如今不知道怎么样了。父亲他老人家还好吗？继母的身体还像过去一样虚弱多病吗？还有几个兄弟，他们都长大成人了吧？可已经成家立业？……

带着这一连串的疑问，他回到了石井。他在途中磨蹭了一会儿，特意选择了夜幕初上时分，踏上这条熟悉的街道。街道上行人稀少，家家户户这时候正是吃晚饭的时候。从一户户人家里传出欢声笑语，而那些人家很多都是郑芝龙所熟悉的。从童年至少年，一切的记忆都依次被唤醒了。

来到自己家门口，眼见府门紧闭，两扇大门依旧是自己离去的模样，不过在夜色中似乎多了几分沧桑。郑芝龙踏上台阶，正要去伸手敲门，却到中途又将手缩回了。他似乎还没有准备好，不知道怎么面对家人。如果见了父亲，他问起自己这些年在做什么？可有了什么出息？他怎么说？难道能说自己在从事海上抢劫生意，和颜思齐等人结拜，在日本图谋举事失败，如今栖身荒岛，准备再起？这显然不行，只能令父亲更加地看自己不起。如果是这样，不见也罢！

这样想着，郑芝龙后退了几步，从台阶上下来，转而去了后花园。从当初离家的墙头上翻进去，潜入父母窗下。

从窗户的缝隙里望进去，里面透出明亮的灯火。灯下，黄氏正在手持针线，费力地缝补着。

和郑芝龙离开家的时候相比,她显得苍老了很多,鬓角已经有了白霜,腰背也不再那么挺直了。

屋子里只见黄氏,却没有见到父亲郑士表。郑芝龙心里隐约有一丝不安,正要向前凑,看得更仔细些,不料身后忽然一声低喝传来:"什么人?"接着一件锋利之物抵上了他的后背。

"别误会,是我!"

郑芝龙连忙小声解释,听他的声音这么熟悉,背后之人上来仔细一看他的脸,不由低声惊呼起来:

"大哥,是你?"

"嘘——"

郑芝龙一看,原来是自己的二弟郑芝虎,连忙做了个噤声的手势,指了指屋子里。郑芝虎心领神会,拉着大哥来到自己的房间。

"大哥,你可回来了!怎么一去这么多年,连封信也不给家里来?"

"说来话长,等我慢慢告诉你。怎么样,家里一切可好?爹他老人家身体还好吧?"

"爹……已经过世了……"

"啊?"

郑芝龙所担心的终于变成了现实。父亲去世了,那个对他管教极严,但也疼爱无比的父亲永远离开了!

他们兄弟说话的声音,惊动了四弟郑芝凤和五弟郑芝豹,他们闻讯赶来,一见到郑芝龙,都欢喜不禁。

"大哥!"

"四弟、五弟,你们都长这么高了?"郑芝龙离家的时候,郑芝凤才只有十岁出头,而郑芝豹更是年幼,只是一个五六岁的小孩子。但是现在,二人俱长成了虎背熊腰的汉子,令郑芝龙感慨不已。

"大哥,你回来就好了,以后这个家就由你来当家了。"

"不，我还要走，这次只是回来看看，不能久留。"

"啊？大哥还要走？"

"大哥在外面做的事情，三言两语和你们说不清楚。不过你们放心，大哥不会丢下你们不管的。"

郑芝龙安慰了他们几句，来到黄氏的门外，轻轻敲了敲门，叫了一声：

"娘！"

"谁？"

"娘，是我！"

郑芝龙推开门，进来给黄氏跪在地上磕头，"娘，不孝儿一官回来了！"

"啊……一官？真的是你？"黄氏连忙放下针线，将一官扶起来，又上上下下，仔细打量。

"一官，这些年在外面还好吧？"

"我很好。"

"你舅爷给家里来过一封信，说你去马尼拉的途中翻了船，我和你爹还都以为你……不在了呢……你爹他临终的时候，还不肯闭上眼睛，说不应该让你到外面去闯世界，应该让你留在身边……"

"娘，别说了……"郑芝龙泪水滂沱，看到柜子正中摆放着父亲的灵牌，上去就跪倒痛哭：

"爹，孩儿不孝，回来得太晚了！爹，请您原谅我吧！"

又哭泣一阵，黄氏也陪着落泪。这时候，外面响起脚步声，原来兄弟们去通知了大嫂颜氏，一起过来了。

"一官，真的是你？"

颜氏自从家里接到黄程从澳门来的书信，听说了丈夫覆船之事，无论如何不肯相信丈夫已经葬身大海。她坚信，丈夫吉人天相，一定会逢凶化吉。因此，这些年来，她始终没有改嫁，等着丈夫。

如今，十四年过去了，终于等到丈夫安然归来，活生生出现在面前，她多么的激动和惊喜呀！

一瞬间，她再也顾不得什么矜持，猛地上前扑在郑芝龙的怀里，用拳头狠命擂他的胸膛……

一家团圆，自然有说不完的话。不过，为了给郑芝龙和颜氏夫妻团聚，留出时间说悄悄话，其他人还是各自去睡了。

郑芝龙和颜氏回到自己的房间，郑芝龙在灯下仔细打量妻子，发现妻子虽然俏丽依旧，却面容憔悴，显然饱受思念之苦。

"对不起，阿玉，让你受苦了！"

"你死在外面算了，还回来干什么？"

"你不知道，我都是死过几次的人了。有时候，我也奇怪，自己为什么还没有死？可能是老天爷不答应吧！"

"什么老天爷不答应，是我在每天三炷香，在佛祖前诵经、磕头，祈求佛祖保佑，你才能大难不死！"

"我说呢，像我这等无情无义的负心之人，就是死了也没有什么，老天爷为什么一次次不让我死……"

"不，我不许你这么说……"

颜氏用自己的炽热的唇，堵住了郑芝龙的嘴，二人拥入鸳帐，似乎又回到了当年的洞房花烛之夜……

恩爱过后，颜氏躺在丈夫的怀里，轻声问他："一官，实话实说，你在外边是不是又成了家，有了别的女人？"

"是。"郑芝龙也如实道，"我在日本生了一场大病，奄奄一息的时候，被一户人家搭救。那户人家只有一个老头和一个女儿，真的对我很好，我无以为报，就做了他们家的上门女婿……"

"那你还回来干什么？在那里快活好了！"颜氏气得一下子背过身去，只给郑芝龙一个光溜溜的背。

"阿玉，你别生气。"郑芝龙耐心地劝说道，"我暂且栖身他们家，其实也是为了做更大的事情……"

"做什么事情？"

"说来话长,这要从我的结拜大哥颜思齐说起……"于是郑芝龙将自己如何在马尼拉被颜思齐等人搭救,加入他们,又如何被派到日本,从事图谋日本、推翻幕府、建立汉国的大业,简略讲了一遍。

"啊?"听郑芝龙讲得这么惊心动魄,颜氏不觉也紧张不已,"你们……你们男人总喜欢干这些大事情!"

"男子汉大丈夫,来这世界上走一遭,总要留下点名声才成!"郑芝龙道,"如果不是为了建功立业,当年我拼命要跟舅爷去澳门,为的什么?好容易等到有这样的机会,我难道不赌上一把?所以,正是为了做成大事,我才娶了妻子,以此身份作为掩护,并不是真的忘了你!"

"好了,好了,我信了你就是。你们男人的心思就这么奇怪,让人捉摸不透。这件事情,我不追究了。"颜氏又重新投入他的怀抱,小鸟依人,"那么,你这次回来,可能多住一段时间?"

"说不好,我……"

"我知道你有大事情要做,不过,我要你答应我一件事情。"

"什么事情?"

"我……要你给我留下一个孩子……"颜氏轻声道,"我当初答应你走,最后悔的就是没有让你留下一个孩子……如果有了孩子,我就会抚养孩子,教给他读书、认字,就不会过得这么苦……"

"好吧……"

郑芝龙当年急于外出闯荡世界,抛弃新婚之妻,的确没有多考虑什么。可是现在不同了,尤其在日本,他已经有了一个儿子,深感子嗣对于一个女人的重要意义。自己虽然离开了日本,但松子和儿子在一起,日子就能过下去,就不会将全部的思念都系在自己一个人身上!

所以接下来这段时间,郑芝龙就在家中多住了一段时间,白天教兄弟们练习武艺,晚上就专心陪颜氏。

一个月后,郑芝龙不但带着一千五百多名民众返回了台湾,而且还带来了自己的两个兄弟:郑芝虎、郑芝凤。

杨天生已经先一步返回,也招募了一千五百名民众来垦荒。这样一来,一下子就有了三千移民。

颜思齐在原来的十寨基础上,又开设了"外九庄":

据考,它们是:

    水牛厝社(位于嘉义县太保市水虞厝);

    鹿耳草庄(嘉义县鹿草乡);

    大小槺榔庄(位于嘉义县朴子市东);

    土狮仔庄(嘉义县六脚乡土狮);

    龟佛山庄;

    龟仔港庄;

    南势竹庄;

    井水港庄;

    大坵田庄。

短短一年的时间,颜思齐和郑芝龙等兄弟在台湾岛上开疆拓土,已经隐然有独霸一方的气象。

就在这忙忙碌碌中,忽然,一艘荷兰人的商船从日本平户返回台湾,特地给郑芝龙送来一个石破天惊的消息:

李旦去世了!

这个消息是那么的突然,郑芝龙一点思想准备都没有。

以郑芝龙作为李旦义子的身份,李旦去世,他自然应该去披麻戴孝。可是他现在是幕府通缉的大罪人,哪里敢回日本去?当然了,也就无法继承李旦留给他的一份可观遗产。

尽管如此,李旦在台湾岛南端的大员,还是拥有众多的资产,有船十多艘,资产上百万。这笔雄厚的财力,对于正在开发笨港的郑芝龙和颜思齐等人来说,无疑雪中送炭。

于是,郑芝龙立即动身来到了大员。

此时,荷兰人已经在大员站稳了脚跟,正在修建城堡,摆出一副长住不走的架势。荷兰人的长官宋克,在澎湖危机中得到郑芝龙和李旦的帮助,对于郑芝龙的到来,自然格外热情。

郑芝龙以李旦的义子身份,全面接收李旦的资产,并且将其中的三分之一,暗中送给了宋克。

宋克得了郑芝龙的厚贿,也就睁一只眼、闭一只眼,任凭郑芝龙将李旦的产业全部带离了大员。

关于郑芝龙接收的这份财产,后来李旦的儿子李国助也曾经来据理力争,而且向荷兰人那里告状,请求得到帮助。但荷兰人不予理会,李国助只能作罢。

大概这一年初秋时节,颜思齐和众兄弟一道,来到诸罗(今嘉义)山中打猎。在山中射猎的时候,忽然冲出来一头足有千斤之重的野猪,颜思齐坐骑受惊,一下子将颜思齐掀下马来。眼见野猪挺着长长的獠牙冲颜思齐扑过来,颜思齐性命危在旦夕。忽然,郑芝龙冲了过来,将颜思齐的身子一推,避开了野猪。同时,他将手上的飞虹剑奋力刺出,正刺中野猪的肚腹。那飞虹剑是何等的锐利,顿时将野猪给开了膛。野猪冲出去数十米远,轰然倒地。

颜思齐惊魂甫定,和郑芝龙一起上前查看那头野猪:好大的家伙!足够咱们兄弟好好地吃喝一顿了!

这天晚上,众人就在山中架起了篝火,将野猪肉一块块地切割下来,放在火上烤熟,大快朵颐。

颜思齐带头痛饮,酒至酣处,让郑芝龙把飞虹剑拿来,他持了剑在篝火旁纵横跳跃,挥舞起来。

剑似闪电,人似游龙。一通剑舞毕,他对剑长叹:"飞虹剑啊飞虹剑,从汉王将你交到我的手上,已经二十多年了。可惜我空有利剑在手,一身本领,竟不能实现汉王的遗愿,蹉跎至今,一事无成。"

他又将郑芝龙叫到跟前:"一官兄弟,我今天正式将这把剑传给你。虽然你今天用它杀了野猪,救了我的命。但我希望你能真正用它来做一番大事业,当得起名副其实的飞虹将军的名号!汉王的未竟之志,看来在我的手上,是实现不了了。希望以后你能够扬名海上,建功立业!"

郑芝龙双膝跪下,恭恭敬敬地接过剑来:"'大甲螺'请放心,一官不才,必不敢辜负'大甲螺'厚爱,亦不敢辜负汉王这把飞虹剑。从今以后,一官与飞虹剑同进同退,共生共死。建功立业,九死无悔!"

颜思齐:"哈哈,讲得好!建功立业,九死无悔!汉王啊汉王,我终于为飞虹剑找到了传人,你听到了吗?"

他大笑数声,忽然又大哭起来。众人从来没有看到颜思齐如此失态,纷纷上来劝他:"'大甲螺'别喝了,早些休息吧!"

颜思齐却坚持道:"不,今日痛快,我要与众兄弟痛饮彻夜,不醉不休!来呀,喝,接着喝!"

这顿酒一直喝到天亮,篝火熄灭,众人无不酩酊大醉,就在篝火的余烬和熹微的晨光里睡去……

可能是这一夜纵情狂饮的关系吧,从诸罗山回来之后,向来百病不侵的颜思齐,竟然染上了风寒。本来他也不当一回事,以为休息几天就好了。不料这风寒竟然来势汹汹,不得不请来医生,给他做了诊断,开方抓药,已经为时太晚,针石和药力都不能将侵入膏肓的病毒驱除了。

这天,自知将不久于人世的颜思齐,在自己的大寨里将众兄弟召集起来。他挣扎着坐在病榻之上,低声对众人说道:

"众位兄弟,我和你们自从结义以来,共谋大事,忽忽数载。虽然最终未能成功。但这几年,有诸位兄弟朝夕陪伴,委实是我一生中最快乐的时光。而今流落荒岛,殒命于此,这是命数使然,我也没有什么遗憾的了。我唯一希望的,是在我死后,你们兄弟能够不忘结义时的誓言,继续蓄积力量,东山再起,一定要建立功业,实现汉王的未竟之志。那样我死也瞑目了!"

郑芝龙带头说道:"'大甲螺'你放心,我们一定不会抛弃壮志,一定会成就一番霸业!"

"那就好!"

颜思齐还要多说什么,但他知道,自己的生命即将结束,因此拼尽最后的力气,朗声长吟:

生于海澄,
亡命海上。
营以为商,
人以为盗。
既为甲螺,
乃思报国。
二八兄弟,
风云来会。
共祷于天,
割牲而盟。
誓取日本,
以扬国威。
虽有计谋,
奈何天命。
功败垂成,
惶栖台湾。
东山未起,
一朝殒命。
壮志未遂,
中道夭折。
众公继起,
以慰我心。
……

只听他的声音越来越低,最后戛然而止。他仍旧那么倔强地坐着不肯倒下去,然而却已经溘然归天。

"大甲螺——"

众人齐跪在地,号啕痛哭。

将颜思齐的遗体入殓之后，众兄弟搭设灵堂，赶制丧服。上上下下，无不沉浸在巨大的悲痛中。

发丧的日期选定在七日之后。这天一大早，天空就黑云密布，空气中湿漉漉的，仿佛能挤出水来。

所有人都是白衣白裤，一身缟素。连停泊在港口的船只，也全都覆盖上了白布，如同下了一场大雪。

当地土著的头领"土帅"亲自前来参加丧礼，驻扎在大员的荷兰人也派了使者前来吊唁，以示尊敬。

颜思齐的尸身，已经被殓入棺材。棺材是用金丝楠木制成，比寻常的棺木足足大了一倍有余。棺椁中除了颜思齐的尸身，还有随葬的大批金银、珠宝。

仪式开始后，众人一齐给颜思齐跪下，默默地叩首九下，算是诀别。起风了，各种旗幡一齐摇动起来。

等随着一声"起棺"的悠长吆喝，三十二个赤着上身的大汉，将棺材抬起来，一步一步，向港口走去。

当棺材行进，经过每个人身边，人人无不失声痛哭，以头触地，血流满面。

虽然颜思齐生前没有留下遗愿，但他以海上起家，众人商量之后，还是决定给他来一个体面的"海葬"。

一艘早已装饰一新的大船，在岸边停靠。船上用白色的绸缎，扎满了宫殿、车船，以及军队等。

三十二条大汉，将颜思齐的棺材抬上船头。岸上的众人又一次跪下磕头，最后给"大甲螺"送行：

"大甲螺，一路走好啊！"

"大甲螺，别忘了保佑我们啊！"

当棺材停稳，大船升起风帆，即将出港，其他大船上的火炮一齐对天而鸣，总共响了二十八响，代表二十八星宿结义！

大船远去，渐渐驶出了港口。众水手依次从船上下来，登上小船离开。最后一位离开的将引火之物拿出来，点着了大船。顿时，火光大起，借助强烈的风势，很快燃烧成为一片火海……

只一会儿，大船的残骸和熊熊的大火一起在海面上消失了。海面复归于平静……

料理完了颜思齐的丧事后，剩下的二十七个兄弟，第一件事情就是重新推选一位"大甲螺"。

这其中，主要的竞争者有三个人：一个是杨天生，是这支海盗队伍的军师，足智多谋，巧舌如簧，是个天生的政治家。另一个是陈衷纪，这两个人都在众兄弟中深有威望，各有心腹。

然而，呼声最高、胜算最大的，无疑还要属郑芝龙。郑芝龙虽然在二十八星宿中排名最末，然而他是李旦的义子，刚刚继承了李旦在大员的巨额遗产。另外，他这些年在海上贸易中，深得各方尊敬，能够为集团带来巨额利润。和荷兰人又保持着友好的关系，这些都是其他人比不了的。

更重要的是，颜思齐在生前，已经将从汉王处传下来的飞虹剑亲手传给了郑芝龙。虽然没有明说，但是得飞虹剑即为飞虹将军，而只有飞虹将军能得"大甲螺"之位，这是不成文的规矩。

选举"大甲螺"的日子，定在七七四十九天之后。这些天中，杨天生和陈衷纪都在加紧活动，拉拢人心。

只有郑芝龙，依旧是我行我素，独来独往。也许他在心里并没有要当"大甲螺"的意思，他只是沉浸在失去了颜思齐这位兄长和领袖的悲痛里，每日或者一个人在海边独坐，或者一人在帐中大醉。

这天早晨，郑芝龙一早起来，又一个人带着飞虹剑来到一处溪谷中，对着初升的朝阳舞起剑来。

他所舞的这一套剑法，正是那一夜颜思齐最后所舞的剑法。郑芝龙天资过人，只看了一遍已经记在心上。连日来潜心钻研，已经基本掌握了这套剑法。他越舞越快，到最后一声喝，长剑脱手飞出！

剑如游龙，飞出去数米远，跌落溪水之中！

郑芝龙调匀呼吸，随即下到溪水中寻找宝剑。溪水清澈见底，可以看到宝剑在河床上闪闪发亮！

然而，郑芝龙伸手去拿宝剑，宝剑却被粘在了河底的岩石上一样，他使了很大的力气，才将剑拿起来。

可是一松手，剑却自己长了翅膀一样，又飞回去，贴在石头上！

郑芝龙大奇，还以为是汉王或者颜思齐的灵魂附着在剑身上了呢！不过他很快发现，不是这样的。是那块石头具有一种神奇的吸引力，能够将剑自己吸过去。这真是一块充满了魔力的神奇石头。

郑芝龙呆呆地看着水底下那块石头，忽然脑中电光火石一闪，似乎想到了什么。他将那块石头刨出来，脱下衣服来包好了，如获至宝一样悄悄地回了寨子，这件事情没对任何人说起。

转眼到了第四十九天，这天是正式推选"大甲螺"的日子。

关于如何推选"大甲螺"，本来就没有一套固定的仪式。如今，众人各怀心思，谁都无法服众。

会议从早晨一直开到晌午，仍旧没有结果。

最后，一直闷声不吭的郑芝龙忽然站了起来，说："我有一个提议。我这里不是有'大甲螺'传下来的飞虹剑吗？这把剑先后跟过汉王和'大甲螺'，一定是有灵性的，咱们就让飞虹剑自己来选'大甲螺'如何？"

众人奇怪不已："如何选法？"

郑芝龙立即吩咐人去拿来一袋子米，在地上用石头垒起来一个石坛，将大米全部倒了上去。然后，将飞虹剑的剑尖朝下，插入米中，没至过半。

"众位兄弟，咱们依次来拜这把剑。如果谁三拜之后，这把剑能够摇动，谁就是'大甲螺'，如何？"

"好。"

众人轰然答应。

然后，众兄弟依次上前，在坛前跪祭，向上天祷告道：

苍天在上，

请容禀告：

我等众人，

> 大哥已死。
>
> 无所归依。
>
> 欲推一人,
>
> 以为众长。
>
> 叩首泣血,
>
> 以达上听。
>
> 以剑为信,
>
> 拜而动者,
>
> 天所授也!

言讫,每个人手持香火,恭恭敬敬,在坛前跪拜。然而,众人拜过之后,那剑却纹丝不动。

轮到郑芝龙,他其实这些日子早暗中将那具有神奇力量的石头打磨成了一块薄石板,揣在了胸前。因此,当他上前叩拜的时候,刚一跪拜下去,那剑就受到他怀中石头的吸引,动了一动。

他再拜三下,那剑也跟着动了三下。

他一起身,借势上前一步,那剑竟然一下弹跳起来,向他飞射而至。

郑芝龙眼疾手快,一下子将那剑接住。似乎不能自抑,顺势跟随剑身,舞出一套剑法。

这套剑法,宛如龙游大海,神出鬼没,时而掀起阵阵波涛,时而带动声声惊雷。众人无不为之目眩。

一通剑舞作毕,郑芝龙持剑呆立在那里,似乎还没有从如痴如醉的状态里醒过来。众人对视一眼,齐齐下跪:

"参见'大甲螺'!"

"咦?我这是怎么了?"

郑芝龙假装被众人响亮的声音惊醒,吃惊地看着自己持剑而立,正在接受众人的跪拜,慌忙也跪下来:

"使不得!"

"'大甲螺'休要推辞,这是天意!"

杨天生第一个表明心迹，"我等对天祷告，已有约定，拜剑而剑动者为天授，岂有反悔之理？"

"对，请'大甲螺'不要再推辞了！"

陈衷纪也连忙表明忠心，"从今以后，我等唯'大甲螺'马首是瞻，若有二心，必遭天谴！"

他二人带头这么一表示，其他人等纷纷剖明忠心。于是郑芝龙只能答应，登上"大甲螺"之位。

当即，就在祭坛之前，郑芝龙率领众人，齐齐下跪，感谢上天的保佑：

> 皇天庇荫，
>
> 海岳赐福。
>
> 我等兄弟，
>
> 在此聚首。
>
> 共推首领，
>
> 以图大业。
>
> 一官不材，
>
> 蒙天之爱，
>
> 拜剑而动，
>
> 授为共主。
>
> 上假天命，
>
> 下赖兄弟。
>
> 兄弟同心，
>
> 其利断金。
>
> 山河带砺，
>
> 富贵与共。
>
> 昭昭此心，
>
> 唯天可鉴。

盟誓已毕，于是郑芝龙乃就"大甲螺"之位，以杨天生为军师，以陈衷纪为监军。其余众人，分别担任督造、主饷、佐谋等……

第8章
两度就抚

和颜思齐比较起来，继任"大甲螺"的郑芝龙，显然更了解荷兰人的狼子野心，也了解荷兰人的实力！

郑芝龙的力量并不足以和荷兰人抗衡，他必须和明朝政府合作，以防止荷兰人独霸台湾海峡！

更何况，在郑芝龙的内心，还有一个隐秘欲望：他要衣锦还乡，让乡亲们知道他是一个怎样的男子汉、大丈夫……

而要得到朝廷重用，只能有一个选择：先"造反"，后"招安"！所以郑芝龙先选择痛击大明海军，然后就坐等着朝廷来招抚自己，给自己封官加爵了。虽然第一次的招抚并不成功，但郑芝龙坚持自己的做法，所以等到第二次，郑芝龙实力更加强大，被重任也就顺理成章了……

郑芝龙继承了李旦在台湾大员的全部遗产，又因缘际会，取代颜思齐而被众海盗推举为"大甲螺"，这是他人生中第一个辉煌的顶点。

羽翼已丰的郑芝龙，如同一只展翅待翔的雄鹰，终于要搏击长空了。然而，他和李旦、颜思齐却又不同。李旦是只愿意当一个纯粹的商人，颜思齐是要实现汉王林凤的遗志，图谋一方，建立汉国，扬名于世。而郑芝龙呢，却别出心裁，将目光盯上了大明政府。普通的海盗对明政府唯恐避之不及，郑芝龙却要自己送上门去，最好将自己的名声直接传递到皇帝的耳朵里去。可怎么能做到这一点呢？自然是打仗。

于是，郑芝龙很快制定了自己的战略计划：首先以台湾作为根据地，向福建南部的漳浦发起攻击。

这计划中的第一步，一来是试探明军的虚实，刺探明军的态度和军事实力；二来也是为了劫掠粮饷，为下一步更大的战争作准备。

郑芝龙要出师，众兄弟自然并无异议。众人都被明朝政府视为"盗寇"，早憋着一肚子火，因此，这一股邪火一散发出来，威力惊人。守卫漳浦的官兵，才只有几百人，而且因为粮饷经常被当官的克扣，平时训练就有一搭没一搭的，听说海盗从海面上来进攻，根本不管对方什么人，匆忙放了几炮，然后就抱头鼠窜，一哄而散了。郑芝龙不费吹灰之力，进入漳浦。

漳浦的百姓其实对官兵根本不抱希望，相反他们对海盗却有一股子亲近之意。因为所谓海盗，十有八九，都是当地人。乡里乡亲的，即使没有七大姑八大姨的血缘亲情，也有地理上的乡土之谊。亲不亲，家乡人。这些海盗上岸以后，并不烧杀抢掠，甚至比官兵还军纪严明。

甫一上岸，郑芝龙便约法三章：一不准掳掠妇女，二不准屠杀百姓，三不准放火烧房。如有违抗，立即斩首。

只有那些平日里鱼肉百姓的豪富人家，才一听说海盗上岸，立即抛弃家产，席卷金银珠宝而逃。郑芝龙便命令进入他们的宅子，打开粮仓，搬运粮食。取走一大部分，剩下的则分给穷苦百姓。

如此一来，郑芝龙的海盗之师，便赢得了良好的声名。等郑芝龙招募新兵的时候，大旗一举，从者云集。

有了在漳浦的成功经验，接下来，郑芝龙调集重兵，进攻明朝在沿海一带的两个重要基地：金门与厦门。

这也是郑芝龙的海盗部队和大明海军的堂堂之师第一次对仗。这两个地方，虽然是重兵布防，但同样军心涣散，战斗力全无。因此，郑芝龙的坚船利炮一至，守卫哨所的官军无不望风披靡。

经过这一连串的战争，郑芝龙很快实现了自己的目的：朝廷根本没有心思关注这支海盗部队，因为其时魏忠贤掌权，朝廷正陷入到残酷的内部党派之争中。加之东北地区，女真崛起，朝廷正承受着巨大的军事压力。因此，一接到东南沿海的海盗作乱奏章，立即作出了批示：

招抚！

负责执行这一任务的，居然不是别人，正是此时的泉州巡海道，和郑芝龙颇有渊源的"老相识"叶善继。

叶善继接到命令，立即派人给郑芝龙带去了一封劝降书，写道：

泉州巡海道叶善继字谕郑芝龙将军：

自髫龄时，仪表可爱。岂料壮年，海滨寄迹，使闻之恻然，谅情非得已耳！今特遣旗鼓黄昌奇前来宣谕及部属人等，幸勿久恋迷津，须当速登彼岸。本道当为力请，卖刀买犊，永作圣世良民。从此安插，复业归农；坐享太平，和好室家。言出于衷，幸其听之！

此谕。

郑芝龙以贵宾之礼，招待黄昌奇。宴席之上，读罢叶善继的招抚书信，郑芝龙回答黄昌奇道：

"海上弄兵，确非本意。只因寄迹东洋（指日本），被倭人所逼，不得不来此啸聚，以为生计。"

于是，郑芝龙安排人陪黄昌奇，自己则召集众兄弟，商量是否归降一事。

"诸位兄弟，我等漂泊海外，弄兵海上，虽然逍遥自在，然而这么长久下去，终非得已。如今朝廷派人来招抚我等，我想听听诸位兄弟的意见，大伙儿心里有什么话，尽管说出来不妨。"

"我不答应！"不出所料，第一个站出来反对的就是杨天生，"'大甲螺'所以答应就抚，是因为巡海道叶大人，是'大甲螺'的旧识。你二人素有交情，可是我等却和叶大人素昧平生，并无交情。即使我等蒙'大甲螺'庇护，封得一官半职。将来官场之上，风云变幻，那时谁来保护我等？所以，我请求给我一些船只，我仍旧留守在这里，做些没本钱的生意。倘若'大甲螺'有不顺遂之时，尚可以回来这里。我虽不才，自信也能为'大甲螺'保留得一块进退自如之地，以留后路！"

"正是！"陈衷纪也站出来说道，"我等过惯了海上自由自在的生活，不愿意去晋官加爵。'大甲螺'要去，自管前去，不必勉强我等！"

他二人这么一表态，二十八位兄弟中，倒有三分之二的人不愿意跟随。也有人持观望态度，犹豫不决。

倒是郑芝龙自己，态度非常坚决："人各有志，诸位兄弟都有替自己打算的想法，我也不勉强。不过，我是决心走这一条路的。你们要留在这里，不妨；等我去了那边，如果顺风顺水，就接你们一起过去；如果不蒙重用，或者误入樊笼，再仰仗诸位兄弟，去接应我回来不迟！"

于是，郑芝龙和愿意生死相随的一众兄弟，连头目和属下一共八百人，分乘十二艘大船，跟随黄昌奇返回。

一行人等，入了泉州港，上得岸来，至府衙见叶善继。郑芝龙和郑芝虎、郑芝凤等二十余位头领，五花大绑，跪在阶下，只等叶善继出来相见。然而黄昌奇进去许久，却未出来。

倒是衙门中的一众衙役，听说海盗头目郑芝龙来就抚，一个个上来辨其面目，指指点点，出言不逊。

郑芝龙大怒，他以"大甲螺"之尊，平日里何等被众兄弟推崇。不管在日本，还是在台湾，听到他的名字，谁不肃然起敬？如今却在这里被一众屑小之辈，如此轻视，言语之中，一口一个"贼"，能不难堪？

其他众将领，一样心思，都将含着怒火的目光投向郑芝龙。只要郑芝龙一声令下，他们就会立即跳起来，夺过衙役手中的兵刃，将这些平日里只会作威作福的家伙，一个个斩为肉泥！

然而，郑芝龙知道，小不忍则乱大谋。如果这点委屈都吃不了，将来如何成就更大的事业？

足足过了一炷香的工夫，才见黄昌奇出来。在他的后面，叶善继缓步踱出。只见他肥头大耳，身材臃肿，一双眼睛几乎眯成了线。

叶善继升堂之后，先命令给郑芝龙等人松绑，又命给郑芝龙看座，安慰他说道："当日就见你聪慧不凡，今日仪表堂堂，更是一表人才。汝父虽死，你更应该立志上进，以图光耀门闾。为何反而漂流海外，为非作乱，自暴自弃？如今既然幡然悔悟，贵于自新，善莫大焉！你放心，本官自会将你的情况详细具本上奏。你且耐心等待，今日自改，将来前程不可限量也！"

"多谢大人！"

郑芝龙知道自己此时，说什么也没有用处，唯有给叶善继磕头谢恩，众兄弟也一齐高声谢恩。

从这天开始，郑芝龙和一众兄弟就在距离港口不远的一所驿所内苦苦等候上面的消息。

然而，这一等就是一个多月。那叶善继也不是没有上章保奏，然而巡抚朱钦相先是抱病不处理公事，后来病好之后，一见保奏郑芝龙的本子，大为恼怒："这等祸乱之徒，不加诛杀，已然开恩。如今竟然胆大妄为，还想求得一官半职，岂非荒唐？"于是，竟然将叶善继的奏折压下。只另下一道命令，吩咐将郑芝龙等人带来的船只军械，造册登记，报缴封存。至于归降的八百余人，分散安插去各县，充入军中。

消息传来，郑芝龙大为失望。没想到自己诚意受抚，换来的却是如此冷漠的一番回应。看来，这步棋走早了！

他心中不悦，弟弟郑芝虎也来劝说："大哥，我看这件事情不对。俗话说：虎不可失威，人不可失势。朝廷何以重视大哥？固然因为大哥才华出众，能力卓越，但更因为大哥有这么一群生死追随的弟兄。如今，朝廷竟然要将众兄弟散去各县，充入军中，这一招，叫做'釜底抽薪'，极是阴险。倘若众人遣散之后，将来祸福难定，一旦仓促之际，大祸临头，如何应对？不如早去！"

另外一个弟弟郑芝凤，也来劝说郑芝龙："大哥，朝廷如此吝啬，连一官半职都不肯授给大哥，我等还这里受鸟气作甚？正好今夜潮起，不如和众兄弟扬帆自去，仍然过那快活逍遥的日子！"

"好！"郑芝龙其实也正有此心意，"既然两位贤弟如此说，那么这就传令下去，立即收拾东西，返回台湾！"

于是，当天夜里，郑芝龙和众人重新回到船上，也不和官府打招呼，只放了三声响炮，扬帆而去。

他们这一去，朝廷方面更加有了说辞，巡抚朱钦相就得意洋洋："我就知道，这群亡命之徒不会当真受抚。如果真答应了他们的要求，以官职相授，只怕不知道将来闹出多少乱子！"

郑芝龙等人既去，于是朝廷立即发文给各卫、所、县，嘱咐早作准备，以防劫掠，又调集军队，准备围剿郑芝龙。

然而，郑芝龙经过此次一番试探，已经称出了自己在大明朝廷心目中的重量，知道自己尚未能引起明廷足够的重视。因此，回去之后，立即率领众兄弟，对沿海一带的明军发起猛烈的攻击：

八月，乘北风，入粤攻打海丰，拿下嵌头村。又犯甲子、靖海二所。

第二年正月，从粤回闽铜山，大败明都司洪先春。

七月，擒大明水军将领卢毓英。卢毓英身中五箭被擒，以为必死。郑芝龙却亲自给其松绑，以礼相待。卢毓英不解，问道："今日被擒，一死而已。将军却不杀某，为何？"郑芝龙于是讲出自己的心愿，请卢毓英去做说客："苟得一爵相加，当保朝廷东南半壁无忧！"卢毓英答应保荐，于是回来见都督俞咨皋（即俞大猷之子），却被讥笑无能。卢毓英无语以对，羞愧而退。

九月，俞咨皋亲自出征，围剿郑芝龙，却终究没有其父那般军事才能，一败涂地，最后身死。

面对郑芝龙的疯狂进攻，大明朝廷束手无策，竟然想出了一个看似高明的拙劣方法：请荷兰人相助！

此刻，驻台湾的荷兰总督，已经换成了韦特。韦特并不知道郑芝龙的厉害，也没有和郑芝龙打过交道。明朝政府请荷兰人出兵，韦特还以为这是和中国拉拢亲近关系的大好机会，竟然不顾一切，亲自率领船队对驻扎在福建铜山的郑芝龙军队发起攻击！

郑芝龙起初也是一头雾水，不明白一向与自己友好的荷兰人何以会大举来犯？然而荷兰人炮火齐发，敌意明显，郑芝龙也不能示弱，于是吩咐船队出港，大举应战！

只一接触，荷兰人便领教了郑芝龙军队的厉害：论炮火之猛，战船之众，郑芝龙的这支海盗队伍，已经是当时海上第一股强势力量。刚一接战，韦特的船便被炮火击中，他只能仓皇逃到"维蕾德"号上，在另外一艘"伊拉斯莫号"船的掩护下亡命而去。其他的荷兰船只，在这一仗中不是被击沉，便是被炸伤，基本丧失作战能力。

面对荷兰人的突然倒戈，郑芝龙大怒，立即以牙还牙，在海面上开始公然拦截荷兰船只。很快，一艘接一艘的荷兰商船被郑芝龙扣押，而在大员的荷兰人只能龟缩不出，徒然地等待救援。

正当郑芝龙在海面上狠狠地教训荷兰人之时，在大明朝廷，已经发生了天翻地覆的变化：天启皇帝一命归天，继位的崇祯皇帝一上来就重振朝纲，将大宦官魏忠贤给扳倒，朝中一半的魏忠贤一党的官员，都被株连。经过这一番收拾，局面为之一新。风雨飘摇的大明江山似乎又稳定下来了。

眼见新皇帝励精图治，下面的官员也就不敢不作为。于是东南官员工科给事中颜继祖，上了一疏，专参俞咨皋不能容忍招抚郑芝龙，说："郑芝龙从小在泉州长大，对于这里的情形，比任何人了解都清楚。他在海上漂泊的时间已经很长，加上贸易所得巨额利润，因此召集了一帮亡命之徒。暴徒乱民都甘心做他的爪牙，那是不用说了；连在官府之内，甘心为他效劳的官员也不在少数。每当官府有针对他的行动，计划刚出来，就传到他的耳朵里去了。再加上郑芝龙这个人，很注意礼贤下士，劫富济贫，因此他在百姓中间，名声也很好。那些仰慕和崇拜他的人，纷纷前去投奔。一人做贼，全家皆喜。一姓从贼，一族无虞。每一上岸，买货讨水，则百姓无不争相出迎，牵羊载酒，承筐束帛，唯恐落在别人的后面。这还真是奇怪啊！"

将这种情形描述一遍，奏疏立即指向俞咨皋，若非当日俞咨皋骄傲自大，则郑芝龙早已就抚，何至如此？

继此之后，新任巡抚熊文灿甫一上任，立即接到泉州府王猷条陈时事，称："郑芝龙两次大胜洪都司而不追，获卢游击而不杀；败俞都督师于海内，中左弃城逃窜，约束其众，不许登岸，不动草木。……"如此人物，如果能够招抚，实在是朝廷之福；如以为敌，则实为朝廷之祸！

熊文灿正有此意，于是立即批准。招抚郑芝龙的任务，则落在了和郑芝龙有旧交的卢毓英身上。

卢毓英来见熊文灿，如实禀报：要招抚郑芝龙，必须封官加爵，授以重任，否则此事万难成功！

熊文灿令其和泉州知府王猷商量。二人终于密谋出一个好办法：让郑芝龙去剿杀另外一支海盗军队李魁奇。如果能够擒灭诸盗，则可名正言顺，为其请功封官；如果不能成功，则任其自生自灭。

卢毓英来见郑芝龙，详细讲述了朝廷欲重用其经过，郑芝龙大喜。这一次，郑芝龙也学乖了，先派出郑芝虎、郑芝凤携带大批金银珠宝，厚贿泉州大小官员，又请卢毓英携带亲笔信一封，交给熊文灿：

"芝龙倾心归化，情愿戴罪立功，充军辕门，以效犬马之劳。所有福建以至浙、粤海上诸盗，当一力平靖……"

除了书信，郑芝龙还另外托卢毓英给熊文灿以及其左右官员送上一份厚礼。熊文灿大喜，立即答应允准郑芝龙受抚，并且题奏一本，得到恩准，授予了郑芝龙一个"海防游击"的正式官职。

官职虽然不大，但毕竟是大明朝廷的正式编制。郑芝龙摇身一变，由"大甲螺"变为了"五虎游击将军"。

有了大明朝廷作为靠山，郑芝龙精神为之一振。他一上来就将扫平群寇的目标指向了李魁奇。

　　李魁奇，泉州惠安人。本来只是海上的一名渔夫，因为他从小在海边长大，深习水性。可以在水底下一憋半天不上来。又天生神力，每只膀子一晃，都有五六百斤力气。因此在海上纵横无敌，渐渐干起了没本钱的买卖，也聚集了一帮兄弟。后来在澎湖一带落脚，划定了势力范围。

　　郑芝龙和李魁奇本来各霸一方，互不侵犯。不料李魁奇看郑芝龙离开台湾，寻求和大明朝廷合作，台湾空虚，竟然起了占领之心，率领兄弟趁机袭击了台湾。陈衷纪和杨天生等人，被他一下子劫掠去许多财物，大为不服，于是报复性地攻击澎湖，却被李魁奇所败，陈衷纪被杀。

　　因此缘故，郑芝龙一上来就将头号目标锁定了李魁奇。

　　很快，郑芝龙得到消息：李魁奇最近又在伺机打劫一伙商船。郑芝龙立即命令人伪装成商船的船队，去引诱李魁奇，自己则率领众人，埋伏在后面。果然，李魁奇中计，被郑芝龙团团包围。

　　而李魁奇也真是骁勇，虽然落在包围之中，犹自面不改色，赤膊督战，并且直呼要郑芝龙出来接战。

　　此刻的郑芝龙，已经是朝廷命官，岂能跟他决斗？一笑了之，命令身边第一勇将郑芝虎上去应战。

　　郑芝虎一手提刀，一手持盾牌，跃身上去，和李魁奇大战在一处。二人刀枪交加，足足斗了半日，不分胜负。

　　李魁奇那边的兄弟，终究心慌，害怕李魁奇不敌，上来接应，围困郑芝虎。这边郑芝龙令旗一举，身边陈秀、陈霸等人一拥而上，趁乱一枪刺死李魁奇，割下了首级。其余海盗一哄而散。

　　平定李魁奇，是郑芝龙受抚之后的第一个重大胜利，在祭拜了陈衷纪的亡灵后，凯旋班师。

　　此后，郑芝龙又连续出兵，纵横海上。斩杨六、杨七，收其众，灭褚彩老，一时海上风平浪静。

　　这一年，正值福建大旱。百姓流离失所，饿殍遍野。郑芝龙趁机向熊文灿提

郑芝龙：海商传奇

出：招纳泉州、漳州数万灾民，前往台湾岛上垦荒。每人给银三两，三人给牛一头。这些费用，都由郑芝龙一人支出。

这等好事，熊文灿自然求之不得。不用花费一分一厘，即可安置众多灾民，只坐收功劳，何乐而不为？

于是，经过熊文灿同意，由郑芝龙拿出银两，大规模招募灾民。不到半个月，就招募三万人之众。这么一大批人来到台湾岛上，见这里气候环境和家乡差不多，而且土地肥沃，山川秀美，无不大喜。郑芝龙呢，则将这些人纳入自己的统一管理之下，坐收地租，大获厚利。

不说台湾岛那边从此成为郑芝龙的海上重要基地，但说他剿灭李魁奇有功，得到熊文灿赏识。同时他从李魁奇的老巢，缴获了一大批贵重金银珠宝，将李魁奇多年在刀尖上讨来的积蓄，劫掠一空。凭空得了这么一笔巨产，除了厚贿熊文灿，上上下下打点以外，还剩下很大数目的一笔财富。

于是，郑芝龙决心在家乡南安风光一把，大张旗鼓，在距离石井不远的地方，一个叫安平的地方，一口气购买了上千亩土地，大兴土木，建筑豪宅。

新建的郑府，足足占地一百三十八亩。主要构造为歇山式五开间十三架，三通门双火巷五进院落。两旁翼堂、楼阁，亭榭互对，环列屏障。东有"敦仁阁"，西有"泰运楼"，前厅为"天主堂"，中厅为"孝思堂"，规模宏耸。大厝背后辟有"致远园"，在蜿蜒曲折的高墙环护之下，有假山、亭台、精舍、池沼、小桥、曲径、佳木，遍布奇花异草，四季常开不败，争奇斗艳。

整个浩大的工程，从卜定宅基，开始建设，一直到竣工，整整用了三年之久。其规模之大，可想而知。

当郑府的主体工程竣工，郑芝龙搬进来以后，又开始迫不及待地娶妻纳妾。他财大气粗，又官位显赫，一口气在当地连纳数位如花似玉的小妾，并且很快都怀有身孕，为郑家添了子孙。

然而，郑芝龙志得意满的同时，却又不能不有遗憾。因为他的这一番辉煌成就，缺一个人来分享。

这个人是谁？不用说，正是郑芝龙在日本的糟糠之妻田川松。而对于儿子福松，郑芝龙同样思念得紧。

屈指算来，从机密泄露，举事不成，自己和颜思齐等人一道逃出来，到今天，功成名就，在台湾和安平都建立了自己的基地，已经整整七年过去了。七年的时间，弹指一挥。在郑芝龙可谓忙忙碌碌，很少有闲暇时间。可是在日本平户，那对母子又是如何的煎熬呢？

一想到那对可怜的母子，郑芝龙纵然铁石心肠，也不由洒下两行热泪。他再也不能等下去了。

于是，郑芝龙立即叫来自己的族弟郑芝燕，要他带一支小型的商船船队，以贸易的名义前去日本平户，和平户的藩主交涉，看有无可能将田川松和福松带离日本。

郑芝燕带着大哥的嘱托扬帆起航，一路来到平户。平户的藩主一听说是当年"老一官"的使者来到，震惊非小，连忙接见郑芝燕，并且将郑芝龙的要求呈递给了幕府。然而幕府的回答却是：当此非常时期，任何一个日本人都不准离开日本。

郑芝龙接到郑芝燕的书信，大怒，准备亲自带领船队攻打日本。以他此时的军事力量，有台湾作为海中基地，有大明水师作为后盾，如果倾力攻击日本，比起当日要推翻幕府统治，是容易多了！

然而，他又立即否定了自己的想法。其时诸海盗并未荡平，一个最大的仇家刘香，就在眼皮底下活动。另外荷兰人一直虎视眈眈，伺机将郑芝龙的军队从台湾岛上驱逐出去。如果郑芝龙攻击日本，将台湾基地的人马倾巢而出，则只怕日本未下，台湾已经是荷兰人的天下了。

正在进退两难，他的一个兄弟郑芝鄂站了出来，出了一条妙计。让人在绢帛之上，作好图画，将郑芝龙的水军部队，大小战舰，密密麻麻地画在上面。郑芝鄂自己则带壮士六十人，驾船数艘，配备精良武器，前往日本。以此软硬两手，威胁幕府，声称若日本不接受郑芝龙要求，必然开战！

郑芝鄂一抵达平户，立即引起平户震动。眼见他们的战船陈列海上，武器装备无一不精。而他们的要求却极其简单，不过是要接田川松和小福松离开日本而已。平户藩主不敢自作主张，只好带郑芝鄂来见德川家光。

德川家光是幕府的第三代将军。一见面，郑芝鄂就将早已准备好的巨幅画卷献上。只见在那画卷上，战船成百上千，猛将如云。一个个矫健勇猛的健儿，手持兵器，蓄势待发。从这幅画卷上面，只觉得一股气势扑面而来。德川家光大惊，问郑芝鄂："这是何意？"

"十万大军，千艘战舰，已经做好了准备。"郑芝鄂傲然道，"如果不能要回夫人和少主，我主公必然以兵戎相见！"

"这个……且容商量……"

德川家光早听说过当年那个"一官"，知道他胆大妄为，无法无天，如今见他已经成为海上霸主，如此气魄，知道他什么事情都能做出来，哪里敢怠慢？立即吩咐安排郑芝鄂住下，同时召开幕府会议。

而郑芝鄂也没有闲着，给每个来参加幕府会议的官员都奉送上了一份厚礼。会议的结果可想而知：

幕府经过对郑芝龙的"提议"深思熟虑，决定破例，允许将七岁的小福松交给郑芝鄂带回中原！

至于田川松，因为她是土生土长的日本女子，"日女不入中原"，这是古训，幕府暂时不敢违抗！

幕府的这一举措，可谓冒险：虽然作出了一定的让步，但仍然有试探郑芝龙的军事实力的意味。如果郑芝龙真的具备了一举摧毁幕府的雄厚军事实力，那么到时候再交出田川松不迟！

郑芝鄂的目的未能完全达到，不过能够将小福松带回，可谓已经成功一半！他告别了德川家光，立即去平户接小福松。只是他没想到，这一将福松带回中原，竟然会为将来掀起一场滔天风波……

第9章

小子福松

当年,郑芝龙和颜思齐等人图谋失败,被迫踏上逃亡之路。那时候,没有谁会想到,他留在日本的刚刚满月的叫福松的小孩子,将来会如何英雄了得。那个孩子就是后来名满天下的郑成功。

后来,郑芝龙用重金贿赂日本幕府,放松了对他的通缉,他才可以乘坐商船,偷偷回来看望妻子和儿子,并且又生下了一个儿子——次郎。

但毕竟,郑芝龙和儿子聚少离多,因此,福松是在一个缺乏父爱的环境里长大起来的,他受母亲的教育多于父亲。而他从母亲那里学到的最基本的知识,就是一个"孝"字。这个"孝"字后来在他回到中国接受孔孟之道的教育后,又进一步地演变成为了一个"忠"字。孝和忠,是福松,也就是后来的郑成功一生事业的立足基石,这和郑芝龙出身商人,以"利"和"害"作为自己的处世标准,有着根本的区别。最后父子二人分道扬镳的结局,其实从开始就注定了……

"看剑!"

一声清脆的叱喝,从一个面容俊秀的男孩子口中发出。别看他身材高大,骨架发育得跟少年人相似,事实上,他才只有七岁。或许是继承了父亲的基因,他从小就大手大脚,吃起饭来食量大得惊人,力气也比普通孩子大上许多。这些都还不算,最要紧的,他有一种坚忍不拔、永不服输的劲头,在鲁莽、悍勇之中,自有一股灵动、狡黠。这一点,用他母亲田川松的话来说:"简直和他爹一模一样!"

这一点很重要,剑是死的,招也是死的,但是,使剑的却是大活人。人决定剑,是人使剑,而不是剑使人。因此,同样一套剑法,在不同人手中使出来,却大大不同,简直天壤之别。

虽然花房老人一再告诫弟子们:勤能补拙,只要付出汗水和辛苦,执著地追求,就一定能够登堂入室,达到"至圣"之境界。可是,在内心深处,他却深深地知道,并不是什么人都可以凭自己一味苦练,而成为剑术大家的。

就拿自己来说吧,从三岁开始练习剑术,到现在,其中已经过去了几十年。这些年中,他一天都没有停止过练剑,可是,最后又怎么样呢?虽然自己被公认为剑道的大家,一代宗师,可是,他也只不过把前人流传下来的剑法练习得较为纯熟,如此而已!

他可以把武圣宫本武藏所创造的"二刀流"练得出神入化,可是,却不能自己创造出一招一式新的剑法,更不用说像宫本圣人那样,称雄东瀛了!

这是他一生中最大的遗憾,也是心头永远的隐痛。因此,当他见到这个小孩子,看到他身上那种人所不及的绝世之资,他才激动不已,自己多年来的心愿终于可以在这个小弟子身上实现了。

几年中,他把自己最基本的剑术倾囊相授。这个孩子的表现,也的确出人意料。他在剑术上表现出来的悟性和创造力,就连花房氏年轻的时候,也不能与之比拟。按照这种势头发展下去,不出十年,他一定可以成为一个出色的剑客,冠绝东瀛,名扬天下!

"只可惜,他明天就要走了——"想到这里,花房老人不由地在心中长长地叹了一口气。世上之事，不如意十之八九，多么遗憾，却又多么无可奈何！

就在昨天晚上，这个叫福松的孩子的母亲田川松，突然登上门来。

"花房老师，真对不起。"田川松一脸歉意地说道，"很抱歉，福松从明天开始就不能再来跟您学剑了。这几年来，我们母子俩，实在给您添了不少麻烦。尤其是福松这孩子，他有令您不满意的地方，还请您多多包涵。"

"哪里，哪里。"花房氏说道，"这孩子聪明伶俐，又肯吃苦，很合我的心意。至于调皮了一点，男孩子嘛，倒也没有什么。"他停下来，惊诧地看着田川松，问道："为什么明天就走，这么匆忙？我还没有来得及将'二刀流'的剑术，全部都教给他呢！"

"没有办法。"田川松回答道，"孩子的父亲坚持要见孩子，为此甚至提出要和幕府开战……幕府答应了，不过，他们也提出条件，说是'日女不入中原'……所以，我还走不成，只能让孩子一个人跟他叔叔回去……"

想到这里，花房氏叹了口气。事情既然不可更改，只能接受现实。

因此，第二天一早，他才要逼着福松加紧练剑，死记硬背许多繁杂的招式和口诀。

这也是迫于无奈的方法。时间仓促，已经来不及解说，只能指望这个孩子凭自己的聪明才智来颖悟。

从早晨一直到中午，花房老人都在传授给福松各种剑招，并且督促他勤加练习，甚至让他在自己身上试招。

"福松，不用害怕伤到我，一定要刺中我才能停下来！"他盘坐在地上，仔细地叮嘱福松道，"只管大胆使用剑招，想尽一切办法来刺中我！听着，刺不到我，就不准停下来，也不准吃饭，你知道吗？"

"知道了！"

福松满口答应，心想这有什么难的，老师坐在地上不动，甚至连眼睛都闭上了。就是随便一剑刺过去，也能将他刺中。那么，老师出这道"难"题来考试自己，什么意思呢？

他一边想着，一边早迫不及待地跃跃欲试。老师刚刚坐好，闭上眼睛，福松已经一剑刺出，来势之猛，势如闪电，根本就不是刚学的"二刀流"，甚至不是什么剑法，就是一个字："快"！

电光石火之间，却见花房老人身子一闪，滑向旁边。福松一剑走空，连老师的衣襟都没有沾上一点，不由脸上一红！

"为什么不用'二刀流'剑术？"花房老人冷冷地喝道，"小子，不用担心。'二刀流'虽然威力过人，但是，在你手下施出来，却也还伤不了我。动手吧！"

"是！"福松惊诧之下，听了老师这几句话，如梦初醒。自己还害怕伤了老师，真是痴人说梦！以老师一派宗师，功力已经到了出神入化之境，自己又哪里能够轻易地、毫不费力地刺中他？

当下，他不敢再隐瞒什么，将老师刚教的"二刀流"剑术施展出来。手腕抖动，长剑吞吐，剑尖蛇一样昂然而上，风声飒然，果然威力惊人，令人目眩！

可是，他却忘了，花房老师闭着眼睛，根本看不到他剑尖上令人头晕眼花的光芒。倒是那风声，给他提供了辨别来势的机会，轻轻一闪，又滑了出去。

"咦？"小福松不愧是个聪明超群的孩子，只这一招刺空，已经明白，老师是靠听自己的剑风，判断自己招数。当下，他故意使了一个虚招，佯攻老师右边，到了近前，却突然停下来，缓缓地，将剑指向老师左边。一点一点刺了过去。

"小子，这等滑头！"花房老师还是没睁眼，却又准确地判断出他的来剑，轻轻让了过去。

"这可奇了……"

在一瞬间，小福松的心中转过无数念头。他想不明白，老师这次是怎么判断出自己剑招的？

若是常人，到此田地，除了弃剑认输，再没有任何选择。但福松这个孩子，偏有一股倔强脾气，越是遇到困难，越不肯退缩。他极力思索其中的奥妙。一边将老师刚教自己的剑招，在脑中演过一遍，一边思索起老师教的口诀来：

"……剑在人先，意在剑先……"

"对了！"

忽然，脑际灵光一闪，他似乎捕捉到了什么东西。是一个"意"字，剑意！

招有招式，剑有剑意，老师虽然不睁开眼睛，但是他一定是用心感觉到了自己的剑意，剑招未出，而心中已存意念。就在这一刻，自己剑招，已经尽被老师所识。所以，不管自己刺向何处，都会被老师所"识"破！

一想到这一层，他顿时领悟了，就不去再想如何能够刺中老师，全身心放松，甚至学老师的样子，闭上眼睛。只是将手中剑轻轻挥洒，如同一片无根的浮萍，任意所至，连他自己都不知道，要刺向哪里。

"嗤——"

一声轻响，果然刺中了花房老师的身子。花房惊讶之下，睁开眼来，从地上一跃而起，哈哈笑道："好小子！"

"老师，您没事吧？"福松也感觉到自己刺中了老师，连忙给老师道歉。而他的目光中，还隐约闪动着另外一种神情。那种跳跃的光芒，连花房老人都似乎从来未见过。

"小子，说来听听，你想到了什么？"花房老人看了看他，又坐下来，问道，"讲讲看，你是怎样刺中我的？"

"是。"福松这就把自己所想到的道理，讲了一遍，听得花房老人也不住点头，道："孺子可教，果然不错。你聪明过人，所学之快，已经远远超过我所期望。好了，你这就去吧！"

"是。"

福松毕竟是个孩子，累了半天，早想出去玩了，听老师终于答应让自己回去，高兴得几乎跳起来，答应一声，转身就往门口跑。到了门口，换上了鞋，他又探进头来，还不忘问一句："老师，明天什么时候来练剑？"

花房老人心中叹息一声，他本来想告诉福松真相，但是想了想，还是没有说出来。毕竟，这件事情由他母亲田川松亲口告诉要好得多。他只是说道："你回去问你母亲吧，看她怎么说。"

"好的，老师再见！"福松听了老师的话，答应一声，给老师深鞠一躬，兴冲冲地转身跑出去。

"一个多么好的孩子，聪明伶俐，讨人喜爱，武学上又有着那么高的天赋，

郑芝龙：海商传奇

他本来可以有一个光明的前途，远大的前程的……"身后，花房老人注视着他的背影，消失在院子里，心中一时转过无数的念头："可怜，他长这么大了，却还没有机会和自己的父亲、母亲，一家人和和乐乐过上几天幸福的日子。几年来，因为没有父亲，他受了多少嘲笑，蒙受了多少的耻辱，如今，好容易能够和父亲在一起了，可是，又要离开母亲。对一个小孩子来说，这是怎样的不幸！又是怎样的痛苦！更重要的是，这一去，不知道何年何月，才能够回到日本，回到平户，回到他生长于斯、受教于斯的这片土地来！或许一年，或许十年，更或许，唉……"

想到这里，花房老人长长地叹了一口气。他已经如此年纪，最经受不起的，就是离别！尤其这种没有归期，犹如大海一样无边无际无尽的等待，他想，或许，从此以后，日本将再没有一代宗师花房，而大海边上，却将多出来一个翘首以待、默默等候的普通老人！

"我可怜的孩子——"

不知怎么，他似乎预见到了。小福松这次回归中土，绝对不会是一帆风顺，平平安安。是的，大海上有多少惊涛骇浪，他的人生中就会有多少坎坷磨难。一切的一切，似乎早已注定。

他不是个普通的孩子。他的道路早已有一只看不见的大手在冥冥中操控着，为他铺设下既定的轨迹。

一切都不可更改。他只能为这个孩子祈祷，在他心中，又想起中国书本中，著名的一段话："……天将降大任于斯人，必先苦其心志，劳其筋骨，饿其肌肤，空乏其身，行拂乱其所为，所以动心忍性，增益其所不能……"

静静的默诵中，他闭上了眼睛，全身心入定，忘记了周围的一切。

从老师那里告辞出来，福松肚子早就饿了，匆忙跑向家中。刚到门口，就听到屋子里传出来弟弟七左卫门响亮的哭声。

"妈妈，弟弟怎么又哭了？"

福松的这个弟弟叫七左卫门，是去年出生的，刚一岁多一点，正在学走路。父亲郑芝龙每年都会乘坐商船，回到平户来看望福松和田川松母子。就在他前年回来住了一段时间之后，不久，田川松就有了身孕，然后就生下了这第二个儿子。小家伙和福松小时候一点都不一样，一天到晚哭个不停。

"好啦，好啦，乖，次郎不哭！"母亲田川松一边抱着小儿子出来，一边轻声地哄着他。

可是，七左卫门却哭得更厉害了，挥舞着胖乎乎的两只小手，拼命要挣脱母亲的怀抱，去桌子上拿东西。

"我要鸡腿，我要鸡腿……"

福松随着他的目光望过去，这才发现，原来桌子上琳琅满目，摆了好几大盘子：热气腾腾、香喷喷的红烧肉，还有糯米鸡、馋嘴鸭……难怪小次郎会馋成这个样子！

可是，母亲田川松却不肯给小次郎吃，狠狠地打了一下他的小手："不准动，妈妈说过多少遍了，这是给哥哥吃的！"

"妈妈，为什么不让弟弟吃？"福松大惑不解，"不是有这么多好吃的吗？"

他用力扯下来一条鸡腿，就要递给弟弟，母亲却阻止了他："福松，这是妈妈专门给你做的！"

"啊？"福松一愣，"为什么？"

"别问那么多了，快吃吧！"

田川松眼圈一红，转过身去，背着福松擦了一把泪水。小次郎哭得更凶，田川松带他进了里面屋子。

福松疑惑不已，虽然面对满满的一桌精美菜肴，却有些不敢下筷子。妈妈说，这一桌丰盛的饭菜都是给自己做的，那是什么意思？

"莫非，跟父亲派人来接我有关？"

他心里忽然掠过一个念头，似乎明白了什么。或许，这是妈妈为自己做的最后一顿饭菜了！

他含着泪，一通狼吞虎咽，不过那只糯米鸡却一点没有动。吃完饭，他将糯米鸡连盘子端着，去到弟弟的房间里。小次郎已经躺在床上睡着了，脸上还挂着晶莹的泪珠……福松将糯米鸡放在了桌子上。

"妈妈，我吃饱了！"

"好吃吗？"

"好吃。"

"那就好。"

"妈妈，您是不是有什么事情要告诉我？"

"怎么这么说？"

"我听说，爹派了人来，要接我去中国。如果幕府不放人，就开战……"

"既然你已经知道了，娘就不瞒你了。"田川松点了点头，"不错，你爹是派了人来接你，而且船就停在外面……"

"那好呀，咱们这就收拾东西，一块儿上船到中国去，到了那边，不就一家团圆了吗？"福松兴奋地道。

"唉，你哪里知道，娘不能和你一起去！"田川松哽咽道，"日女不入中原，这是日本的古训。幕府那边，娘已经去过了，请求他们让娘和你，还有你弟弟一起离开，可是没有用，他们不答应。"

"啊？"

福松这才知道，母亲为什么要给自己做那么多好吃的。原来他们母子分别，就在眼前了。他不由得上前扑在母亲怀中。

"娘，你不走，我也不走！"

"傻孩子，说的什么话？"田川松给他解释说道，"你不是天天想你爹吗？你爹也实在是想你想得厉害，才不惜冒着与幕府开战的危险，一定要将你接回去。再说了，你已经长大了，是个大孩子了，应该上学读书了。我和你爹商量过，你是中国人，虽然在日本出生，但是在血脉里，流的是中国人的血。所以我和你爹决定，一定要你接受中国文化的教育。这次你爹接你回去，就是要你学习中国的传统文化，将来做一个堂堂正正的中国人。"

"是这样啊……"福松这才明白父亲和母亲的一番苦心，可是要他就这么和母亲分别，却舍不得，"那……妈妈什么时候来中国找我们啊？"

"你弟弟还小，等他也到了上学的年龄，娘就带上弟弟，一起到中国去。到时候，咱们一家就团聚了！"

"好吧！"

福松这才恋恋不舍地答应了。

于是，这天下午，母亲给他换上一套新买的衣服，收拾了随身携带的东西，然后二人来到旁边的"妈祖屋"。

"妈祖屋"是郑芝龙在来到平户第二年后所修建的，里面供奉了一尊栩栩如生的妈祖神像。毕竟郑芝龙常年出海，所从事的是风险极大的海上贸易，所以对供奉"妈祖"格外地虔诚、认真。

每天，田川松都要来到这间屋子里，仔细地擦拭神像、供桌，更换祭品，给"妈祖"上香，祈求平安。

这天，她就要和从小相依为命的儿子福松分别，这对一个年轻而孤独的母亲来说，是多么舍不得！

因此，在"妈祖"的神像前跪下来之后，她的祈祷也就分外动情：

"天后娘娘，我求求你，求你保佑我的孩子福松，保佑他返回中国，一路顺风！保佑他到了中国之后，能够很快适应那里的生活，保佑福松和他的父亲都身体健康，保佑我们一家人早日团聚……"

福松还小，不太懂得母亲为什么每天都要来这里拜"妈祖"娘娘，不过，他也学着母亲，给"妈祖"磕头：

"天后娘娘，请您保佑我妈妈和弟弟，保佑她们平安，保佑我们一家人早日聚首，我给您磕头啦！"

拜完了"妈祖"之后，田川松就拉着福松的手，将他送到了附近的一所旅舍里。郑芝龙派来迎接福松的郑芝鄂，已经在那儿等着了。

一见面，田川松就让福松跪下，给郑芝鄂磕头："这是你父亲派来接你的叔叔，快给叔叔磕头！"

"叔叔！"

福松跪下磕头，却被郑芝鄂一双大手一下拉了起来。

"别客气，让我看看，哈，好小子，个头倒不矮！长得也好看，嗯，这眉毛，这鼻子，和大哥简直一模一样！"

郑芝鄂肤色黝黑、满面虬须，身材高大、魁伟，身上的肌肉快快凸起，仿佛每一个毛孔里都洋溢着用不完的精力。

福松起身后，认真地打量这位叔父。要知道，福松是在日本长大，见惯了那些个子矮小、身体粗壮的男人。像这种浑身上下、充满阳刚之气的男人，力能拔山，气吞四海，他还是第一次见到。

大概是从小和母亲生活在一起，少和父亲同处的关系，他总觉得自己身上隐隐约约，似乎少了点什么。只是，他年龄还小，不能明白。现在，一瞬间，他明白了，自己身上所少的，正是这种男子汉、大丈夫，顶天立地的威风和气概。他看着这个人，多么羡慕他那满脸的络腮胡子啊！

"叔叔，我爹他为什么没来？"

"你爹他呀，太忙了⋯⋯"郑芝鄂道，"你们不知道，他现在可是一个了不起的大人物了。做了很大的官，领导着数百艘商船，又有成千上万的兄弟，大大小小的事情都要等着他拿主意，忙得团团转。"

"您能给我讲讲我爹的事情吗？"福松听他这么说，眼中顿时闪烁出了崇拜、憧憬的光芒。

"嗯，"郑芝鄂点了点头道，"你都长这么大了，有些事情，也该让你知道了。"

于是，郑芝鄂就把福松的父亲郑芝龙，在外面这些年的情况，择其大略，讲给福松和田川氏听。

那风口浪尖上的颠簸生活，那刀光剑影的紧张岁月，直听得小福松血脉贲张，不知不觉捏紧了拳头。而田川松却眉头紧锁，低声喃喃地道："没有想到⋯⋯这些年来，他竟然都是过着这样的生活⋯⋯"

"大嫂，你放心，吉人自有天相。"郑芝鄂安慰她道，"虽然连年战斗，水里来，火里去，大哥却从来没有受过一点点伤，连根汗毛都没有掉过。"

他于是讲了起来，眉飞色舞。听着他的讲述，小福松的一颗心也早飞到了海洋那一边父亲的身边⋯⋯

不知不觉，天色黑了下来。外面的兄弟进来告诉郑芝鄂："船已经准备好了，马上就可以出发了。"

"好！"郑芝鄂站起身来，对田川松道，"大嫂，我们要走了！"

"啊……这么快？"田川松没想到，他们会连夜离开，"多住一夜，等明天早上再走也不迟呀！"

"不，大嫂，我这次来，只带了一百多个兄弟来，万一幕府那边变卦，不放福松离开，到时候，真的兵戎相见，我们这点人手就太少了。所以，为了避免夜长梦多，我们必须马上动身！"

"那，好吧……"

田川松也知道，幕府那边，虽然郑芝龙这些年来软硬兼施，贿以重金，又以武力威胁，令幕府对郑芝龙不敢轻举妄动，但是，要求追究郑芝龙当年叛乱之罪的呼声依旧很高，对他的通缉，也一直没有撤销。所以，这里面的不确定因素还有很多，这次放福松离开日本，就有很多人不同意。毕竟，多留一个郑芝龙的孩子在日本，就多了一个人质，多了同郑芝龙谈判的资本。

郑芝鄂拉着福松的手，就要离开了。他对福松道：

"福松，快给你娘磕头！咱们马上就走了！"

"娘，我走了！"福松跪下来，流着泪给母亲磕了三个响头，"我和爹在中国等着，您和弟弟要早点来啊！"

"放心去吧，孩子，到了那里，别忘了替娘照顾你爹！"田川松也涕泪滂沱，"还有，你已经长大了，要学会照顾自己，别让你爹操心！"

"我会的！"

最后的分别在即，田川松和福松紧紧地搂抱在一起，二人都无声哭泣，泪水滚滚，打湿了衣襟……

夜色低沉，田川松送郑芝鄂和福松等一行人离开了旅舍，向着海边走去，一边走，福松还在一边回头、挥手。

"妈妈，再见！"

"再见，孩子！"

郑芝鄂等人很快在黑暗中消失不见了。田川松仵立着,望着那无边无际的空虚的黑暗,还有远处海面上朦胧的灯火,心里暗暗道:

"阿龙……阿龙,我把福松交给你了,你可千万要照顾好咱们的孩子呀!等次郎长大了,我就去找你们……"

第10章

闽海之王

对郑芝龙来说，终其一生，他都只把自己看做是一个生意人。他的人生信条是："天下皆可货取"、"黄金胜百战"。他的一生都在精明地计算着，都在为了"利"之一字而奔波忙碌。

选择和大明朝廷合作，是他自认为最高明的一步棋。利用大明朝廷作为后盾，来消灭自己的昔日"朋友"。最终，他将李魁奇、刘香等可以和他在海上抗衡的海盗力量逐一歼灭，雄霸一方。

但郑芝龙要利用大明朝廷来对付的最重要的敌人，还是荷兰人。荷兰人纵横无敌，船坚炮利，加之又有东印度公司这么一个大后台，源源不断提供支持。如果仅仅以郑芝龙自己的力量，根本无法和荷兰人抗衡。从这一点上来说，郑芝龙是异常精明的。他拉上了大明海军和自己一起干，这样就等于是大明政府和荷兰政府直接开战，结果令荷兰人投鼠忌器，束手束脚。

最终，郑芝龙成功地令荷兰人知难而退。而他所控制的海上贸易，丰厚的利润却都落入他一人之手，以此富可敌国……

郑芝龙：海商传奇

安平。

这里本是一个不大的小镇，虽然临海，渔民们出船，也不过是沿用几条旧有的水道，又窄又狭，很不像样子。然而，自从郑芝龙来到这里，建立了大本营后，这里立即成为了商业鼎盛之地。港口被一再扩大，吞吐量增加了十倍不止。每天都有成百上千艘商船，从这里进进出出。

从港口上岸来，走不多远，就是郑芝龙的豪宅。其金碧辉煌，宛如宫殿一样，围墙连绵，房屋林立，也不知道有多少间。在郑府门口，耸立着两个用黄铜浇铸出来的大狮子，威风凛凛，在阳光下，闪耀着灼目的光芒。这座宅子的气派，已经远远超过郑芝龙的所谓"游击将军"的身份。

宽阔而明亮的大厅上，郑芝龙得知儿子福松即将从日本归来，难以按捺激动的心情，正在走来走去。

"大人，有荷兰来的客人，有要事见您。"一个通事进来禀报道。

"不见！"郑芝龙恼怒地道，"我不是说过了么，今天，我什么人都不见！"

"大人，"又有一个不识趣的通事进来禀报，"葡萄牙使节求见……"

"你奶奶的！"他的话还没有说完，郑芝龙早已经勃然大怒，一脚踢在他的屁股上，大声骂道，"你们都没有长耳朵？不见，统统不见！"

嚷了一通，雷霆过去，通事们都畏畏缩缩退了出去。他稍微平静了一下，回头一看，还有一名通事站在门口，嘴唇张了又合上，一副欲言又止的样子。

"我说的话，你没有听见？"他火不打一处来，"我什么人都不见！退下，退下，不要让我再看见你们。"

"可是，"那个通事嗫嚅道，"这件事情，真的很重要……福松少爷……"

"什么？"郑芝龙刚要踢他的屁股，一听"福松"两字，连忙收脚。

"福松少爷已经到了门外……"

郑芝龙不等通事说完，早一阵风一样冲向门口。

果然，院子里，郑芝鄂已经领着福松走进来，一边走，一边给福松介绍这座宅子的格局：这里是起居室，那里是议事厅，这里是接见外国人的地方，那里是演武场。小福松只看得目不暇接。

正在这时,郑芝龙从屋子里出来,郑芝鄂一见,立即迎上去,叫了声:"大哥!"

"回来了,一路上还顺利吗?"郑芝龙和他随口说了几句话,却早将目光投去他身后的福松身上:焦渴、惊喜、思念、贪恋……诸多形色,溢于言表。

"爹!"

福松上一次见到父亲,还是在两年前。他激动地叫了一声,立即上前跪倒给父亲磕头,"咚咚"将地撞得直响。

"好孩子,快起来!"郑芝龙不等他磕完,早将他拉起来,"让我好好看看,嗯,又长高了不少……"

他一边拉着福松的手向屋子里走去,一边问道:"你娘还好吗?你弟弟怎么样?小家伙会走路了吗?"

"娘很好,小次郎也会走路了。"

"你娘一定不舍得让你回来吧?都和你说了什么?"

"娘说,我已经长大了,是个小男子汉了,到这里要听话,要替娘好好地照顾爹。"

"哈哈,我儿子都已经长成男子汉了!"郑芝龙啊哈哈大笑,又问,"你娘有没有告诉你,我为什么接你回来?"

"娘说,我已经到了该上学读书的年龄了。爹接我回来,是让我学习中国文化,接受孔孟之道的教育,将来像爹爹一样,成为一个顶天立地的大英雄、大丈夫!"

"真的吗?你娘真这么说?"

"当然是真的。"

其实,福松的话后面一半,是他自己加上去的。他从进入安平以来,虽然只有短短的半日,所见所闻,已经足够令他震撼。他以前从来不知道父亲究竟在从事什么样的事业。只有来了安平,亲眼见到父亲的事业规模之大,所受到人们的尊敬之隆,才知道父亲原来创立了这么大的一份事业。因此,他对于父亲的崇敬之情油然而生,就在母亲的话后又加了几句。

"哈哈。"郑芝龙大笑起来,福松的这几句话,令他很受用。

"对了,你娘给你起了大名没有?"

"什么叫大名?"

福松不知道他是何所指。因为在日本,人们很少有那么多名字,不像中国人,又是名,又是字,还有号,纷纭复杂,一时也搞不清楚那么多。因此,他愣了一下,看着父亲,没有说话。

"这么说,你还没有大名。"

郑芝龙领着他进了屋子,坐下来,想了想,说道:"嗯,中国有一句俗话,叫做'独木不成林',你叫福松,可是一棵松树,不能成大气候。我再给你起一个大名,叫做'森'。你以后就叫郑森吧!"

"郑森?"福松疑惑地看着他,不明白是什么意思。

"森,就是森林呀!"郑芝龙也知道儿子不懂得太多的中国文化,耐心地给他解释道,"一个好汉三个帮,要想干大事情,就要有许多人在一起,团结起来,才能成功。比如,你看你爹我现在做了这么大的事情,可是,这不是我一个人的力量所能达到的,要靠许许多多的兄弟齐心协力,明白吗?"

看福松还有些不太明白,他顺手从桌上的笔筒里,抽出来一支毛笔,递给福松,吩咐道:"来,你试试,看能不能折断!"

"嚓",一声轻响,福松几乎不费什么力气,就将笔杆给拗成了两半。

"来,你再试试这个。"郑芝龙又将笔筒里的毛笔,小号、中号、大号,一股脑都倒出来,递到福松手中。

"嘿!"福松双手用力,脸都憋得通红,却也不能够将这么多笔杆一下子折断。

"明白了吧?"郑芝龙问道,"一支单独的笔,任凭你怎么坚硬,也会被轻易折断;可是一把笔,一捆笔,就不容易被折断。我给你起名字叫做'森',就是要你永远记住,要团结众人,齐心协力,方能成就一番大事业!"

"多谢爹爹!"福松乖巧地立即又跪下去磕头,"孩儿一定不辜负爹爹的期许,将来和爹爹一样,建功立业。"

"哈哈,好,好!"

这天晚上,为了庆贺儿子归来,郑芝龙在家中大摆筵席。闻讯赶来的贺客大都是自家兄弟,看着这一众顶天立地的英雄好汉,却都对父亲那么发自内心地尊敬,福松对父亲益发钦佩!

热热闹闹的宴席,一直到深夜方散。然而,众人散去,福松被领进特地为自己准备的豪华舒适的卧室里,他却久久难以入睡。

月光非常明亮,从窗子里望出去,隐约可以看到远处的大海。海面之上,一片朦胧。

似乎可以听到,阵阵的涛声,从遥远的地方传来。福松的思绪,也如同这潮水澎湃,滚滚不绝。

他不由得想起了母亲。母亲这时候,在做什么呢?她还会像往常一样,在灯下给自己缝补衣服么?不,一定不会!她这个时候一定和自己一样,也是在窗前,隔海遥望,望向对岸……

"妈妈——"

福松在心中轻轻地叫了一声,泪水无声地从眼眶中涌出来。

他默默地跪在地上,向着海的遥远的另一面,轻轻地磕下头去。

"妈妈——"他在心中暗暗道,"您可听到孩儿的呼唤?什么时候,孩儿能够再见到您一面?"

"妈妈,妈妈……"他在心中千百遍地呼唤着,想起那些和母亲在一起的日日夜夜,不由地泪水滂沱……

不知道什么时候,父亲郑芝龙推开门进来了,轻轻地走过去,拍了拍福松的肩头,将他拉起来。

"福松,想你娘了?"

"嗯。"福松点了点头,又觉得自己这么一个小男子汉,在父亲面前哭鼻子,很不好意思。

"爹……对不起……娘跟我说过,男儿有泪不轻弹,我……"

"不,福松,爹看到你对娘这么思念,爹很高兴,这说明你是一个孝顺的孩子!"郑芝龙给他擦去脸上的泪水,拉着他在自己的身边坐下来,"福松,我不知道你在日本那边你娘都教给你些什么,但现在回到中国来了,我想让你从头开始学习中国文化。中国文化说大那是博大精深，但说到简单，就是两个字：一个是孝，一个是忠。一个人能够在家中孝敬自己的父母，这就叫做'孝'。长大以后，到了朝廷上，能够忠于自己的君王，这就叫做'忠'。一个人一生都坚定不移地奉行这两个字，就是一个非常了不起的男子汉、大丈夫。你小小年纪，就这么孝顺，爹从心眼里感到高兴啊！"

"孝、忠？"福松用力将父亲讲的这一番话一字不落地铭刻在心上，"爹，您放心，孩儿一定会做到这两个字的！"

"嗯，好孩子，早点睡吧！"郑芝龙满意地拍了拍他的肩头，"放心，爹也答应你，不会让你娘一个人在那边待太久的。等爹忙完了手上的事情，就想方设法将你娘接来，到时候咱们一家就团圆了！"

"那您可要早点接妈妈来啊！"

福松经过父亲这一番安慰，心情好转了不少，待父亲走后，很快躺下睡了。在梦中，他又回到了母亲身边……

从这天起，福松便在安平父亲的身边住下来。他按照中国的习惯，每天早晚都要去给父亲请安，也给大娘颜氏请安。颜氏为人心地善良，并没有因为这个孩子不是自己亲生而有所疏远，相反，对于他这么小就和亲生母亲分离，很是觉得他可怜，所以也就对他格外照顾。

每有闲暇，福松就去港口坐着，望向对岸，痴痴呆呆的，有时候还会默默流泪。他因此成为众人的笑谈。

人人都把他只看作是一个无法离开母亲怀抱的小孩子，只有他的叔父郑芝凤认为这个孩子与众不同，经常慈祥地将他拉入怀中，抚摸着他那大大的脑袋说道："这是我们郑家的千里驹啊！"

将儿子接回来之后，郑芝龙虽然事务繁忙，但是还是对儿子的教育非常关心，他一定要给儿子请一个一流的老师！

为此，他专门给儿子建立了一所石井书院，又给他请了石井最好的老师，来给他启蒙。

很快，福松就表现出与众不同之处：普通孩子学的《三字经》、《百家姓》、《千字文》，对他来说根本不算什么。只用了一年的时间，他已经将这些全部背得滚瓜烂熟，大大超出父亲预期。

于是，从第二年开始，郑芝龙又从南安给他请来了一个新的老师，给他讲授《大学》、《中庸》等等。

不过，福松这个孩子更感兴趣的，却还是《春秋》、《左传》之类的，尤其喜欢听老师讲那些传说中开天辟地、三皇五帝的故事，对于尧舜禹汤、文武周公等创立基业，开拓中华的故事，听得津津有味。

到了十一岁那年，老师又教不了他了。不得已，郑芝龙又给儿子请来一位新的老师。新老师来之前，就听说这孩子聪慧过人，存心考一考他，所以来了之后，就给他出了一道题目：《小学》中的"洒扫应对"。

本来这只是一个很寻常的题目，可是福松对上来的却吓了先生一跳：

"汤武之征诛，一洒扫也！

尧舜之揖让，一进退也！"

这个回答，气象大得很，意思是说：商汤伐桀、武王伐纣，这些都如同扫除地上的灰尘一样，恢复了乾坤山河的朗朗光明，是正义的行为，是维持华夏文明的正统和纯洁性的伟大之举！

而尧和舜将自己的王位让给天下的贤者而甘愿退居归隐，这如同天地创生和养育万物，功成而不居，到了应该进取的时候，就积极作为；到了应该让贤的时候，就主动退让。这才是符合华夏文明的最高道德标准的。

听了福松的回答，先生知道，他对《春秋》大义的领悟，已经达到了一个很深的层次，连忙去告诉郑芝龙：

"我教书四十年，还从来没有见到过这么出类拔萃的人才！你儿子将来的前途不可限量啊！"

不说福松用功苦读，但说郑芝龙在海上全力经营霸业，还面临着一个最为强劲的对手，就是刘香。

刘香这时候已经被尊为"香老"，他本是二十八星宿之一，当年在马尼拉，就是他将郑芝龙救了出来，所以一直和郑芝龙情谊深厚。后来，颜思齐身死，郑

郑芝龙：海商传奇

芝龙降明，刘香不肯附从，就离开台湾，单独在海面上拉起一支队伍，聚集了上千艘船只，出没无常，劫掠商船，袭击官军，自立为王。

郑芝龙自从投降朝廷，被封为"游击将军"，以大明朝廷作为后盾，以自己的雄厚海上力量作为利器，所向无敌。对此最为忌惮的还是荷兰人。荷兰人曾经帮助大明政府进攻郑芝龙，从此结仇。郑芝龙受抚后，荷兰人却又摇身一变，成为大明政府的死敌，并且顺理成章与刘香结盟。

刘香与郑芝龙的第一次小规模战役，发生在崇祯五年。当时刘香正率领众海盗在小埕登陆，大肆劫掠。郑芝龙闻讯赶到，以数倍于刘香的优势兵力将其包围。刘香自觉不敌，退避而去。

不甘心败于郑芝龙之手的刘香，回去后立即联合荷兰人对郑芝龙发起了攻击，他们将突袭的地点选择在南澳。驻守在这里的大明海军，根本无法和荷兰人的炮舰相抵抗，一下子被击沉了五艘战舰。

然而，狡猾的荷兰人进攻南澳，只是佯攻。入夜以后，他们的船队乘着海上的南风轻船直上，黎明即抵达了北面的厦门港。这里是大明海军的重要基地，也是郑芝龙的军事力量的盘踞地之一。

荷兰人突然出现，并且在咫尺之遥发起猛烈攻击，令大明海军措手不及。港口内的战船来不及出战，已经被摧毁了一半。其中包括郑芝龙的船只十艘，大明海军的船只五艘，荷兰人则毫发无伤。

此后，荷兰人游弋海上，屡屡偷袭，然而郑芝龙已经有了防范，荷兰人再也没有偷袭得逞的机会。

荷兰人的举动大大刺激了大明政府。这时候的福建巡抚，已经换成了邹维琏。邹维琏是个颇有血性的官员，认为任由荷兰人纵横海上，不但是八闽的一大心腹之患，更是中国的耻辱！

邹维琏亲自来到漳州，主持对荷兰人的反击之战。而郑芝龙的部队则成为进攻荷兰人的主力。

郑芝龙对于荷兰人，实在是太熟悉了。不管对付荷兰人、葡萄牙人、西班牙人，郑芝龙都自有一套策略：那就是派人到对方那里去做间谍。因为外国人要和中国人打交道，离不开"通事"。而这个"通事"一定是中国人。郑芝龙自己本身就干过这种专业工作，手下更是人才济济。

成功地派出间谍，潜入荷兰人队伍中以后，郑芝龙很快得到了其发回来的秘密信息：荷兰人在澎湖一带栖息，且疏于防范。

得到消息以后，郑芝龙立即亲率主力部队，连夜进袭澎湖。荷兰人根本没想到郑芝龙会"以其人之道，还治其人之身"，未及出战，已经被歼灭三分之二以上，损失大型战船一艘，伤亡数百人。

一经领略郑芝龙的厉害，荷兰人立即撤退，与刘香部队在海上会合。合师一处之后，荷兰人出动九艘大型战船组成的舰队，刘香出动五十艘小型战船，准备与郑芝龙和大明海军进行决战！

荷兰人的一举一动，尽在郑芝龙掌握之中。当荷兰人紧锣密鼓地集结队伍，郑芝龙也在摩拳擦掌，将所有的战船聚集起来，决定不等荷兰人进攻，先行出击，决战地点选择在金门附近的料罗湾。

这是一场注定了要载入史册的战役：以郑芝龙的主力部队作为先锋的大明海军，一进入料罗湾，立即展开攻击！

郑芝龙主要攻击荷兰人的大型战船，命为"夹板船"。这种船长五十丈，宽六七丈，内有三层，皆置大炮，一经发射，穿裂石城，声震十数里。不管人、船，被击中无不粉身碎骨。

在如此炮火猛烈的大船周围，又配备有六七只小船，每只船上可以搭载七八人，可以当做救生船用，也可以当做突击部队，船上的突击队员人人均手持火枪，可以近距离消灭对方战斗人员！

面对荷兰人如此坚不可摧而又机动灵活的战术，郑芝龙采取的是以小胜大的战术，先派小船靠前，军士从小船上向大船上投掷火药，制造混乱，然后趁乱登上大船，和对方展开肉搏战。

这种肉搏战，其凶恶程度令荷兰人不寒而栗。中国军士善于近身搏斗，一被缠上，荷兰人的大炮、火枪根本无从发挥威力。

结果，这一战，荷兰人有三艘大船被击毁，一艘被俘获，另有官兵八十四人被俘,损失大炮六门、小炮二门,枪、火药、海图等不可计数。至于郑芝龙这边,则阵亡八十六人,重伤一百三十八人。

除了郑芝龙大胜荷兰人,其余配合作战的大明海军,也将刘香的海盗部队打得溃不成军,狼狈而去。

料罗湾之战后,荷兰人被郑芝龙吓破了胆,很长一段时间不敢拂拭其锋芒。只有刘香经过休养生息之后,重新崛起。

东南沿海上的频繁战事,引起了已经升职为兵部右侍郎兼两广总督的熊文灿的注意。熊文灿以招抚郑芝龙为生平得意事,如今又想招抚刘香,主动派了洪云蒸去招抚刘香,却被刘香扣押为人质。

更令熊文灿没想到的是,他的这一擅自举动遭到了皇帝的严厉训斥。熊文灿无奈,只能亲自会同福建巡抚,仍然以郑芝龙的部队作为主力先锋,浩浩荡荡集结于海上,以求一战而灭刘香。

刘香虽然和郑芝龙冲突数次,然而从未真正有机会一决雌雄。他听说郑芝龙奉命来剿灭自己,不由笑称:

一样皮毛,

素无怨仇。

生为英雄,

偏作小人。

鹰犬走狗,

不足虑也!

必生擒之,

以快我愿!

口头上虽然不把郑芝龙放在眼中,但刘香还是不敢大意,早早派出悍将李虎三,在田尾洋一带构筑防御圈,刘香则自率主力在内接应。

而郑芝龙同样深知刘香的能耐,知道此番作战与对付荷兰人不同。对付荷兰人依靠的是间谍提供信息,实际上等于荷兰人是不设防的。而对付刘香,则没有任何投机取巧的可能性,只能硬碰硬。

因此，郑芝龙也将自己的全部主力部队编为三个梯队：第一个梯队是郑芝虎、郑芝豹，率领十艘大船，四艘哨船；第二梯队由郑芝龙亲自率领，同样是十艘大船，小船若干；第三梯队是郑芝彪率领大船八艘，小船若干，负责机动救援，一旦发现哪里出现了问题，立即前往驰援。

第一仗在郑芝虎与李虎三之间爆发。二"虎"相遇，可谓巧合，但也预示了此番战斗的残酷。

郑芝虎的诨号叫做"蟒二"，可以看出来是如何勇猛。而李虎三是刘香手下的第一悍将。二人一经相遇，立即斗得昏天黑地。郑芝虎一手持盾，一手持刀，李虎三则使一条钢枪，二人俱是赤膊而斗，直杀了一天一夜，从早晨杀到黄昏，又点起火把，从晚上又打到早晨，旗鼓相当，不分胜负！

刘香听说李虎三与郑芝虎恶斗，害怕有失，亲自赶来助阵。大小战船，将郑芝虎围困在核心。

郑芝彪负责机动救援，听说郑芝虎被困，也立即赶来救援。双方于是展开了一场你死我活的搏斗。

双方厮杀一阵，各有死伤。郑芝虎和郑芝彪冲出重围，和郑芝龙合兵在一起。郑芝龙遂约刘香来日决战。

次日，昔日的兄弟相会在大海之上，蓝天白云，海水清澈。船头之上，郑芝龙和刘香遥遥相对。郑芝龙身披大明朝廷的官服，威风凛凛。而刘香依旧是昔日的海盗打扮，一副江湖豪客派头。

见面之后，郑芝龙先对刘香说道："刘香贤弟，你我一别，匆匆数年，不想今日兵刃相见，为兄内心实在不安。不如你号令众兄弟放下兵刃，跟随为兄一起报效朝廷，为国出力，如何？"

"呸！"

刘香却大怒，一口浓痰吐向郑芝龙，中途落入海中。"郑芝龙，昔日你是我大哥，我尊你一声'大甲螺'，如今你做了朝廷鹰犬，我却眼里再看不起你了！我真悔恨当初瞎了眼，认错了人，推选你做'大甲螺'，如果当初另立杨天生大哥，或者陈衷纪大哥，又岂会有今日之事？"

"刘香贤弟,你只知道和众兄弟一起打家劫舍,逍遥快活,却没有想到,这种日子总有终结之日。你等虽然自由自在,却没有想到妻子儿女,她们将来的结局如何?一旦有三长两短,让她们依靠谁?我这么做,也并不是为了自己,而是为了替大家伙谋一个出路。毕竟,堂堂丈夫,立于天地之间,总该为国家效力,而总不能活着被斥为'贼',死后子子孙孙,永背骂名吧?"

"哼!郑芝龙,我知道说你不过!既然你自许为堂堂丈夫,就不要在口头上逞唇舌之利,有本事手下见真章?"

"这么说,你当真要打?"

"自然要打!"

"唉,既然你执迷不悟,那么我也没办法。只是你想过身后众兄弟没有?他们也有妻子儿女,也有父母高堂,难道他们也要跟你一样,明知道没有希望,还要跟随你苦苦支撑下去吗?"

郑芝龙这一番话,果然厉害。刘香身后,很多人听了郑芝龙的话,都小声议论起来,军心为之涣散。

刘香一看,如果这样僵持下去,自己非吃大亏不可。为了斩断兄弟们归降朝廷之心,他心生一计,一声大喝:

"来人,把那朝廷狗官押上来!"

"是!"

立刻,左右答应一声,早有人将五花大绑的洪云蒸给押了上来,刀斧交加,横在了他脖颈之上。

"刘香贤弟,不可冲动!"郑芝龙害怕他伤害了洪云蒸性命,急忙阻止道,"有话好好说!"

"我和你等朝廷鹰犬走狗,有什么好说的?"刘香大笑道,"我倒要看看,尔等口口声声自称大丈夫、好男儿,死到临头,惧是不惧?"

"呸!"这个洪云蒸也真是个硬骨头,虽然落在海盗手中多日,受尽折磨,如今却依然不肯屈服,破口大骂:"我洪云蒸受朝廷厚恩,报效国家,一死而已,岂能向你等强盗鼠辈低头?教我投靠你们,和你们去做打家劫舍的无耻勾当，那是万万不能，要杀便杀，啰嗦什么？"

又大声对郑芝龙道："郑将军，我决心以死殉国，请勿为难！机不可失，当痛击贼，不可犹豫！"

他一口一个"强盗""贼"，实在惹恼了刘香。刘香也知道一场决战不可避免，因此一声令下：

"斩！"

顿时，刀斧手将洪云蒸按定，刀斧齐落，将一颗首级斩下，鲜血飞溅，甲板上一片血光耀目。

刘香此举，那是摆明要与郑芝龙决战到底了。郑芝龙也不再和他多说什么，将手一挥，喝道：

"杀！"

双方顿时战在一处。这是一场双方期待已久的决战，因此从一开始就是生死决战，白刃格斗。

第一天的决战双方都没有占到便宜。郑芝龙和大明海军训练有素，刘香和李虎三则悍勇无比，打了个平手。

入夜以后，各自鸣金收兵。郑芝龙将自己的队伍驻扎在赤湖，刘香则仍然驻扎在田尾洋一带。

赤湖和田尾洋相比，处在下风向，而且半夜时分如果涨潮，刘香的海盗部队就会乘风势与潮头杀来，势必难以抵挡。

因此，郑芝龙视察完地形，立即将诸位将领召集起来，部署说道："今晚我们的船队泊在下风，半夜水转，刘香必乘潮水冲来。芝豹！"

"在！"

"你可带船往来飘驶，以防不测。芝虎！"

"在！"

"你可带船五只，在前面落碇。如遇有警，可放超连珠火箭，以便前来接应。"

"是！"

郑芝龙又发令："凡有船只，浮水寄碇，头帆勿落，火炮预备。所有军士衣甲在身，不可熟睡。"

如此吩咐完毕后，郑芝龙仍然不敢大意，在自己的大船上按剑而坐，随时等待警讯传来，指挥迎敌。

事实证明，郑芝龙的判断果然没有错。那边，刘香的船队收队，在田尾洋聚集以后，李虎三过来献计献策："郑芝龙徒有虚名，我看他根本不懂水战。他今晚将船队停泊在赤湖，那是下风处。我们如果在半夜水起之时，点齐船只，多设火器，乘潮顺风冲去，以火攻开路，然后上船厮杀，则郑芝龙必然束手就擒！"

"你说得不错，我也正有此意！"刘香点头同意，道，"这一仗，保管让郑芝龙识得我等厉害！"

到了半夜的二更时分，果然潮头大起，风一阵紧似一阵。刘香早已做好准备，立即率领众人杀向赤湖。

然而，赤湖那边，郑芝龙也早做好了准备。在外围巡逻的郑芝虎船队一发现敌情，立即放起连珠火箭。一道道火箭如同火龙一样，拖着长长的尾巴飞上夜空。远处的郑芝龙大队人马一见警讯，立即起身迎敌。

这一仗，双方炮火交加，在海面上打得难解难分。天亮之后，郑芝龙亲自来到前面督战，眼见刘香调度有方，李虎三所向披靡，不由称赞："刘香真不愧世之枭雄，李虎三亦悍勇之将，实在不可小视啊！"

他这一番话，却恼怒了郑芝虎。郑芝虎将身上的铠甲脱下来，全身光赤赤的，一手持盾，一手持刀，大声呼喝：

"区区二贼，有何难破！看我生擒二人！"

他大呼独自驾船而往，其余军士受了鼓舞，也纷纷脱去衣甲，跟随前去的有二三十人，均抱必死之心。

这支队伍一冲上去，令敌阵大乱。郑芝虎直扑上刘香的大船，当先直入，一口气砍倒十几人。

刘香大惊，只得亲自拔出剑来，上来和郑芝虎战在一起，二人刀剑交加，展开一场酣畅淋漓的大战。

那边，李虎三眼见刘香被郑芝虎逼住，急忙来救，却不防郑芝彪早瞄准他的坐船，吩咐一声，炮火齐发。李虎三无处闪避，连人带船被炸成粉碎，海面上火光四起，顿时沉入海底！

李虎三一死，刘香这边队伍大乱，人人争相逃命。刘香也急欲逃去，怎奈郑芝虎死缠烂打，身上被刘香刺伤十几处，鲜血如注，犹自死战。刘香心下暗暗叫苦，这时候，海面上的大火蔓延过来，将刘香的船也点燃了。刘香情急之下，挥剑乱劈，只望逼退郑芝虎一步，自己好跳入海中，潜水逃命。却不料，郑芝虎识破了他的想法，竟然将刀一丢，大吼一声，上来抱住刘香。任凭刘香将剑贯穿他的身子，他的一双铁臂死死抱住了刘香，根本不容他脱身而去。

火借风势，风催火炽。熊熊的大火瞬间将刘香的大船吞没，刘香和郑芝虎同时被大火吞噬……

一场大战，至此结束。郑芝龙全数歼灭刘香的海盗部队，刘香、李虎三均战死。而郑芝龙这边，郑芝虎、郑芝鹄身亡，葬身茫茫大海之中，连尸骨都没有找到一点，只能祭奠盔甲，以作代替！

将刘香彻底扫除以后，现在郑芝龙海面上的对手只剩下荷兰人了。荷兰人以台湾大员为基地，虽然屡经挫折，却并不甘心向郑芝龙和大明海军臣服。荷兰人决定击败郑芝龙，夺回海上霸权。

这一重任落在荷兰将领郎必即里哥的身上。据说此人力大无穷，精通剑术，是荷兰第一勇士。

这一次，荷兰人也学乖了，将自己倚为海上霸王的夹板船，又作了改装：在周围又加固了一层厚厚的木板，以增强防御力量。每艘夹板船上的火炮也比原来多出一倍，加上火枪，远轰近攻，威力无比。

郎必即里哥率领这样的九艘大夹板船，组成一个所向无敌的船队，袭击福建和浙江沿海，大败大明海军。

朝廷将消灭荷兰人的希望又寄托在了郑芝龙身上。郑芝龙得令，立即率领郑芝豹、郑芝彪为先锋，郑芝凤、郑芝蟒为左右援，自领中军，浩浩荡荡，来战荷兰人。

尽管荷兰人在船只数量上处于劣势，然而他们船坚炮猛，一上来，就损失了郑芝蟒、郑芝鹤二船。

郑芝龙大惊,不得不告诫众将:

> 夹板利害,
>
> 非比寻常。
>
> 当觑方便,
>
> 可战则战。
>
> 勿得恃勇,
>
> 徒自损灭。

既要保存自己的实力,又要挫败荷兰人,郑芝龙最后想出来一个主意:吩咐精通水性的兄弟一百人,带上小船十只,每十人一船,人人携带大竹筒一只,船中满装麻棕、灌油、硝磺等引火之物。当风一起,众人即飞乘小船,冲到对方夹板船边,将小船用斧钉和对方大船钉在一起,然后立即引火,随即抱着竹筒跃入海水中,随波浮沉,回到自方接应船上。这边,郑芝龙亲自指挥组织炮火,猛烈轰击。这么一相结合,荷兰人的九艘大船中,有五艘顿时起火。

郎必即里哥一看势头不对,这才算领教了郑芝龙的厉害,连忙指挥剩下的四艘大船,狼狈逃窜而去。

经此战役之后,荷兰人对于郑芝龙彻底臣服,他们主动提出,向郑芝龙缴纳一定数量的租税,以求在台湾留下来。这笔税额据说为每年三万埃库斯(欧洲货币单位,与法国法郎比值为一比十至十二)。而郑芝龙归降大明以后,无力顾及台湾,遂答应租与荷兰人,自己坐享巨利。

从此,郑芝龙在海上再无对手,号称"闽海王"。史称:"从此海氛颇息,通贩洋货,内客外商,皆用郑氏旗号。无儆无虞,商贾有二十倍之利。芝龙尽以海利交通朝贵,寖以大显。……"

"自就抚后,凡海舶不得郑氏令旗者,不能往来。每船例入三千金,岁入千万计,芝龙以此富敌国。……"

下 部

千秋伟业

第 11 章

夫子门生

　　南京对郑成功来说，无疑是他一生中最重要的地方之一。

　　和他生命记忆相连的南京岁月，一共有两个阶段。第一个阶段是他在南京求学，就读国子监，拜在大文豪钱谦益的门下。钱谦益对郑成功的影响是巨大的，尽管其人在生活小节上放荡不羁，但是在治国平天下的人生宏伟抱负上，却绝不含糊。他不肯随柳如是投江而死，而选择投降满清，成为一大污点。然而却很少有人知道，他所精心策划的复明大战略"楸枰（棋盘的古称）三局"，其核心即为夺取南京，再挥师北方，克复北京。后来郑成功的"北伐"大业，基本都是按照钱谦益的这一战略在进行，足见钱谦益对郑成功影响之深。

　　当郑成功第二阶段来到南京，他已经不是一个书生，而是一个叱咤风云的大将军了。在关键的南京战役中，钱谦益还曾经秘密参与招降南京守将，后来郑成功兵败，令钱谦益大为扼腕，一生事业，终成流水。

　　南京，是郑成功梦开始的地方，也是他梦破碎的地方……

郑芝龙：海商传奇

崇祯十七年这个春天注定了是不平静的。郑森仿佛被一只无形的命运大手推动着，以福建南安唯一的一名贡生身份考取了南京的国子监。二十一岁的郑森离开了家乡，束装来到南京。

从七岁离开日本回归中国，成为小福松人生的第一个转折点；再到二十一岁由福建来到南京，成为郑森人生中的第二个转折点。

南京是一座承载着太多的历史，也有着太多伤痛记忆的城市。这是一座文化之城，也是一座悲情之城。南京古称棠邑，置棠邑大夫。春秋时期吴王夫差筑冶城，越王勾践灭吴后在今中华门外的秦淮河南岸筑越城。公元前333年，楚威王熊商于石头城筑金陵邑，始得"金陵"之名。秦始皇南巡，改金陵邑为秣陵县。公元229年，吴大帝孙权在此建都，改秣陵为建业（后于公元282年改建邺）。之后，东晋、南朝的宋、齐、梁、陈均相继在此建都，获得了"六朝古都"美誉。六朝建康城，是当时世界上最大的城市，人口达百万，是世界上第一个人口超过百万的城市，其经济发达，文化繁盛，在江南保了华夏文化之正朔。然而，与这份荣耀伴随而来的是太多人的觊觎，太多雄心勃勃的政治家、军事家的强烈的征服欲望以及狂妄之徒的肆意践踏。诗词冠绝一个朝代的陈后主从这里被捉走，南唐皇帝李煜亦吟唱着"故国不堪回首明月中"远去……

明太祖朱元璋扫平诸侯，再次选择了在南京建都。在传奇富豪沈万三的帮助下，朱元璋修筑了世界上规模最大的城墙，并且将南京建设成为天下读书人顶礼膜拜、争相朝圣的文化圣地。而成就南京文化之都独一无二地位的，就是朱元璋自公元1365年在鸡笼山麓创设的"国子学"（1382年改为国子监）。

据记载，国子监内共有学生读书和住宿用的"号房"一千多间，外国留学生使用的"王子书房"和"光哲堂"一百多间，以及教师住宅数十间。另外，有"讲院"几十间供教师讲学之用，"射圃"一处供学生练习射箭之用。还有"菜圃"八十多亩，以供应日常的蔬菜。学生最多的时候，一度达到九千多人，后来逐渐减少到三四千人。

这些学生中，除了从州、县选上来的"贡生"（每县每年选一人），还有功臣和贵族的子弟，以及边疆少数民族的"土司"的子弟，以及外国来的留学生，例如日本、高丽、暹罗等。

学习的主要内容，都是儒家功课，四书五经，还有数学、书法、射箭和政府的政策法令。每天要临写古代书法家王羲之、王献之等的帖书，每月考试数次不等。

至于生活上，国子监的待遇并不差：每人发给头巾、绢布衫、白麻布衣、冬衣一套和棉被一床。平均每二十五个人为一个伙食单位，由一名"膳夫"管理，每三天吃一次肉，每人每次一斤。每人每天发给香油三分、盐三钱、酱二钱、花椒五分，每人每月还给醋一细桶等。

能够到国子监就读，是当时天下读书人梦寐以求的荣耀。从这里走出去的，亦无不是国家栋梁。

二十一岁的郑森，就是在这所当时中国最高的学府、最神圣的文化殿堂里开始了又一段寻梦之旅。

这时候，郑森已经在南安完成了第一阶段的教育，系统地接受了中国传统的"四书五经"的教育，成长为一个不折不扣的儒家信徒。他人生的目标已经非常明确，那就是考取南京的国子监，并且在国子监完成学业之后，进一步北上，到北京的朝廷中去为自己寻找一个位置，厕身庙堂，然后像所有的文臣武将一样，为朱明天下，为皇帝效力，为这个庞大而辉煌的中华帝国内抚子民，外定番夷。

似乎有些奇怪的是，郑森并没有想过自己将来要继承父亲郑芝龙的家业，郑芝龙也无意给这个从日本归来的长子在自己的郑氏集团中安排一个位置。他们父子在这一点上惊人的一致。

郑芝龙对于儿子的前程显然也有考虑。他太需要郑森能够以学业而通达，最终上达天听，能够在北京的明朝政府中谋取一个职位了。郑芝龙自己半生纵横，亡命海上，挣下了令人羡慕的金山银山，可是在他的内心里，始终认为：只有做官才是人生唯一可取的道路。在中国，只有做官会受人尊敬，才是光宗耀祖的事情。其他的，即使你大发横财，腰缠万贯，即使像郑芝龙这样雄霸一方，扬名四方，在当地老百姓的眼里，也不过是一个"海盗头子"而已，是个贼。偷来、抢来的东西都不算数，只有读书中举，做官，堂堂正正地吃着朝廷的俸禄，人们才会对你顶礼膜拜，才会从内心深处承认你，这也是中国的科举制度千百年来形成的强大惯性。

因此，当郑森来到南京，他对自己的身份是刻意隐瞒的。他并没有将父亲的郑氏商业帝国视为自己的当然后台，也不像那些王公贵族的子弟，来到南京这个脂粉之地后就一掷千金、醉生梦死。

郑森很低调，生活上也很朴素。他的周围和他交往的，不过是一些寒门子弟，其中就有俊杰之士陈方策。

陈方策是国子监的学长。他比郑森早来一年，除了刻苦攻读之外，他还在外面拜了一个老师，就是当时南京最有名的文人、几社的创始人之一徐孚远。几社和复社是当时全国最有名的两大文人团体。几社在文化水平上的要求更高一些，文人名士也更多一些。几社和复社又都以关心天下为己任，继承了东林学人的遗风："风声雨声读书声，声声入耳；家事国事天下事，事事关心。"因此陈方策在徐孚远门下，不但学习诗文，也得以更加透彻地了解到国家大事。

陈方策从郑森来到国子监的第一天起，就发现这个同学与众不同：别的人一放下行李，就迫不及待地结了伴，三三两两，一道去外面游玩了。说是游玩，最主要还是去秦淮河，去那遍地的烟花馆丛中，期待一段艳遇；期待着在芸芸万千的烟花女子中，碰上一位"秦淮八艳"一样的人物。

秦淮八艳，是指八个出身风尘、命运坎坷，然而又才华卓越、志向不凡的女子。她们的名字是：顾横波、董小宛、卞玉京、李香君、寇白门、马湘兰、柳如是、陈圆圆。每个女子都风流妩媚，每个女子都有一段传奇的人生经历。而八艳之中的翘楚当推柳如是。她敢爱敢恨，是个不将世俗的封建礼法放在眼里的巾帼豪杰、脂粉英雄。她和当朝文宗、东林大老钱谦益的一段惊世骇俗的姻缘，更是成为人们津津乐道的奇事、趣事。因此来到南京的文人雅士，无不将结识一位风尘女子，演绎一段惊天动地的恋情视为必然，内心里充满了向往和憧憬。

可是当众人都纷纷涌向秦淮河畔之时，郑森却仍然能够一个人在屋子里展卷而读、心如止水。

陈方策注意到郑森，就过来和他攀谈。

陈方策问他:"你叫什么名字?哪里人?"

郑森回答:"我叫郑森,是福建南安来的。"

陈方策:"哦,我叫陈方策,是这里的学长。今天是开学第一天,不安排学习。大家都出去游玩了,为什么你不出去?是因为对南京不熟悉吗?要是想出去的话,我可以做你的导游,陪你走一走。"

郑森:"不必了。我是来读书的,时间紧迫,再不多读点就来不及了。"

陈方策奇怪地问:"此话怎讲?"

郑森:"你难道不知道现在的情势吗?在西边,李自成已经建立了大顺国,大顺军正在向北京进军;在北边,后金皇太极已经在山海关外屯驻重兵,狼子野心,昭然若揭。我听说皇帝已经坐不住了,正在商量迁都的事情,可是文武群臣议论纷纷,只怕不等到纷争平息,北京就保不住了。倘若被李自成占据北京,改旗易帜,建立新朝,那我们就是亡了国了;倘若被皇太极攻进北京,以蛮夷的身份而建国开基,那我们就是亡了天下了。亡国、亡天下的大祸就在眼前,稍微有点抱负、有志济世的热血男儿,这个时候也不会跑出去游山玩水、寻欢作乐吧!"

陈方策:"说得好!我还以为咱们同窗里只有我一人关心国事呢,没想到又多了一个同道知己!"

二人一番谈论,遂成莫逆之交。

不久之后的一天,郑森正在读书,陈方策忽然跑来,气愤地将手往桌子上一拍:"咱们可真是亡了国啦!"

郑森:"啊?"

原来,就在半个多月前,4月25日的夜里,崇祯皇帝已经在煤山一棵歪脖子树上自杀身亡了。

默默地,郑森和陈方策一起冲北方跪下磕头,二人心中都升腾起阵阵以死效忠报国的强烈情感。

陈方策:"郑森,你知道皇上临终之时,在袍服上留下血书,都写了什么吗?"

郑森:"写了什么?"

陈方策："他写的是：朕凉德藐躬，上干天咎，然皆诸臣误朕。朕死无面目见祖宗，自去冠冕，以发覆面。任贼分裂，勿伤百姓一人。"

郑森："这话可是悲痛之极了！"

陈方策："岂止悲痛，简直令人肝肠寸断！尤其诸臣误朕一句，是在令我等为人臣子的无地自容啊！"

郑森："皇上此言，也未免不实！其他人不好说，难道袁崇焕袁督师也是误国误君之人？他以一人之力而独守边关，重创努尔哈赤，大败皇太极，十年间未曾令满人逾越山海关一步，只能在关外望关而叹。如此人杰，国之栋梁，却被皇上临阵下狱，将其处死，岂非自毁长城之举？诸位文臣武将之中，或许有一二奸佞；误国误君的庸才，也是有的。然而皇上自误，也是事实。"

陈方策："唉，袁崇焕袁督师那是世之人杰，当世能有几人？督师之后，满朝文武可有一个能当大用？别的不说，就说皇上归天，李自成坐了北京，你可知道文武群臣，是怎样一副嘴脸吗？唉，用望风归附四个字，都不足以形容那种景象，只能说是令人作呕啊！两千多名大小官员，无不争着奔向吏部，以求录用。给事中时敏，因为去得晚了，大门已关，在外搥胸顿足，号啕大哭，考功司郎中刘廷谏，胡子都花白了，却还厚贿牛金星，声称：太师用我则须自然变黑，某未老也。更有大学士魏藻德，正被关押，从囚室里大声呼喊：但求一用，不拘如何！……唉，食君之禄，忠君之事，朝中上下，自尽殉节者，不足二十人，谁能相信？"

郑森："唉，千古艰难唯一死！现在我才知道这个忠字是怎样写出来的，那是用生命、用鲜血、用气节和精神写出来的，是一个活生生的字啊！文丞相、岳武穆、袁督师，只有这样的奇男子、伟丈夫，才配得上一个忠字！其他苟且之辈，逐臭之夫，不过白白挂在口上，玷污了这个字！"

而令郑森、陈方策想不到的是：北京群臣的表演已经令人作呕，而在南京，更丑陋的一幕才刚上演！

崇祯自杀，围绕着拥立谁来继承皇位，一场万众瞩目的政治大厮杀顿时展开。这种拥立的闹剧，就在郑森的眼皮子底下上演，而且在未来的人生岁月里，他将会看到三到四出这样的闹剧!

拥立的派系分为两派:一派是老奸巨猾的马士英和阮大铖,一派是东林和复社的文人士子。马士英等人拥立福王,他们有不可告人的目的:福王昏庸无能,贪婪自私,缺乏远见,没有抱负。拥立这样一个傀儡皇帝,对于马士英等人而言,最大的好处就是利于控制,可以捞足油水。而对另外一派以徐孚远等人为代表的东林、复社士人来说,他们更倾向拥立潞王。潞王是个贤明之主,重用人才,奋发有为。毕竟当时的大明尚且有半壁山河,只要君主励精图治,收服人心,不是没有光复北京,将李自成的军队赶出去的可能。像郑森、陈方策,也都倾向于拥护潞王。

但最终,更加老辣、更加无所顾忌的马士英等人占了上风,拥立福王登基,史称弘光皇帝。

关于这个弘光皇帝,有两件事情可以说明他的为人:

一是他当了皇帝以后,大封功臣,热闹了几天以后,就开始闷闷不乐。朝中群臣都以为他为北复河山而忧虑呢。结果一问,他的回答竟然出乎所有人的意料:"唉,朕正在为缺少梨园名手而烦恼啊!尔等善体朕意,快去为朕寻找技艺高超的名手来,朕要亲自向他们讨教学习!"

二是弘光登基不久,就开始下令"选淑女"。江南之地,历来是美女如云的地方,皇帝的命令一下,那些有未婚女子的人家,人人惊慌。因为这意味着他们家的女儿将要待选,不得出嫁。

这是什么样的事情?乱世之中,山河破碎,身为皇帝,却一天到晚都在考虑安逸享乐的事情!

与此形成鲜明对比的,是在北京,满人已经在吴三桂的带领下,兵不血刃进了山海关,直逼北京。

李自成的军队和大明的军队作战,或许还有心理优势。和满人的军队一打起来,顿时崩溃。

连李自成号为"闯王",也没有勇气据守北京,和满人决一死战,匆忙称帝后逃离了北京。

满人正式坐拥了北京，派出两路大军，一路追击李自成的军队，一路直下江南，要扫灭弘光政权。

皇帝昏庸，群臣无能。明眼之人一眼就看出：弘光小朝廷的气数长不了，天下必亡于满清之手！

而对郑森这些文人士子来说，亡于李自成的大顺军，只是亡国；亡于满人之手，那就是亡天下了！

这天，郑森忽然来找陈方策："方策兄，咱们出去透透气吧！"

陈方策："哦？去哪里？"

郑森："去孝陵太祖墓前，给太祖皇帝磕个头。"

陈方策："我也正有此意，好，我陪你去！"

二人当即从国子监出来，前往孝陵。

孝陵坐落在高大的紫金山脚下，山顶之上云雾缭绕，阳光一照，宛如一顶巨大的金冠闪闪发光。

郑森和陈方策这是第二次来拜谒孝陵了。第一次是初来国子监，入学后的第二天来的。那时候的心情和现在截然不同。那时候郑森心中燃烧着梦想的火焰，如今心里却只有一团冰。

沿着长长的神道走过来，在石头雕刻的文臣武将和狮子骆驼等的拱卫中，一路来到了明楼前。

二人就在明楼前的空地上跪下来，摆上祭品，在香炉里燃着了香烛，开始给朱元璋的陵墓磕头。

郑森："陛下，您在天之灵看到了吗？您百战功成、克艰克难创下的这一份基业，这传了二百八十多年的江山社稷，马上就要被蛮夷之辈夺去了！您曾经以雷霆万钧的英雄气概横扫了蒙古人，将他们赶出了中原。可是如今满人又来了，您的子孙已经不再像您当年那样有吞吐六合、横扫八荒的气概了。陛下，您的血脉还在他们的血管里流淌，可是您的精神已经在他们的身上丧失了。陛下，用不多久，满人的铁骑就会踏破南京，陛下您也会受到惊扰，您的子民将会遭受杀戮、屈辱，将再也不会有安宁祥和的生活，陛下，这一切您都听到了吗？请您显灵显圣，去痛挞您的子孙吧！请您降下慈悲，保佑您的子民吧！请您将您的勇气、智慧和才能慷慨地赐予这个世间，让我华夏子民中再出现一位像您那样的大英雄、大丈夫、大豪杰吧！"

他一边哭，一边将额头在地上的青砖上碰着，撞得额头都流出了鲜血。松柏肃穆，林涛阵阵。

陈方策："陛下，请您放心，只要我等有一口气在，大明不会亡，华夏不会亡！"

他将哭得肝肠寸断的郑森扶起来，替他用袍袖拭去额头上的血迹："郑森，走吧，回去吧！时候不早了！"

郑森："嗯。"

从孝陵回来的第二天，郑森还没有从悲痛的情绪中解脱出来，他的叔父郑鸿逵却突然来找他了。

郑森吃惊不小："二叔，您怎么来了？"

郑鸿逵："我是来给你报喜的呀。你爹封了南安伯，我也封了镇江总兵，统领瓜州、仪真水师。"

郑森："好呀，二叔是做官来了。"

郑鸿逵："还有一件大事。你爹让我给你带来了一份厚礼，让我带你去拜入钱谦益夫子门下。"

郑森有些不敢相信："钱夫子？我可以拜在他的门下，真的吗？听说他已经好久不收弟子了。"

郑鸿逵："别人他不收，你去了他是一定要收的。别忘了，你是咱们郑家的千里驹啊！"

郑森："那太好了！"

当下，叔侄二人经过准备，携带重礼来到了钱谦益府上。

钱谦益其人，本身就是一部传奇。他生于万历十年，才华出众，少负"神童"之名。二十五岁中举，二十八岁中进士，二十九岁中探花，后来加入了"东林党"。东林讲学，强调关心国事，振兴吏治，提倡实学有用，反对玄虚空谈。

当时，江南士绅弟子及各地学人一致仰慕东林学风，都遥相应和，闻风响附，联翩来集，皆以东林为归。院内书室多为学人公寓，学舍至不能容。由是东林一派名声大著，引起朝野的普遍瞩目。由于东林讲学抨击了当时的社会腐败和一部分权臣阉人的贪纵枉法行径，引起了反对者的不满与忌恨。天启后期，阉党魏忠贤窃权乱政，向全国颁示所谓《东林党人榜》，公开逮捕迫害大批东林党人士，又矫旨毁全国各地书院，禁止讲学活动。天启六年，"东林书院"被限期全部拆毁，讲学亦告中止。此后数年，宦官专政，许多读书人都噤若寒蝉，不敢再出来为民请命，奔走呼号。独有钱谦益不顾生死，仍旧以天下为己任，著书立说。也因为他才气纵横，时人又将他尊称为"东南文宗"。

自从被从北京贬官以后，钱谦益一直赋闲在家。这段时间他也没有闲着，和秦淮八艳之首的柳如是上演了一段惊天动地的恋情。柳如是自幼父母双亡，流落风尘。虽然命运不济，却有一股子不服输的劲头，暗暗立誓，一定要为自己寻找一位如意郎君。她先是结识了一代豪杰陈子龙，陈子龙才华横溢，是复社的领袖人物。柳如是和陈子龙情投意合，然而陈子龙却碍于封建礼法，不敢休掉家中妻子而娶柳如是。柳如是坚决不做小妾，终于离开陈子龙而另投钱谦益。钱谦益比陈子龙大二十多岁，行事却仿佛狂浪少年。当柳如是一身男装，夜访半野堂之后，钱谦益立即命令修建绛云楼，十天落成，然后邀请柳如是来小住。二人订立婚约，钱谦益不顾正妻在家，以大红裙衣的正统之礼，迎娶柳如是。二人在一艘画舫上举行了婚礼。

或许迎娶柳如是让钱谦益又焕发了青春，当弘光政权建立，他立即结束隐居，就任礼部尚书。

钱谦益携带柳如是出现在南京，这是一件多么轰动的事情！何况他马上又收了郑森这么一个新贵子弟。

这天，在钱谦益的尚书府上大摆宴席，钱谦益的收徒仪式正在举行。人头攒动，济济一堂。

朝中的大小官员纷纷来到，文坛的俊杰豪士亦前来捧场。人们与其说是祝贺钱谦益，不如说是为一睹柳如是的风采。

而这天柳如是也的确艳绝当场,一身衣着大方得体,一张俏若梨花的脸上,没有丝毫的风尘之气。那种举手投足之间的从容淡定,铅华洗尽,活脱脱一个夫唱妇随、相夫教子的端淑之妻。

在众人的瞩目之下,郑鸿逵将自己特地带来的拜师束脩奉上。说是束脩,实则是搬来了金山银山。单是礼单就有十几页,所开列的物品足以装满整整一间屋子。而钱谦益对礼单却看都不看。

当一箱箱的丰盛礼物摆在跟前,他却只顾和众人谈笑风生。他给大家朗诵自己给郑芝龙写的一首诗:

郑大将军生日

戟门瑞霭接青冥,海气营云拥将星。
荷鼓光芒朝北斗,握奇壁垒镇南溟。
扶桑晓日悬孤矢,析木长风送柝铃。
荡寇灭奴须及早,伫看铜柱勒新铭。

钱谦益:"诸位,你们知道吗?我不但给郑公写信祝贺,而且还给朝廷上了一道奏折《请调用闽帅议》呢!"

众人一齐道:"愿闻其详!"

钱谦益得意洋洋:"我在奏折中说,当今之计,权宜之着,只有调用闽帅,便利有五:一、郑帅方略谙晓,师律精严,感激圣恩,誓以死报。二、郑兵皆岛卒番鬼,习泅善没,如长鱼拥剑,跳跃于惊涛巨浪之中,贼虽所枭悍,原野奔突,而水战非其所长。三、郑军铳炮之猛毒,枪刃之犀利,牌甲之轻坚,船舰之完好,皆二十年以来,积岁月,阅攻战,竭赀力而就之者。四、禽鸟之制也以气,郑来则闯必缩足不敢南下。五、江南无知兵之将,无束伍之卒,一经调度,旌旗壁垒,焕然改色,东南半壁,转弱为强,比于闽海……"

众人一听,无不喝彩:"啊!"

钱谦益:"唉,可惜我之所奏,被奸臣所误,不能上达天听!不然,何至于有今日破国亡家之恨!"

众人劝说:"夫子不必抱憾!虽然不能拯救危亡,今日圣上不也新封了郑帅为南安伯，夫子又得收郑帅虎子为门生，将来栋梁之才，非此子莫属啊！"

一片的颂扬声中，众人将目光转向郑森身上。拜师仪式开始，郑森大步上前，给钱谦益跪下磕头。

"小子郑森，叩见夫子！"

"起来，起来，让我仔细看看！"钱谦益学问渊博，儒、道、佛三家无不精通，对于传统的易、数、占卜、相面等三教九流的学问，无不涉猎。因此，他先仔细地端看郑森的相貌，不住点头。

"嗯，好相貌！有幼虎之气，有奔马之象，有鹰隼之锐利，有麒麟之仁义。此子天赋异禀，相貌不凡，将来定然掌握生杀大权，统领千军万马，建立不世奇功，是个了不起的奇男子、大丈夫！"

钱谦益看完郑森的相貌，又问他的名字："你的名字，谁给你起的？"

"我父亲。"

"可有用意？"

"是这样的。当时我刚从日本回归中原，乳名福松。父亲教导我，独木不成林，要成大事，必须得集合众人力量。因此给我起了一个名字，叫做森，意思是要我将来团结四方豪杰，共成大业！"

"嗯，这个名字起得好，就是直白、浅显了一点。"钱谦益点了点头，"你既然拜入我门下，我再给你起一个名字，叫做'大木'……孟子云：'为巨室则必使师求大木'，大木，国之栋梁。当今之世，家国多难，正需要有栋梁之才，支撑大厦不倒。希望你就是那支撑江山社稷的大木，如何？"

"太好了！"郑森连忙跪倒磕头："谢恩师！我一定不辜负恩师的期许，将来一定建功立业，忠君报国！"

给老师磕完头以后，郑森又过来给柳如是磕头。柳如是其实比郑森大不了几岁，不过还是受了他的的大礼。

拜师仪式完成之后，众人便纷纷开始入席就坐。宴席摆开，众人一边喝酒，一边畅谈诗文。

第二天，是钱谦益的家宴。郑森的叔父郑鸿逵已经返回镇江，郑森便独自一个人来到老师住处。

这天只有钱谦益、郑森、柳如是,还有钱谦益的大弟子瞿式耜。柳如是换了一身居家便服,亲自下厨,做出一桌精美菜肴。

席上,钱谦益似乎想起来什么:"大木,你昨天拜师的时候,说要忠君报国,我倒觉得,报国可以,忠君则未必。"

郑森一愣:"学生愚钝,请老师指点。"

钱谦益:"你用不着那么拘束。我这个人不像那些饱学的酸儒,那么多繁文缛节!我最讨厌这些俗不可耐的东西。所以,你尽管放轻松,怎么自由自在怎么来。如果你觉得我说得有道理,你就听上几句;如果觉得我说得毫无道理,就当我放臭屁好了!当面反驳我也可以,哈哈!"

"学生不敢!"郑森吓了一跳,"老师的教诲,不管怎样都是对的。学生怎敢对老师有丝毫不敬?"

"哈哈,你问问稼轩,我这里的规矩是什么样子的?"

"大木,让我来告诉你,老师这里最大的规矩,就是没有规矩。老师经常告诉我说,人与人之间其实并没有那么复杂,也没有那么大的差别。贤与不贤,肖与不肖,都是很微小的差别。但就因为人人都有了这一身冠服,就分出了尊卑高下,分出了身份和地位的差别,也因此才限制了人们的情感表达,变得虚伪起来。所以,居家读书,衣着平常便好!有人来访,不管什么大官,老师也要他脱下官服,便装相见,说这样才能释放思想,尽情地发挥情感,激荡出真知灼见来!有时候,老师真恨不得赤膊上阵,和大伙儿赤条条相见,才能一抒胸臆,讲个痛快呢!"

"啊?"郑森失声叫了出来,"我只道老师学问独步四海,应该是何等严谨守礼的一个人,今日才知道老师原来如此不拘小节!"

"礼当然要守,但真正的礼,不在外在,而在心中!"钱谦益接过来道,"你看那些朝中大臣,一个个衣冠端肃,满口的道德文章,可是满人一来,一个个争先奔命,弃君弃国于不顾,更遑论百姓。这能叫做懂得'礼'吗?这样的人,真正是衣冠禽兽!至于那些懂得'礼'的君子,从来不会把'礼'当做外在的形式，而是将其内化成为自己的生命、精神、气节，所以性命可以不要，'礼'不能废。他们为了捍卫'礼'而选择放弃自己的生命，这才是华夏'礼'之正统。"

"原来如此。"郑森欣喜不已。"我在太学之中，以为像文天祥、岳飞这样的人，不过是为国尽忠，听老师这么一说，他们所尽的竟然不是忠，而是为了'礼'殉节！他们捍卫的是华夏之礼啊！"

"所以，我才说，你要报国可以，忠君就不必了。报国，是你为华夏捍卫正统之礼；忠君，是忠于一人一事。而这个人是否真的值得你去尽忠报效呢？这一个皇帝是明君圣主还好，还值得你为他去尽忠，可是如果是昏君庸主呢？难道你还要为他尽忠吗？可是看看历史，明君圣主，那是几百年才出一位，所谓五百年必有王者兴，可遇而不可求。那我们等不来这一天，没有这样的幸运，怎么办？我们就应该把志向定在'尊君报国'上。尊君，说到底是尊礼，尊的是我们华夏文化的正统。报国，就是捍卫我们的气节，捍卫我们的浩然之气，丈夫之节！……"

"不忠于一人一事，而捍卫华夏正统之礼？"郑森喃喃自语，眼前仿佛陡然打开了一个新世界……

从这天起，郑森除了在国子监读书，一有时间，就来到钱谦益府上，跟钱谦益学习、讨论……

除了跟钱谦益学习，另一个给予郑森深刻影响的人，就是柳如是。

柳如是只是一介女流，而且出身不堪，但她又的确是一个奇女子。她襟怀豁达，豪放胜过许多男儿。尤其她胸怀奇志，和陈子龙在一起的时候，就一起做过许多救世济民的事情，深得复社兄弟们的敬佩和爱戴。如今虽然跟随了钱谦益，然而和复社仍然有往来，做了很多大事情。

尽管钱谦益到了南京，一众东林士人纷纷望风来归，拥戴钱谦益，然而朝中把持朝政的毕竟是马士英和阮大铖。尤其阮大铖，本来是魏阉一党，和东林誓不两立。因此，钱谦益终不得用。

第二年，也就是弘光元年，清兵大举南下。史可法督师扬州，不敌，在扬州殉节而死。

史可法之死，是大明帝国倒下的最后一根擎天柱。弘光政权坐拥几十万军队而不能战，任由史可法在扬州战死。扬州因为史可法的抵抗而被屠杀十日，史称"扬州十日"。扬州失陷之后，弘光政权陷入全面的崩溃和混乱之中，剩下的就是皇帝逃跑、群臣献城出降。而最令人意外的，是率领群臣出降的首领，竟然是郑森的恩师钱谦益。只不过，当时郑森已经不在南京了。他已经在清军渡江之时，跟随自己的叔父郑鸿逵一道撤离，踏上了返回福建的归程……

一段如梦幻般色彩斑斓的南京岁月结束了。以后郑森还会再来南京，还会续写他的南京之梦，他也会再次拜谒太祖皇帝朱元璋的孝陵，会再次向太祖皇帝发出铮铮誓言：恢复中原，中兴大明！但那已经是十几年之后的事情了，而那时候，他有了一个更加响亮的名字：郑成功……

第12章

隆武赐姓

商人逐利,并且这一欲望永无止境。

郑芝龙已经成为名副其实的"闽海王",而他还不满足。当机会来到,他不失时机地拥立隆武皇帝,从而将郑氏家族抬上了"满门封侯"的巅峰!

从一开始,郑芝龙的算盘就打得异常精细:他要利用隆武皇帝这个傀儡政权,巩固自己在福建和海上的霸主地位!他是将隆武皇帝当做"奇货"来经营,要学习吕不韦,卖一个大价钱!

至于如隆武皇帝所梦想的那样,要走出福建,收复南京,中兴大明,恢复汉室,郑芝龙从来没有想过。那个梦想太大,也太过虚幻缥缈,对郑芝龙这样只顾计算眼前利害的精明商人,是不屑一顾的……

然而,隆武皇帝还是做对了一件事情:他欣赏郑森年轻有为,赐以国姓,改名"成功",并且仪同驸马,赐予尚方宝剑。这一赐封封出了一个"国姓爷",也封出了将来大明几乎复兴的一曲凯歌……

几乎与南京群臣献城、弘光皇帝被俘同时，郑森正跟随自己的叔父郑鸿逵，率领镇江瓜州、仪真的水师，避开满人的锋芒，踏上了返回福建的途中。

经过杭州，郑鸿逵意外在这里遇到了一个人，谁？唐王朱聿键。朱聿键只有四十多岁，人生遭际却颇为坎坷，跟随父亲度过了二十多年的囚禁生活。后来好容易从凤阳高墙内走了出来，又值北京被满人围困，他擅自带兵勤王，结果违反律令，被崇祯皇帝废为庶人。所幸，弘光登基，大赦天下，他才得以恢复了王位。当满人南下，南京不保，朱聿键亦被逃难人流裹挟来到杭州。

且说郑鸿逵，不愧是郑芝龙的弟弟，一见到唐王朱聿键，立即意识到："此奇货可居也！"他一下子想到了历史上著名的大商人吕不韦，机会来了！

他以护卫为名，将朱聿键安顿在了自己的军中，并力邀朱聿键到福州去。

此时大学士黄道周也得知了朱聿键在浙江的消息，一连发来三封信，劝说朱聿键不要到福州去，而在浙江衢州立即宣布监国，然后以此为基地，重整旗鼓。

可是朱聿键虽然答应了宣布监国，想要在衢州停留却不可能。郑鸿逵以大军不便久留、清朝军队迫近在即为由，逼迫朱聿键跟随大军星夜南行，穿越江西的东北角，翻越了进入福建的门户仙霞岭，抵达福州。

在福州的郊外，接到弟弟密信的郑芝龙，已经亲自率兵在等候迎接朱聿键了。

一见到朱聿键，郑芝龙立即上前大礼参拜："臣郑芝龙叩见唐王千岁，迎接来迟，还请恕罪！"

朱聿键在来的路上，早已听郑鸿逵简略讲述了郑芝龙在海外建功立业，扬名海上，以及两次受抚，为朝廷建立了显赫功勋，知道眼前这位身材壮硕、目光狡黠的福建总兵、南安伯，实在是福建一手遮天的人物。自己将来要成就大业，非倚仗此人不可！因此连忙将他扶起来：

"将军何必多礼！本王久闻将军忠义之名，今日方得一见，实在相见恨晚啊！"

"哈哈！"

二人俱大笑着，携手进入军中大帐。郑芝龙早已吩咐备下美酒佳肴，安排了歌舞表演，又特地给朱聿键的夫人曾氏另外安排了一处营帐歇息。

虽然只是军中设宴，有些仓促，但在俭朴、自苦惯了的朱聿键看来，这样一桌宴席，已经是太过豪华奢靡。再加上郑芝龙精心准备了一份献给朱聿键的大礼，珍珠、玛瑙、珊瑚、翡翠……都是难得一见的海外奇珍。对于郑芝龙来说是家常便饭，对于朱聿键则闻所未闻，见所未见。和郑芝龙比起来，他这个唐王千岁可以说是十分寒酸、鄙陋，也显得太过孤陋寡闻，不谙世事。

但毕竟唐王是大明皇室的血脉正宗，是当时辈分最高的一位朱姓子孙。

郑芝龙一生精于计算，自然知道唐王朱聿键现在是无价之宝。因此，也就着力巴结，不停地给朱聿键敬酒，又问他："请问千岁，目前如何打算？"

"打算？还能有什么打算？不过是驱逐清兵，恢复南都，以续我太祖之业罢了！"

"恢复南都，重整帝业，好！"郑芝龙一拍大腿，"如果当真能够成功，那么千岁无疑是汉光武皇帝重生，我大明中兴在望，天下百姓有救了！"

朱聿键这个人，虽然幽禁多年，却也因此得以潜心读书，对于历史很有造诣。一听郑芝龙将他比作中兴汉室的东汉光武帝刘秀，心里非常受用。

"倘若真能中兴大明，那是最好不过。不过现在最要紧的，就是恢复南都！南都一日不复，则天下人心一日不定啊！"

"可是，千岁想要重整帝业、中兴大明，想过一件事情没有？"郑芝龙问。

"哦，什么事情？"

"俗话说：'蛇无头不行，鸟无首不飞。'当今天下，兵乱纷纷，群龙无首。我认为最重要的，是必须有一个皇帝。有了皇帝，才可以名正言顺，发号施令，收拾残局。不知道千岁可考虑过此事？"

"哦，这件事情，黄道周黄大人已经给我写过信了，我已经按照他说的，在衢州宣称监国。关于登基之事，我想，在恢复南都以后，拜过太祖及诸位列祖列宗，昭告天地，再从容进行。"

"千岁差矣！"郑芝龙连忙道，"当此非常时期，必须行非常之事。请千岁认真想一想，如果千岁只是以监国的身份，能够号令天下吗？能够镇服人心吗？千岁想要恢复南都，愿望固好，可是千岁所依靠的是谁？以南京数十万精锐之师,尚且不能够抵挡满人铁骑南下,千岁一无财帛,二无粮草,如何去招募部队?如何去激励大伙儿精神,与满人决一死战?如果这些都做不到,那么恢复南都,中兴大明,岂非痴人说梦?"

这一番话,说得毫不客气,朱聿键不知道如何回答,只能默然不语,听他继续说下去。

"千岁可知道,当年汉光武帝成就伟业,所依靠的关键是什么?"郑芝龙为了说服朱聿键,显然早准备好了一套说辞,"想必千岁也知道,关键就在于他镇守河北,不受更始皇帝节制,而自立为帝,延揽英雄,收服人心,结果因此而成就高祖之业。如果当时不做出这一果决行动,则错失良机,天下哪里还有他去角逐的份儿?"

"当今之世,也是如此。千岁虽然宣布监国,但是据我得到的消息,鲁王千岁也已经在绍兴招兵买马,一帮文武群臣想要拥立鲁王千岁的人着实不少。虽然在辈分上,鲁王是千岁您的侄子,但是,当此纷乱之世,难保不会有人劝说他登基称帝,纵有僭越,谁去追究?倘若被鲁王千岁捷足先登,到时候,千岁怎么办?"

郑芝龙一提到鲁王,这大大地刺激了唐王朱聿键。毕竟他也心知肚明,自己不是唯一的朱家子孙。想要称王称帝的人不知道有多少,倘若果然如郑芝龙所说,被鲁王先入为主,在绍兴继了帝位,自己就被动了!

于是,他将心一横,对郑芝龙道:"将军所言极是!那我就先即位再说!"

"太好了!"郑芝龙要的就是他这句话,"如果千岁答应,一切由臣安排就是!"

"好!"朱聿键也兴奋地道,"如果我真的成了汉光武皇帝,那你就是我的邓禹!"

这件事情商量定了以后,郑芝龙立即在福州紧锣密鼓地筹备朱聿键的称帝事宜。

半个月后。

在福州,唐王朱聿键正式即皇帝位,改元隆武,定都福州,史称隆武皇帝。

隆武皇帝即位第一件事情,自然是颁布诏书,大封群臣。而最令人瞩目的无疑便是郑芝龙一族：

"封郑芝龙为平国公，加太师……"

"封郑鸿逵为宋国公……"

"封郑芝豹为澄济伯……"

"封郑彩为永胜伯……"

"其余大小官员，各升一级……三军兵卒，人人赏银五两……大赦天下……"

这还不算，封赏之后，隆武皇帝又单独将郑芝龙的儿子郑森叫到了跟前。

"好，好，不愧是郑家的'千里驹'！"隆武皇帝打量他一番，称赞说道，"果然一表人才，相貌不凡。只是不知道才学如何，将来驰骋疆场，可堪大用？"

"请圣上尽管出题。"郑森年轻好胜，闻言当即说道。

"哦？"隆武皇帝想了想，问道，"朕初登基，百废待兴，那朕就问你：如何治理天下？"

"翻开史书，如昭昭明镜。"郑森不假思索地回答道，"任何一个朝代的兴起，无不是因为君主虚心纳谏，任用才智和贤德之士；而所以衰亡，无不是因为奸佞小人弄权，残害忠良，丧失人心。正所谓天下兴亡，匹夫有责，盛衰兴亡，我等热血男儿岂能袖手旁观，必尽一份绵薄之力！如同昔日岳武穆爷爷所说：文官不贪财，武官不怕死，何愁天下不太平！这是顶重要的。"

"说得好！那么，朕再问你，朕想要恢复南都，中兴大明，如果将天下兵马委任于你，可有奇策？"

"有！"郑森略一思索，侃侃而谈，"不过十六个字而已：据险控扼、拣将进取、航船合攻、通洋裕国。"

"能说得仔细一些么？"

"据险控扼，是说我们八闽之地，山路崎岖，不像北方平野千里，可以任由满人铁骑纵横驱驰。我等虽然势单力薄，然而只要善于利用地形，凭奇恃险，设伏以御，所谓'一夫当关，万夫莫开'，满人又奈我何？"

"好，说下去！"

"拣将进取，乃是根据当今情势而言。臣刚从南京回来，亲眼见南京数十万之众，兵丁不可谓不多，然而一战而全军尽覆，这是为何？就因为'千军易得，一将难求'啊！所以说，兵不在多，而在精；将不在广，而在勇。只要能找到关云长、张翼德、赵子龙这样的世之猛将，何愁不能一战而收复失地，恢复南都？"

"说得太好了！那么，航船合攻呢？"

"航船合攻，就是利用我们的舟师去对抗满人的骑兵。满人所以纵横天下，靠的就是铁骑无敌。如果我们和他们硬碰硬，自然没有胜算。可是，如果我们在水上，他们在陆上，那么双方就谁也奈何不了谁。在我们是以己之长，克敌之短；在满人，是己之短，对敌之长。我们先立于不败之地。满人千里而来，求的是速战速决；我们陈师水上，做的是长期之战。这样将满人拖住，再号令天下，诏谕广东、广西、浙江、江西、湖北、湖南的各路义师，八方合击，水陆并进，满人焉有不败之理！"

"那通洋裕国呢？"

"这却是我们家的长处了。以我们郑家的海上势力，经商所得，足够支撑海、陆之师的粮草军饷。有通洋之利，而无后顾之忧。退可以出海，进可以上陆，来去自如，攻守两便。反之，满人所靠供给，千里运输，一旦被我各路义师围困，切断后方，则只能束手就擒，这就叫做'孤军深入'，犯了兵家的大忌。到时候，满人就是想从这里全身而退，也不可能了！"

"妙啊，真是太妙了！"隆武皇帝听了他的这一番筹划，不由大喜，"朕常见书上说有什么姜子牙渭水对、韩信登坛对、诸葛亮隆中对，还不太相信，今天听了你的这一番奏对，方信古人所言不虚啊！说吧，你要什么奖赏？"

"臣不要奖赏，"郑森道，"只要能有机会，将这一番筹划实现即可！"

"唉，可惜朕没有女儿许配与你。虽然如此，希望你也能尽忠汉室，勿忘今日之事。"隆武皇帝想了想，说道，"朕没有什么好赏你的，就赐你姓朱，为你改名'成功'，任命你为御营中军都督，另赐尚方宝剑，仪同驸马，如何？"

"谢万岁！"郑森连忙磕头道，"臣一定不辜负万岁厚望，效忠汉室，奋力抗清，早日成功，以报圣上！"

对一个年轻人来说，这真是至高无上的荣誉，就连郑芝龙看着儿子，脸上也露出了微笑……

郑森，不，现在应该叫他郑成功了，他以后将因这个隆武皇帝的赐名而名震寰宇，被尊为"国姓爷"。

当天晚上，隆武皇帝大宴群臣，郑成功陪伴在隆武皇帝的身边，寸步不离。

然而，郑成功却意外向隆武皇帝提出一个请求："臣请圣上恩准，给予臣一个月的假期。"

"哦？"隆武皇帝对郑成功的喜爱发自内心，正要进一步重用他，却不料他忽然告假，颇感奇怪，"朕正在用人之际，何以你却要离开，而且一去这么久？"

"圣上请容臣详禀。"郑成功道，"臣生于日本，七岁方从日本回归中国。本来臣之母亲，应跟随臣一道返回，怎奈日本有古训：日女不入中原。所以臣只能一人返回，而撇下母亲在彼。忽忽一别，十五年矣！这十五年中，臣无日无夜，不思念母亲，祈祷上天让我母子早日相见！也是上天开眼，两个月前，臣之母亲忽然得到批准，允许她到中国来了。臣得悉母亲搭乘荷兰商船，已经抵达安平家中，自然归心似箭，恨不能马上插翅飞到母亲身边，以尽孝道。因此不得不向圣上告假，请圣上允许臣回家伴母一月，然后再来为圣上效力！"

"原来如此！"隆武皇帝本身就是一个大孝子，焉有不准之理，"为人子者，'孝'字当先。既然你们母子分别十五年，那一定有说不完的话。一个月的时间怎么够？我再多给你一个月。"

"多谢圣上隆恩。"

于是郑成功就告别隆武皇帝，从福州动身，星夜赶回安平。

安平。

在雄伟恢宏、富丽堂皇的郑府上，一处装饰富丽堂皇，供奉着金身"妈祖"像的房间里，一个身着日本装束的中年女子，正跪在"妈祖"像前，喃喃地祈祷着："天后娘娘，请您保佑我儿子福松平安无事……"

这个女人不是别人，正是郑芝龙的妻子、郑成功的母亲田川松。

原来，自从去年，中国发生一系列的政治变故：崇祯皇帝自缢北京，满人入主天下，南京另立了弘光朝廷，弘光皇帝诏命亲封郑芝龙为南安伯，郑鸿逵为靖虏伯，郑氏一门显赫无比。消息传到日本，震惊了日本的幕府。在这种情况下，郑芝龙又派人到日本，要求日本将田川松母子送还中国。幕府经过协商，认为中国政局很可能还会有大的变化，郑芝龙也将会取得更高的地位，掌握更大的权力。如果不趁此机会巴结，将来等郑芝龙位高权重，很有可能会因为以前的怨恨而对日本兵戎相见，到时候就麻烦了。因此，最后幕府不得不放弃从前"日女不得入中原"的说法，答应让田川松离开日本。不过，日本方面也还有一个附加条件，那就是让七左卫门留在日本。

这一年七左卫门十五岁，已经长成一个身材高大、面目俊俏的小伙子了。这些年承蒙郑芝龙的接济，七左卫门用父亲托人捎来的钱，开始做起了生意，居然很快能自己养活自己了。

儿子已经可以令母亲放心，但是中国那边传来的消息，却令田川松日夜忧虑不安。尤其听说儿子福松正在南京读书，而北方的满人铁骑已经大兵南下，直逼南京，战事一触即发，那自己的儿子岂非危险了吗？这么一想，田川松再也坐不住了。她不顾一切地要到中国去，必须马上到自己的丈夫和儿子身边，他们现在一定比任何时候都需要自己。

所以，这一次，田川松的态度坚决异常。她告诉幕府，不管付出怎样的代价，自己都要去中国。幕府提出了两个条件：第一，田川松一旦离开日本，就永远不准回来；第二，必须留下七左卫门，只能由田川松一人离开。

"行！"

田川松毫不犹豫地答应了。只要能够到中国去，她不管什么条件都会答应的。

从幕府回来，田川松立即收拾东西，然后将儿子七左卫门叫到自己的跟前：

"次郎，娘要到中国去找你爹和你哥哥了，你一个人留在这里，要照顾好自己呀！"

"妈妈，为什么我不能一起去？"

"这是幕府的条件，他们说什么也要让你留下。"田川松含泪道，"不过没关系，反正你已经长大了，不管是留在这里，还是去中国，都能照顾好自己了！

娘现在最担心的是你哥哥,他的处境很危险!还有你爹,他的事业现在做得很大,可是娘担心他树大招风,所以,娘必须马上到中国去。次郎,你不会埋怨娘心狠,将你一个人丢在这里吧?"

"哪里,娘只管放心前去,我会把自己照顾得很好的。"七左卫门安慰她说道,"我不是小孩子了,我能赚钱,能养活自己。我会好好照看这个家的,到时候,等娘和爹,还有哥哥一家人回来,我会让你们大吃一惊的!"

"乖孩子!"田川松很为儿子的懂事欢喜,将儿子紧紧地搂在怀里……

第二天,田川松就搭乘一艘荷兰商船,离开了日本。经过几日几夜的海上航行,来到中国福建的安平。

和当年福松初到安平一样,田川松来到这里,见了郑芝龙的事业规模,也非常吃惊。

但更令她吃惊的还是郑芝龙在这边的大家庭。郑芝龙除了去日本之前的原配妻子颜氏,在安平修筑豪宅定居之后,又娶了几房如花似玉的小妾,一共生了五个儿子:郑渡、郑恩、郑荫、郑袭、郑默。其中,最小的儿子郑默尚在襁褓之中。而郑芝龙的长子郑森,早已经娶妻董氏,生下了一个儿子郑经,已经三岁了。这么一个人丁兴旺、热热闹闹的大家庭,比起田川松在日本那边,一个人带着七左卫门过日子,母子二人相依为命,真是有天壤之别。田川松一下子觉得很失落。

幸而,郑芝龙用他那一成不变、依旧是火一样炽热的情感,驱走了她心头的阴霾。郑芝龙这么多年戎马倥偬,出生入死,却从未忘怀过田川松。毕竟,他和她在一起度过了最美丽、最诗意,也最富有激情的青春时光。在日本平户,那个小小的、宁静的港湾里,有他们的年轻印记,有他们一起度过的日日夜夜,也有他们对未来的幸福憧憬……

除了郑芝龙情感上的慰藉,还有一个人令田川松很是欣慰,就是儿媳妇董氏。

董氏比郑森大一岁,是四年前的春天嫁入郑家的。她出身于书香门第,是一个显贵家庭,从小受到良好的教育,知书达理,方正端雅。

嫁入郑家之后,尽管郑芝龙积攒了万贯家业,郑森又是郑芝龙的长子,但是，这位董氏还是非常俭朴。她每天都要按照规矩，给婆婆颜氏，以及其他几位郑芝龙的夫人晨昏问省，服侍起居，然后接下来就是率领自己屋子里的婢女等纺织，做女工，将一切家务都料理得井井有条。

因为她治家有方，所以郑森才能安心读书，能够以第一名的身份考取南京国子监。

如今，田川松来到安平，这可是正牌的婆婆来到了。董氏更是不敢有一丝一毫的怠慢和疏忽，每天在田川松跟前问寒问暖，变着法子做她喜欢吃的饭菜。田川松自己就俭朴和勤劳，二十多年来养成了好习惯，如今见了儿媳妇这么能干，又这么懂得持家之道，打心眼里喜欢董氏，视若亲生女儿一般。

当然了，最讨田川松欢心、一天到晚逗得她合不拢嘴的，还是三岁的孙子小郑经。

郑经属马，是郑氏家族的长孙，因此受到的宠爱可想而知。为了让这匹小千里马能够茁壮成长，郑芝龙专门去重金请教了江湖术士，山野高人，最后给孙子起了一个意味深长的乳名："锦舍"。"锦舍"，顾名思义，就是装饰豪华的房间。将郑经这匹小千里马拴在富贵闲适的马厩里，既不用在外面山野之间栉风沐雨，又可以在里面快乐地成长。

从一见到小锦舍的第一眼起，田川松就喜欢得不行。这孩子，简直跟他爹福松小时候一个模子刻出来的。田川松将孩子抱起来，就再不肯放下了。

"乖孙，叫奶奶！"

"乖孙，给奶奶笑一个！"

而小郑经也真乖巧伶俐，很快和田川松混熟了，一口一个"奶奶"。白天缠着奶奶，整天跟奶奶在一起玩耍，夜里也要和奶奶一起睡，否则就不行。

正是在这么一个其乐融融的大家庭里，田川松才减轻了思乡之苦。她现在最迫切地希望见到的，就是自己的儿子福松了。一别十五年哪！在她的记忆里，他还只是那个一脸稚气、调皮捣蛋的孩子，可是如今，他却已经是成家立业，也做了孩子的父亲了！这让田川松怎么都对不上号。

郑成功离开福州之后，这天黄昏时分回到了安平。

一进家门,他就迫不及待地问迎接上来的董氏:"酉姑,娘呢?她老人家在哪里?快带我去见她!"

"娘正在逗锦舍玩呢!"

董夫人带着丈夫来到田川松的房间,屋子里,田川松正在和小郑经玩着游戏。小郑经咯咯地笑着,田川松也玩得高兴,似乎忘记了自己的年龄……

"娘,我回来了!"

郑成功喊了一声,田川松猛地抬起头来,才发现一个高大、健壮的人影,出现在眼前。

"福松?"

"娘,福松给您磕头了!"

郑成功上前跪倒在地,"咚咚"给母亲磕头,田川松连忙将他扶起来。

"快起来,让娘看看!"

田川松急切地上下打量着儿子,全身上下,看得那么仔细,仿佛要看看是不是有什么地方缺了点儿什么。乍一看,依稀他身上还有那个七岁的福松的影子,但是现在这个福松更加的成熟、稳健,更加的俊俏,英气勃发,浑身上下充满阳刚气息。

"大了,我的儿子长大了!"她不由地喃喃道,"当年那棵小不点儿的松树,如今已经长成参天大树了!唉,看到你,娘才觉得自己真是老了!"

"不,娘,您没老!"郑成功安慰她说道,"娘和十几年前看起来,简直就没有什么变化呢!"

"人哪里有不老的?"田川松也知道他是在安慰自己,"你们都大了,成人了,娘自然也该老了!"

"不,我不要奶奶老——"旁边,小郑经忽然跑过来,摇着奶奶的大腿,"我不要你老嘛,奶奶!奶奶太老了,就不能陪小锦舍玩了,我不要嘛!"

"好,奶奶不老,奶奶永远这么年轻,好陪锦舍玩儿!"

一下子,众人都被逗乐了。

母子相见,自然有说不完的话题。郑成功先问了日本那边的情况,问弟弟七左卫门怎么没有一起回来？听说幕府不肯放人，又问弟弟靠什么在那边谋生？听说弟弟已经能自己独立经商，打点生意了，也替他高兴不已。

接着，郑成功又给母亲讲了自己在南京读书的情况，自己拜钱谦益为师，很是学到了一些经世致用的学问。只可惜时日太短，不能将先生的学问尽数学到手。

当他讲自己跟随叔父回到福州，父亲在福州拥立隆武皇帝，自己被隆武皇帝赏识，赐以国姓，改名成功，而且封了官，赏了尚方宝剑，仪同驸马，田川松不由地瞪大了眼睛，她真的要对自己这个儿子重新认识一番了。

"我的儿子真了不起！娘真没有想到，你会有这么大的出息！看来，娘和你爹坚持要你回中国来，接受中国文化的教育，这个决定是做对了！"

"是啊，若没有娘和爹的这一番苦心，孩儿也许至今仍湮没海滨，一事无成呢！"

郑成功感慨着，忽然在他的脑海里，浮现出一张仁慈而苍老的面孔。"对了，我师父他老人家怎么样了？"

"唉，你走了第二年，你花房师父就去世了……"

"花房师父去世了？"

郑成功神色一黯。他来到窗前，对着日本的方向跪下来，默默地磕了三个头。"师父，您老人家放心，我这些年从来没有间歇练习您传授给我的剑术，我一定会用您的剑术做一番事业的！"

接下来的一段时间，郑成功就每天陪伴在母亲身边。田川松见儿子安然无恙，而且学有所成，又得到了隆武皇帝的赏识，有了很好的建功立业的机会，以后的前途清晰可见，也就完全放心了。

本来，隆武皇帝特批给郑成功的假期，是两个月。但是一个月刚过去，田川松就催促儿子返回了。

"福松，我知道你现在很忙，有很多大事等你去做！你就是在这里陪娘，心思也不在这里！"

"娘——"

"行了，你肯拿出这一个月来陪娘，娘已经很高兴了！你要尽孝心，也不急于这一时。你该去做什么就去做吧！"

"那，我去了！"

"嗯，记住，不管做什么事情，都要记住四个字：无愧于心！娘知道你要做的事情，会有很多困难，也会遭到很多人的嫉妒和阻拦，不要去管别人说什么，只要自己襟怀坦荡、正大光明就好！"

"谢谢娘的教诲，孩儿记住了！"

郑成功其实在这一个月中，也一刻没有断绝和外面的联系，知道福州那边的情势，一天比一天更加不妙。只是他不知道自己去了，能不能对于局势有什么帮助；再加上他也不舍得刚和母亲见面就分开，所以始终矛盾着。如今母亲这一番话，令他茅塞顿开，大有拨云见日之感。

是啊，只要自己参与进去，尽力而为便好。能够挽救局面，于事情有多大的帮助，不是自己的微薄之力所能决定的。那么，想那么多干什么呢？福松啊福松，亏你还得皇帝赐名"成功"，却没有一点男子汉、大丈夫的气概！如此畏畏缩缩、怯懦犹豫，将来如何能克艰克难，成就大功？

一番思忖之后，他拿定了主意。于是，在叮嘱过妻子之后，告别老母、幼子，他又向福州出发了……

第13章
权柄之争

后人论及南明之亡，抛去情感上的因素，就会得出一个结论：败亡的最大原因，就是"争权"。

不管是弘光政权，隆武政权，还是后来的永历政权，都是在一片乱哄哄的"争权"闹剧中而败落的：弘光政权中的马士英和史可法，隆武政权的郑芝龙和黄道周，永历政权的孙可望和李定国。这些文臣武将，哪一个都是一时之雄，是可以改天换地的人物。可是他们偏偏不能共存，最后只能各自走向独立作战，而被清军各个击破。归根到底，就是每个人的"私欲"在作怪。

郑芝龙和黄道周之争，也是如此。郑芝龙很明确，他所争的是一个"利"字，而黄道周所争的，是一个"名"字。

黄道周孤身抗清，不可谓不悲壮，但是他的死并不能令大明起死回生。郑芝龙坐拥二十万军队，但是他从来没有想过，要用自己一生积累起来的这份家底去和满人死拼。他早就给自己留好了退路，将洪承畴的母亲接到自己家里，为将来和洪承畴谈判留下了空间……

最感到疑惑的是郑成功，他不知道是黄道周对，还是父亲郑芝龙对。他多年后才明白，其实二人都对，也都不对……

就在这短短的一个月之中，福州的隆武政权却已经陷入到了不可收拾的混乱局面当中。

事情的起因，源于郑芝龙和黄道周二人的"将相斗"。

对隆武皇帝来说，他是真心实意要中兴大明，做汉光武帝那样的一代明君。这是他的真实想法，他也的确做出了励精图治的姿态，封赏了郑芝龙一族之后，又大封群臣，尤其独尊黄道周，授予他武英殿大学士兼吏、兵二部的尚书。

黄道周在当时，是继袁崇焕、史可法之后，最有影响力的一位铁骨铮铮的栋梁之材。他在崇祯一朝就获得了不畏强权、刚正不阿的名声。到了弘光皇帝在南京即位，又召请黄道周去做礼部尚书。

本来以黄道周一身傲骨，绝对不可能和南明群臣一样，跪在风雨中迎接满人大军入城。偏偏在此之前，他被派到浙江祭奠禹陵，不在南京。

当南京陷落，弘光皇帝被俘，黄道周失声痛哭，立即去投奔了潞王，准备拥立潞王，不料潞王才监国三日，就向清兵投降。黄道周听说唐王朱聿键到了杭州，又给朱聿键写信，要他无论如何别到福建去，结果朱聿键不听，黄道周心灰意冷，遂准备回福建漳浦老家去隐居养老，终此残生。

还没有走到家，半道上朱聿键派人将他截住，请到了福州。而此时朱聿键已经和郑芝龙商议停当，称帝之事刻不容缓，黄道周只能协助办理诸事。

隆武登基，武用郑芝龙，文用黄道周，文武群臣，皆以此二人为首。

可是，从一开始，郑芝龙就对黄道周的到来不怎么满意。因为郑芝龙是将福建当做自己家的"后花园"的，他所以要拥立朱聿键，也是将要朱聿键牢牢地控制在他一个人手里。郑芝龙的如意算盘打得很妙：扶持朱聿键登基，自己就是挟天子以令诸侯，却又不让朱聿键踏出福建一步。所谓恢复南都，中兴大明，不过是朱聿键一厢情愿而已，郑芝龙从未当真。要他将自己经营多年的水师拿出去和满人横扫天下的八旗骑兵硬碰硬，无论最后胜负结局如何，最后都免不了两败俱伤。这样的亏本买卖，岂是郑芝龙这样一生精于算计、趋利避害的巨商所为？

但黄道周却无此私心，为了报答朱聿键的知遇之恩，一心一意要帮助他实现中兴之梦。因此黄道周来到后，苦心制定了"五路出师"的计划，朱聿键一即

位,就立即以诏书形式昭告了天下:

第一路,以黄道周为统帅,联络江西,救徽援衢。一边营造声势,一边招兵买马;

第二路,以肃虏伯黄斌卿为统帅,屯兵舟山,以水师在水上准备配合恢复南都行动;

第三路,以永胜伯郑彩为统帅,经崇安等地,抵达广信;

第四路,以定清侯郑鸿逵为统帅,出仙霞关,恢复浙东;

第五路,御驾亲征,隆武皇帝亲自跟随平夷侯郑芝龙的大军,前往浙江金、衢地区。

以上这"五路兴师"的宏大战略,由隆武皇帝亲自颁布诏令,并且定下了出兵的具体日期:8月18。

如果仅仅从战略的角度看,这一"五路兴师"的计划,不可谓不完美。一路经营江西,一路经营浙江,然后,从海、陆两个方向进攻南京。而御驾亲征这一路中军,又是关键中的关键,如若顺利,秋冬之际,就可以在南京与满人展开决战,实现"恢复南都"的梦想。

然而,这个看上去完美无缺的战略,却有一个最致命的缺陷:在战略中被倚为中军、御驾亲征的主力部队的郑芝龙,却从一开始就没有想到过,要踏出福建一步,更遑论和满人真刀真枪地作战了。

郑芝龙从一开始就对黄道周不满意,二人的斗争也就从第一天早朝开始了:按照大明朝廷礼仪,上朝之时,文武站班,文官在东,武官在西,表示武官要低于文官一等。偏偏郑芝龙妄自尊大,根本不理会这一套,竟然径直站立在东面第一位,根本不把黄道周这个文臣领袖放在眼里,于是引来何楷上奏:

"我朝自太祖皇帝定鼎以来,文东武西,从未有过改变。如今郑芝龙妄自尊大,不但欺凌臣等,实目无陛下。"

对此,郑芝龙却狡辩道:"文东武西,这是古来定制,非从太祖皇帝开始。何况,从太祖的时候,徐达就已经站东班首。难道徐达不是大将军吗?我不过效仿他罢了,有什么不可以的?"

郑芝龙：海商传奇

众人一听，他竟然将自己比作开国大将军，均愤愤不平。黄道周立即训斥道："徐达公乃开国元勋。郑将军以自己与之相比，未免太过抬举自己。"

郑芝龙却不以为然："哈哈，以今日天下之势，倘若我从福建统兵，一路收复失地，直至燕都，这等功劳，难道还在徐达之下吗？"

"哼！"何楷讥笑道，"等你起兵胜利，攻克燕都，那时候再站首班不迟！"

于是，众人在朝廷之上竟然争辩起来。郑芝龙虽然盛气凌人，终不如黄道周、何楷等一班文人口齿伶俐。郑芝龙大怒之下，恨不得立即将黄道周、何楷等一班人拳打脚踢，痛扁一顿。

郑芝龙就是郑芝龙，自有他自己的一套行事方式。他知道黄道周是一代名臣，又是隆武皇帝最尊敬的帝王之师，不便直接对黄道周下手，于是就派人去半路上埋伏，袭击何楷，将何楷的一只耳朵割了下来，以示警告。

这样一来，虽然人人都知道是郑芝龙下的毒手，却苦无对证。黄道周不忿，去找隆武皇帝申诉，隆武皇帝又能说什么呢？只能和他对坐叹息而已。

除了将相不合，隆武皇帝还有一个无可奈何之处，就是兵源、财源和给养，主要都来自福建，其次来自广东和广西。朝廷建立后不久，就认识到即使是最低限度的军事开支，也远远超过福建和两广目前赋税收入的总和。这个问题，只能通过以下方式解决：一是增加税收。从桥梁和港口征收五花八门的通行税；经常向店家和食盐专卖行业摊派各种费用；搜刮地方财政的盈余；卖官鬻爵；征收各种爱国捐助，如地主按照土地面积的"大户助"，绅士按照功名的"绅助"，官吏按照品级的"官助"。二是希望逐渐缩小军队的部署。因为据郑芝龙报告说，供应和武装当时驻守福建的所有军队，需要一百五十六万两白银。这是一个多么庞大的数字！

于是，隆武皇帝只能同意将福建的赋税收入只用于福建。这包括招募三万人把守各关口，一万人维护州县的治安。尤其治安问题，本来并不突出，但是不知道怎么，忽然长期盘踞在福建、江西、广东三省交界的山区地带的土匪、山贼，都活跃起来了，拦路抢劫层出不穷。还有那些纵横海上，装备精良的职业海盗，也都忽然胆大包天，跑到岸上来了，一时间刀光剑影，一片血腥，为此不得不将维持治安的经费一再提高。但隆武皇帝也听说,把守各关隘的军队实际人数从未达到计划的数字,至于军饷倒是照领不误,那就是郑芝龙在里面弄虚作假了!

一片焦头烂额之中,清军却在节节逼近。而且满人为了减少来自南方的反抗阻力,换下了立下赫赫战功,以血腥的手段攻取南京的多铎,换上了汉人官员洪承畴,总督军务,掌握大权。

洪承畴一上任就显示出与众不同之处,推行了一系列的法令,包括:大赦;废除明朝的一切苛捐杂税和拖欠;严惩贪赃枉法的贪官污吏;豁免赋税,特别是豁免顺从清朝统治的地区的赋税;审慎起用真心归附的官员,广为延请前朝著名的官员和有才干的地方知名人士;恢复商业;归还被豪强霸占的财产,让穷人家庭团聚,安居乐业;重申官学和科举制度……这一系列的措施表明,清朝对于江南之地极其重视,要从社会、政治和经济全方位入手,进行治理。

当然了,满人也有残酷手段,其强行推行"剃发令":所有不是僧、道的成年男人,都要采用满族发式,剃去头部前面的头发,梳一条长辫子,改穿满族服装。法令规定,各地从它到达之日起,十天内必须强制执行,违者处死。这条法令一时激起了激烈反抗,烽火四起。

这天,隆武皇帝刚一上早朝,就有两个从江西东北部冒死突围出来的义军首领,来向隆武皇帝求援。

"陛下,臣等一众兄弟,正在前方冒死与满人激战!只是敌众我寡,恐怕支持不了几天!请陛下速发援兵,与满人决一死战!"

"这个……"

隆武皇帝沉吟了一下,将目光投向武将行列里为首的郑芝龙。不料,郑芝龙却避开了他的目光,转向别处。

郑芝龙这么默不做声,对隆武皇帝的无声询问视而不见,惹恼了旁边的黄道周。他立即跨出一步,大声道:

"陛下,当前满人因为发布'剃发令',而肆意屠杀,激发民愤,民心可用,机会难得啊!如果不趁此机会出兵,等满人将各地烽火扑灭,到时候,大兵压境,我等纵然有心奋起一击,只怕也无济于事了!"

"唉!"隆武皇帝叹息一声,黄道周所说,机不可失,失不再来,他又何尝不懂得这个道理。可是军队的指挥大权,在郑芝龙手上。郑芝龙如果不肯出兵,那么隆武皇帝一厢情愿也没有用。

　　"这个……郑将军,你意下如何?"

　　"回陛下,"郑芝龙道,"我认为,现在还不是出兵的时候。所谓'兵马未动,粮草先行',现在军饷紧张,自保尚且不足,更不要说出仙霞关和满人作战了。陛下想过没有,三军齐发,出关和满人作战,这一路上,要经过多少的关口,跨越多少的险阻,需要多少的人力、物力来进行运输粮草,沿途提供护卫,以防止山贼劫掠,土匪滋扰?如果连最基本的粮草安全都保障不了,前方将士饿着肚子和满人作战,又能有几分胜算?所以我觉得,还是按兵不动为上!"

　　"哼,好一个按兵不动!我看你根本就是存有私心,只顾自己富贵发财,而不顾天下安危,大明存亡。"黄道周怒道。

　　"哦?此话怎讲?"

　　"哼,你以为我不知道。老夫做过实际计算,目前维持军队开支所需饷银,不过八十多万两而已,可是你却一下子报上来一百五十六万,而且老夫去军队作过实地调查,几个关隘之上,所实际驻守的军队,不到领饷人数的一半。照此计算,难道这多出来的近六七十万的空饷,不是流入了你的腰包?"

　　"哈哈,"郑芝龙被他当面揭穿,却不怒反笑,"你一介酸儒,懂得什么?大敌当前,人心惶惶,哪一个关隘之上,没有几个逃兵?整座关隘的士兵都逃走的情况都不稀奇。何况,我虽然多报了一点饷银,可是你问问陛下,实际上我拿到了多少?连五十万都不到。这么一点点钱,你让我怎么出关去和满人作战?难道要我郑某人自掏腰包,将我多年辛苦赚的钱都拿出来?"

　　"好了,好了,你们两个别吵了。"隆武皇帝连忙打断了他二人,"这件事情,从长计议就是!"

　　"可是陛下,我等前方厮杀的众兄弟等不起啊!"两个起义军首领跪在御座前,头都出了血,哭求道。

　　一时之间,朝廷之上一片寂然。郑芝龙冷眼看着二人,隆武皇帝低了头不敢看二人。群臣则各怀心思，静静旁观。

终于，性如烈火、脾气耿直的黄道周忍不住了，他昂首挺胸而出，大声道："陛下休要为难！不就是领兵出征吗？郑大将军不肯发兵，就让臣这个兵部尚书一个人去！男子汉大丈夫，自当马革裹尸，战死沙场！与其在这里坐而等死，不如到前方去与满人厮杀而死！臣这就请与陛下告辞！"

"什么？你要一个人去？"

"不错！"

"可是，朕不能给你一件兵器、一份军饷、一石军粮啊！"隆武皇帝以皇帝之尊，而委屈如此，君臣无不垂泪！

"陛下虽然没有军马粮草，但是陛下不是还有天子大印吗？"黄道周显然已经下了决心，"就请陛下用宝，赐给臣空白委任札书五十张。臣以'忠义'两字作为号召，不信天下没有忠义之士！"

"也罢！"

隆武皇帝见他如此坚决，也知道阻拦不住他，只能勉强答应，用皇帝玉玺一连盖了几十张空白委任札书给他。

"谢陛下！"黄道周将这些札书小心翼翼地揣在怀中，再次给隆武皇帝磕头，"臣拜别陛下！倘若真的天亡大明，就让臣招不到一个义士，一人去战死沙场；倘若天不亡大明，则臣一定会招募到忠臣良将，千军万马，收拾残局，重整山河！将来恢复南都，臣再请与陛下相见！"

他给隆武皇帝磕头完毕，站起身来，竟然再不去看一众文武大臣，昂首阔步，下殿而去……

从头到尾，郑成功都站在父亲郑芝龙身边，亲眼目睹了郑芝龙和黄道周这一幕"将相斗"。对于黄道周黄大人，郑成功是发自内心地钦佩。在南京的时候，就仰慕黄道周的为人，赞叹他的刚正不阿和凛然气节。如今，在朝廷上见他铁骨铮铮，居然以宰相之尊，要孤身一人去抗击满人铁骑，仅仅靠着隆武皇帝的五十张空白札书，就要去招募义兵，出关杀敌，这真是旷古未闻的壮举！

对黄道周只有尊敬的份儿，可是对于父亲郑芝龙，郑成功的心里却充满了疑惑。他不懂得父亲的葫芦里卖的是什么药，不知道他为什么一再拖延，不肯出兵。即使面对如此的大好机会，也不肯去试着做哪怕最小代价的冒险。郑成功没有亲自带过兵，在粮草兵饷方面的问题，不如郑芝龙考虑那么多。因此，他心里想：父亲一定有他的考虑，一定有他自己的打算。如果说黄道周所考虑的，更多的是一个"义"字，那么父亲所考虑的，肯定更多的是一个"利"字。毕竟数十万大军，不可轻动。像父亲这样精于计算、反复权衡的人，是绝不会允许犯任何错误的。

这天的早朝散得很快，隆武皇帝心情不好，冷着一张脸拂袖而去。郑芝龙和群臣也都默默离开。没有一个人多说一句话，气氛压抑到了极点。

郑成功是御赐国姓，仪同驸马，也就等于是隆武皇帝的"半子"。他知道隆武皇帝一定一肚子的不痛快，自己应该去看看他才对。所以，他没有马上跟随父亲离开，而是留下来，单独来到后面，求见隆武皇帝。

等他进来的时候，隆武皇帝正在一个人默默垂泪。见郑成功进来，连忙擦拭。

"父皇何故哭泣？"

"哦，没有……只是因为刚才一阵风吹过，沙子迷了眼睛……你来得正好。今日之事，你可有看法？"

"回父皇。"郑成功道，"儿臣以为，黄大人和我父亲做得都对。"

"哦？"

"儿臣以为，首先黄大人没有错。"郑成功侃侃而谈，"自古以来，就有'文死谏，武死战'之说法。黄大人是文臣领袖，今日之事，必不能袖手旁观，不置一词。他说得没错，如今满人正因为强推'剃发令'，残忍嗜杀而人神共愤，激发民变，烽烟四起，此诚难得之良机也！倘若此时父皇颁诏，发兵讨敌，一定可以收到事半功倍之效果！所以黄大人才会苦苦劝谏皇上，甚至不惜冒着危险，也要一个人去抗敌！"

"那么你父亲呢？"

"黄大人虽然看到了民心可用，时机难得，但是他毕竟只是一个文人！而我父亲却多年带兵，久经战阵，自然有他的考虑。我虽然不懂得战阵厮杀之事，但是我在南京亲眼见到十几万军队，以南京城墙之坚固，粮饷之充足，人心之整齐，最少也可以抵挡一年半载。可是事实上怎样？一战而败，城破国亡！这是什么缘故？就是因为文臣当道，而没有一个能够统兵打仗的优秀武将啊！"

郑成功说完南京之事，得出结论："所以，我以为，我父亲一定有他的通盘考虑，所谓'运筹于帷幄之中，决胜于千里之外'。胜负成败，并不一定要到战场上才见分晓。如果没有筹划好，还是不要轻易出兵的好！"

"嗯，你说的有道理。"隆武皇帝听了他的话，也冷静下来。仔细一想，也觉得自己有些着急了。以现实而论，满人在短短的十几年中，能够从白山黑水崛起，一路南下，攻占北京，然后渡江南下，横扫江南之地，岂是侥幸所能达成？如今天下十分之七已经入其掌握，自己等人仅仅凭福建一地，凭借郑芝龙区区一支水师，就想反击满人而成功，将满人到嘴的肥肉再夺出来？

"好吧，朕不怪你父亲了。只是君臣之间，理应无话不谈。你父亲有什么难处，应该及早跟朕讲明，好让朕心中有数。"

"父皇放心，这件事情交给我吧！我回去和父亲先作沟通，了解其中详情，再来禀告父皇！"

"那朕就放心了！"隆武皇帝大喜，"朕果然没有看错你！"

从隆武皇帝处告辞出来，郑成功刚到宫殿门口，就见街道上人群三三两两，争着向一个方向奔去。郑成功非常奇怪，拉住一个人问道：

"喂，干什么去？"

"你还没有听说？黄大人在那里树起了义旗，要招兵了！"

郑成功跟着来到校场。远远地就看见校场之上，树立起一杆大旗。那旗子不是寻常的旗子，而竟然是一块白布，大概是黄道周临时从一个布铺里扯来的，上面有一个大大的"义"字，那字也不是寻常笔墨，而是鲜艳的血红！肯定是黄道周咬破手指，用自己的血写上去的！黄道周本来就以书法见长，这一蘸血写书，那个"义"字更是凛然生辉！

大旗猎猎，迎风招展。旗帜之下，黄道周席地而坐，在身前用一块石头，压着隆武皇帝给他盖了玉玺的五十张空白札书，准备委任给前来投军者。

然而,围观者虽众,却只是议论纷纷,并无一人当真上前。大家只是觉得好玩而已。

郑成功远远看了一会儿,只见黄道周正襟危坐,闭目入定,颇有气象。

"真是一个顶天立地的大丈夫、大英雄!"郑成功心里赞叹,"这样的豪杰之士,绝不能让他一个人去面对满人,白白送死!我必须说服父亲帮他才成!"

当下,郑成功匆忙返回府上,然而父亲郑芝龙的房间却大门紧闭,门口有几个亲兵把守。

"我爹可在里面?我要见他!"

"对不起,森少爷,郑将军正在里面会见贵宾,不允许任何人进去打扰!"

"贵宾?"

郑成功一愣,父亲在这个节骨眼上会见的会是什么贵宾?他心里隐约掠过一丝不安。

从屋子里,可以约莫听到郑芝龙和那位贵宾说话的声音,而那位贵宾似乎是位女子,且上了岁数,自称"老身",这让郑成功大为惊诧!

郑成功又来到客厅,这里跟随那位贵宾来的两个随从正在喝茶。

"两位远道而来,辛苦,辛苦!"郑成功上前去和二人打招呼,"我爹脱不开身,就让我来招呼两位!来呀,将上好的茶叶给两位泡一杯来!"

两位随从不知道他是什么人,然而见他衣着华贵,气度不凡,而且这么彬彬有礼,慌忙站起身来:"啊呀,是大公子吗?失敬,失敬!"

"不要客气,到了这里,跟到了家里一样。"

"啧啧,真是,郑将军也这么说。他说亲不亲,家乡人!都是南安人,别生分了!"

"南安那边的情况,我不太熟。不过我父亲、叔父,还有家中这上上下下,都是南安人。所以你们来了,也不必拘束。来了就多住几天!"

"是啊,郑将军也说,既然我们跟老夫人一起来了,以后就住在这儿,不走了!"

"那就更好了。对了,还没有请教两位的名字?"

"哦，我叫洪大，这是我兄弟洪二。我们两个，从小跟随老夫人，已经在洪家三十多年了。"

"老夫人对你们一定不错？"

"那当然。老夫人在我们当地，那可是出了名的活菩萨，行善积德，乡里闻名。"叫做洪大的得意说道，"自从我们洪大爷在北京做了官，每次往家里寄回来奉母养老的钱，老夫人都一分不留，全部散给左邻右舍，救济乡亲！大伙儿也都对她老人家感恩戴德，这次若非郑将军一再派人去接，老夫人还不肯离开南安，大伙儿也不舍得她走呢！"

郑成功一边和二人闲聊，一边在脑子里飞快转动念头。南安，姓洪的在北京做官，那会是什么人？电光石火之间，他想起来一个人：洪承畴！

"啊？难道这二人一口一个的'老夫人'，竟然会是洪承畴的母亲吗？"

郑成功心里暗惊。他在南京读书的时候，常和学子们在一起议论国事。尤其去钱谦益那里，接触到一些"复社"的成员，大家都是忧国忧民，以天下兴亡为己任的。对于历史上文天祥、岳飞这样的英雄豪杰，由衷敬佩；而对于像秦桧这样的无耻之徒，则大加鞭挞，众声共讨！

至于在本朝，也有令人扼腕叹息的杰出之士，像以书生而节制天下兵马的袁崇焕袁督师，独镇边关，屡创满人，最后却被崇祯皇帝下狱而死。与之相反，之后另外一个镇守边关的大人物洪承畴，却在松山战败被俘，最后变节投降了满人。有人说洪承畴是顺应潮流，欲帮助满人早定天下，以减少杀戮；也有人说洪承畴是中了满人的美人计，贪图荣华富贵。不管怎么说，洪承畴的卖身求荣，对于以华夏为正统的大汉子民来说，是不可接受的。郑成功和一众青年人在一起，每次提到此人，总有人拍案而起，恨不得啖其肉、寝其皮！视为与秦桧一般无二！

这么样的一个无耻之徒，父亲却怎么派人去将他的母亲给接到郑府上来了？

郑成功疑惑不已，而到了晚间，果然证实了：来到郑府上的所谓"老夫人"，便是洪承畴的母亲傅氏。郑芝龙已经另外安排房间，供其居住。

吃过晚饭之后，郑芝龙尚且在自己书房里忙忙碌碌，接见诸将，处理军务。

一直到很晚，等众人都散去之后，郑成功才捧着一碗茶进来，给郑芝龙送上："爹，歇一会儿吧！"

郑芝龙接过茶来，喝了一口，见郑成功似乎有什么话要说，就招呼他坐下来："森儿，你是不是有什么想问我？"

"是啊，爹怎么知道？"

"哈哈，知子莫若父嘛！"郑芝龙笑了笑，说道，"你是想问我，关于黄道周黄大人，要发兵去抗敌，为什么我不置一词，不肯发一兵一卒相助吧？"

"正是。"

"黄道周那个老家伙，真正只会纸上谈兵，他懂什么？"郑芝龙轻蔑一笑，"森儿，你也是熟读《孙子兵法》的，开头第一句话是什么？"

"兵者，国之大事也……"

"不错。带兵打仗，那可不是儿戏。你想想，打仗是要死人的。作为三军将领，你凭什么让别人给你卖命？难道仅仅凭着一个'朱'字，就可以让大家都冲上去跟满人厮杀？仅仅凭着书本上写着的'忠义'两个字，就可以将满人打退，乖乖地退回关外去？如果这些有用，满人根本就进不了北京城，更不要说打到福建来了！哼，真是迂腐可笑！"

"那么，爹是说，黄道周大人要出兵迎敌，那是大错特错了？"

"那是自然。不要说黄道周这样的老家伙，动不动就是'文死谏，武死战'那一套，就是皇上天天嚷着要恢复南都，中兴大明，也不过是痴人说梦而已！"

"啊？"

"森儿，你在南京读了两年书，又受了钱老夫子那么多教导，当今天下是什么情势，想必你心里也明白，对吧？大明王朝的气数，事实上当崇祯皇帝在北京煤山吊死的那一刻，已经算是彻底到了头了。至于之后的所谓弘光皇帝、咱们所拥立的隆武皇帝，都不过是苟延残喘，恰如一个人已经病入膏肓，目前不过是回光返照而已。什么中兴，什么重整旗鼓，收复旧山河，都是说说而已。就拿咱们目前的局面来说，是只能守，不能攻，拖得一天算一天，实在不行，大不了就出海去！这样起码还能保留一份力量，以求在海外另外建立基业，再立汉国。我盘算来盘算去，这是唯一可行的办法。可是我这个想法不能去跟皇上讲，只能跟你说说而已。皇上是一心把自己当做汉光武帝了，非要做他的中兴之梦。再加上黄道周那些个穷酸文人，一天到晚在他耳边鼓噪、吹嘘，弄得他愈发当了真，非要出关去跟满人一决生死！唉，爹不是说丧气话，如果皇上当真听信了黄大人的话出关，那就是肉包子打狗——有去无回！所以，爹倒希望，黄道周那个老家伙真的先自行出关，他死于满人之手，皇上也会警醒，不会再做中兴美梦了！"

听了父亲这番话，郑成功不知道说什么好。父亲果然有自己的判断，也有自己的一番如意算盘。本来，郑成功也觉得黄道周和隆武皇帝是对的，应该出关迎敌，抓住机会，做一番大事情！可是经过父亲这么一分析，他也有些清醒了，知道自己和黄道周、隆武皇帝都太过乐观了。

"那……就只能等黄大人出关以后，看看究竟是怎样的一个局面再说了？"

"还能是什么局面？不过是肉包子打狗罢了，哼，那老家伙心里比谁都清楚。"

"什么？黄大人知道自己必死，那他为什么还坚持要去？"

"这就是文人的古怪想法，他满口忠义，其实无非是为了一个'名'字而已！如果他真的被满人捉去，将他杀死了，那反而倒成全了他。"郑芝龙看儿子满脸不解，就给他进一步解释，"森儿，你也听说过一句'千古艰难唯一死'吧。其实死有什么可怕的？你爹从年轻的时候起，就出入风浪，刀口舔血，干的是没有本钱的买卖。说死，也不知道死了几百几千回了。可是爹爹偏偏没有死，为什么？就是因为要留得这有用之身，以等待机会，做一番更大的事情。"

"爹的意思是说，留得青山在，不愁没柴烧？"

"对了，我今天接来一位贵宾，还和她谈论起这件事情。你猜这位贵宾是谁？"

"哦，孩儿听说了，说是从南安来的洪老夫人，可是那洪承畴不是已经投身满人了吗？"

"不错，洪承畴不但投靠满人，而且还甚得重用，如今是汉人官员中的第一等人物了。"郑芝龙丝毫也不隐瞒自己的想法，对郑成功坦诚道，"我所以接来洪老夫人，就是要向洪承畴洪大人示好，将来保留余地，以备相见。"

"啊？"郑成功大吃一惊，"爹和洪大人要见面？"

"岂止要见面，我还要和他好好谈一谈呢！"

"谈什么？"

"谈什么还不知道，要看具体的情形而定，但是谈是一定要谈的。"郑芝龙说到这里，似乎累了，打了一个长长的哈欠。郑成功见状，只好站起来。

"爹，您累了一天，时候不早，也该休息了。孩儿就不打扰了。"

"好，你也早点去休息吧！"郑芝龙近来诸事缠身，的确感觉精力大不如前。不过，他还是叮嘱郑成功："记住，森儿，关于我接来洪老夫人，以及预备和洪大人会谈一事，不可以对任何人透露一星半点，尤其不可以让皇上知道。否则，你我都会有杀身之祸，事关重大，切记，切记！"

"是！"

郑成功点头答应，告辞出来，心里却更糊涂了。父亲分明知道自己在做什么事情，而且凡事都考虑长远，比自己考虑得都更加周详，如同高手下棋一般，提前将任何一种可能都考虑到了。那么，自己为什么对他还不放心呢？他也不知道为什么，总觉得父亲似乎有什么地方做得不对，出了岔子。而当此风云变幻之时，哪怕一步差错，就会满盘皆输！

父亲啊父亲，你可要小心，千万不要在这关键的节骨眼上犯糊涂啊……

第14章

分道扬镳

郑芝龙如愿以偿地逼走了黄道周,黄道周不出所料被满人轻松捉去。令人吃惊的是黄道周的气节,连自己的好友洪承畴都被他破口大骂。最终黄道周殉节,死后赢得无数人们的尊敬,后来被赞为"古今完人"。

郑芝龙以为除去黄道周就可以大权独揽,却不料这个时候儿子郑成功站了出来。郑成功和父亲最大的不同,在于他读了很多年的书,受孔孟之道的熏陶,有很深厚的"忠君"思想。当隆武皇帝和郑芝龙发生冲突,郑成功毫不犹豫地站在了皇帝这一边,宁可做"逆子",也要做"忠臣"。

当郑芝龙和满人商谈既定,开始撤退各个关卡的人马,郑成功决定独自守卫仙霞关。而最令他欣慰的,是他的妻子董氏,一介女子,竟然跟随郑成功一起来镇守雄关。人生得红颜知己如此,夫复何求?

而郑芝龙继续自己的狡黠表演:以百姓遮道,跪求隆武皇帝不要亲征;又断绝郑成功粮饷供应,逼其自仙霞关撤回;最后,郑芝龙干脆以海上敌寇来犯为借口,率领众人撤退而去,赤裸裸将隆武皇帝丢给了满人……

黄道周是在三天后誓师出关的。

短短的三天时间里,他还真招募起了一支队伍。首先是他的学生如蔡春容、赖继谨、赵士超等,闻知老师在校场上树起了"义"字大旗,要招募义师,自然纷纷来投。不但来响应号召,而且这些人和黄道周一样,是抱着破釜沉舟的决心,因此将自己家中值钱的东西都拿来了。用这些钱作为粮饷,黄道周居然也招募起了大约一千多人的一支队伍。

不过,这支队伍看起来,又是那么可笑:来参加队伍的都是农民,穿着平日里下地的衣服,光着腿,挽着裤管,很多人连鞋子都没有,还是光着脚的。在他们的肩头上,所扛着的也不是刀枪剑戟,而是扁担、锄头、农具、木棍。乍一看,还以为这支队伍是要去下农田干活呢!

倒是黄道周充满了信心,队伍招募起来之后,就在校场上将队伍编队,分为三营,每营三百八十四人。按照兵书上的阵形,认真进行操练。

这天,校场之上,那杆白底血字的大旗依旧高高飘扬。旗下,黄道舟和他的一众"扁担兵",一个个神情肃穆。只等吉时来到,杀鸡宰羊,祭旗出征。

这本是一个重大的日子,然而除了围观的百姓,隆武朝廷却没有一个人来送行。

不过,黄道周早已抱了必死之心,也就无所谓了。吉时到后,他亲自取过刀子,将鸡头一刀斩下。旁边有人将羊也杀了,鲜血喷洒一地。

摆上羊牲、鸡牲,手捧一碗滴了鲜血的烈酒,黄道周领头跪下,对天而告:

> 天地祖宗,
>
> 大明列帝,
>
> 请容禀告:
>
> 自我太祖,
>
> 百战功成,
>
> 创业维艰,
>
> 传于今日。
>
> 不期天厌,
>
> 国运衰微。

下部 千秋伟业

> 中原失鹿,
>
> 山河飘零。
>
> 朝廷仓皇,
>
> 文武徘徊。
>
> 我辈男儿,
>
> 热血奋起。
>
> 自甘赴死,
>
> 奋力杀贼。
>
> 有贼无我,
>
> 有我无贼!
>
> 昭昭此心,
>
> 日月可鉴!

祭罢,黄道周率先喝下血酒,其余众人也都喝了血酒,然后将碗摔得粉碎。

然后,黄道周又整肃衣冠,冲着隆武皇帝的金銮殿跪下,磕头以示诀别之意。

"陛下保重,老臣去了!"

磕头完毕,刚起身,一骑飞奔而来。从马上跳下来一人,正是郑成功。"黄大人,我和你一起出关杀敌!"

"哦?"黄道周大出意外,看了他一眼,"是你父亲叫你来的吗?"

"不,我苦劝父亲,发兵抗敌,奈何父亲大人不听,反而斥我为稚子无知。我就只好自己来了。"

"唉!"黄道周叹息一声,"也不能怪你父亲,他也有他的打算。人各有志,不必勉强。不过,你要想好了,我这次出去抗敌,可是没打算活着回来!"

"黄大人切莫小看我,黄大人尚且不怕死,我又怕什么?"郑成功一拍胸脯道,"文丞相不是说过吗,'人生自古谁无死,留取丹心照汗青'!我也要学他一回!"

"好,好,真是个好孩子,不愧皇上赐你国姓,我大明如果多是你这种堂堂丈夫,而不是奴颜婢膝之徒,何愁中兴无望?当年汉光武帝成就伟业,靠的是什么？不就是这种勇于担当、舍我其谁的气概吗？"

黄道周鼓励了他一番，接着却劝道："不过，你虽决心赴死，老夫却不能带你一起去。"

"哦？为何？"

"孩子，你熟读史书，当知道太史公司马迁有言：人固有一死，或重于泰山，或轻于鸿毛。老夫今日明知不可为而为之，要出关与满人一决生死，固然是因为我明室恩重，非死不足为报，实则也是因为我年纪大了，这把老骨头，留着也没什么用。不如抛弃在沙场之上，聊以博取一点虚名。即使死了，不过是若鸿毛之轻飘，于国于家，不会有多大的影响。将来后人提起，不过是竖一下大拇指，称赞两句，如此而已。"

"可是，你就不同了，你还年轻，正当青春，应该将自己的志向定在中兴大明、恢复汉室上面。你是皇帝御赐国姓，是驸马爷，仅此一点，便足以收服人心，号令天下群雄。你又是你父亲的长子，将来你父亲独霸一方的海上力量，还不得交给你？而等你名、实兼备，兼领水、陆二师，纵横天下，又有谁是你的敌手？到时候想做什么大事业做不成？"

"大人不必说得这么好听，我这个驸马爷不过是一个空头名号，我父亲也不会将任何实际的指挥权交给我。他除了自己，是不会相信任何人的！"

"不，孩子，你听我一言。我早年学《易》，早知今日之事。我今年六十一岁，明年六十二岁，三月五日，就是我绝命之期！这也是为什么我要急于出师，是因为我想在大限到来之前，尽可能多做一点事情。"

黄道周的话让郑成功惊讶地瞪大了眼睛，只听他继续说道："至于你父亲，我给他占过一卦，情势非常凶险，明年十月间，必然有一大难。虽然不至于有性命之忧，却有虎入牢笼、龙困浅滩之象。到时候，郑氏一门俱难逃大凶，只有你福泽深厚，可以逃过这一大劫。以后郑氏复兴，振兴大明，全在你一个人身上。所以我才要你留着有用之身。记住，任何时候，都不要轻言一个'死'字，一定要死，也要死得其所、死有所值！这样的死，才叫做'重于泰山'啊！"

和郑成功说完之后，黄道周看看时候不早，道："好了，我该出发了！再不走，就耽误吉辰了！"

"黄大人，你说的是真的吗？"郑成功还有些不相信，"你不是在骗我吧？"

"我骗你一个小孩子做什么？老夫和你投缘，才泄露给你这么多天机，难道还能有假？"黄道周哈哈一笑，"明年三月初五，我命归天！到时候，别忘了给我烧几张纸，多和我说几句话，也省得老夫走得寂寞。哈哈……"

黄道周不再理会郑成功，带着他的"扁担兵"正式出发，向仙霞关而去。

身后，郑成功痴痴呆呆。他不知道黄道周是真的看透了天命，还是只是为了阻止他一起去送死，而临时编造出来这样一套谎话。不过，见黄道周说得那么煞有介事，倒也不像谎话……

黄道周所说的的确不是谎话。事实上，他对自己的死亡和郑氏一族未来命运的预言，都惊人地应验了。

黄道周出关以后，她的夫人蔡氏才得到消息，一声长叹："自古以来，哪有将在内而相在外能成大事的？道周死得其所了！"连蔡夫人都知道丈夫必然一去不返，黄道周更是抱了必死之心。他以隆武皇帝亲赐的空白文札，一路招募义军，居然拉起了一支上万人的队伍，然而这支队伍和清军一接战，立即溃不成军。《明史》称："由广信出衢州，十二月进至婺源，遇大清兵，战败。"

黄道周败兵之际，要拔剑自刎，被门下劝下："此地离南京不远，不如等到了南京，死在高祖皇帝身旁！"黄道周觉得有理，就坐等被俘。

被俘后的黄道周被押到了南京，在监狱中每天讲学不辍，向他求教学问和求索书法作品的人络绎不绝。黄道周是有求必应，来者不拒。

然而，当一个人来见黄道周的时候，却被黄道周拒绝了。谁？就是洪承畴。

洪承畴听说黄道周被俘，客气地想来探望他，却被黄道周反问狱卒："谁？谁要见我？"

"洪大人呀！"

"哪个洪大人？"

"就是洪承畴。"

"洪承畴？我倒是有这么一个老乡和朋友，可是他早就在松山战死了，先帝赐祭九坛，带领百官亲自哭临，他怎么还会活着？这个人一定是无赖小人冒充的，不见！"

洪承畴在监狱门口，听了这番话尴尬不已。正不知道是进去看他，还是知趣离开时，黄道周早在里面铺开纸笔，大笔一挥而就，写成一副对联，道：

"既然来了，不能白来一趟，这幅书法拿去吧！"

等狱卒将对联从里面拿出来，递给洪承畴一看，洪承畴简直鼻子都要气歪了：

　　史笔传芳，未能平虏忠可法。
　　皇恩浩荡，不思报国反成仇。

这是公然在嘲讽洪承畴：史可法在扬州殉难，青史留名；你洪承畴却贪生怕死，反而去做了满人的奴才。真是辜负了皇恩浩荡！

洪承畴再也没有面目见黄道周了，不过还是怜惜他的才华，给清帝上了一道奏疏："道周清节夙学，负有众望，今罪在不赦，而臣察江南人情，无不怜悯痛惜道周者。伏望皇上赦其重罪，待以不死。"但摄政王多尔衮忌惮的正是这"负有众望"，"江南人情"，下令尽快处决。

此时，黄道周在监狱中，先收到了夫人的家书：忠臣有国无家，勿内顾。见书之后，黄道周知道家里已经将他当做一个死人了，因此再无牵挂，立即绝食。

处决令下来，第二天就是三月初五，也就是黄道周学《易》后给自己断定的归命之期。

这天一早，黄道周起来后，盥洗更衣完毕，对狱卒说："以前某人曾向我索字画，我答应了的，不能食言。"于是铺开纸笔，从容题字。写完字之后又作画，然后写上题识，加盖印章，简直和他在家中一般无二。

出门之后，来到东华门，此地距离孝陵不远，又见到一块福建门牌，就停下来。

"行了，我君在焉，我亲在焉，死于此地，可以瞑目了！"然后就跪下来，面对南方福建的方向磕了三个头，伸长脖子，只等一死。在他身后，门人蔡春落、赖继谨、赵士超和毛玉洁，从后面紧走几步，赶上来和老师告别："老师先走一步了，我们马上就来跟老师的魂魄汇合。"

行刑在即，押送的人问黄道周，还有什么遗言没有。黄道周撕开衣衫，咬破

手指,留下了他生平最后的遗言,也是最后一副气节如山的书法作品:

> 纲常万古,
>
> 节义千秋;
>
> 天地知我,
>
> 家人无忧。

黄道周英勇就死,魂魄一缕,直上青天。他的正气凛然长存,其义行直到一百年后,还感动了他的敌人,清朝的统治者乾隆皇帝,赞其为"古今完人"。而为清政府立下赫赫功勋的洪承畴,却被列入《贰臣传》,被以这么一种方式死死地钉在了历史的耻辱柱上,足为后来者戒!

当黄道周在南京死节的消息传到福州,隆武皇帝再也坐不住了。他下诏给镇守仙霞关的郑鸿逵,要求郑鸿逵率领五万大军,立即出关。

此时,因为黄道周之死,群臣激愤,郑芝龙知道再不出兵,与人心相悖,必然会招致千夫所指,于是和郑鸿逵商量,制定了一条秘计。

郑鸿逵答应出兵,隆武皇帝大喜,甚至仿效当年筑坛拜将,命人在郊外筑起一座高台,亲自为郑鸿逵举行了仪式,授予他古代代表天子征伐的"钺"。仪式极其隆重,然而天公却不作美,正当隆武皇帝授钺之时,忽然一阵大风吹过,将头顶上的匾额吹了下来,居然将钺柄砸成两半,供奉的朱元璋神位也被吹倒了。这一下,众人无不骇然变色。

"陛下,"郑芝龙趁机上前奏道,"天意示警,不得出征。此次出师,恐怕不利。不如暂且罢师——"

"太师放心,此地在荒野之中,四周空旷,偶有风沙,何足为奇?"隆武皇帝道。

因为皇帝坚持,众人也不好说什么。于是仪式继续进行,隆武皇帝亲自赐酒给郑鸿逵,郑鸿逵喝罢以后,早有人给他牵过战马来。他也知道无法再拖延了,一咬牙,翻身上马。

忽然,这匹跟随他多年的战马,"咴儿咴"一声长嘶,似乎受了什么惊吓,前蹄立起。郑鸿逵没有防备,一下子被掀下马来,重重摔于地上。

众人连忙七手八脚上来将郑鸿逵扶起来,替他整理盔甲,掸去身上的尘土。

"陛下,今日不祥,异兆频发,不如暂缓,另择吉日出征如何?"郑芝龙又道。

"马乃畜生,虽经驯服,野性未泯,有什么好大惊小怪的?只是如此劣马,怎能出征?来呀,将朕的汗血宝马牵过来,赠予郑大将军!"

隆武皇帝是铁了心要催促郑鸿逵出兵,不惜将自己的坐骑也送给了郑鸿逵。

"谢陛下隆恩!"郑鸿逵还能说什么呢,只能磕头谢恩,上马率三军而去。

然而,尽管千辛万苦,好容易促成了郑鸿逵的出师,却也不过多上演一幕闹剧罢了。郑鸿逵出师只走了四五里,就安营扎寨,然后向隆武皇帝催促粮饷。

而隆武皇帝哪里有一分钱?只能将郑芝龙叫来商量此事,郑芝龙却以饷源不足,一再推辞。

这边,郑芝龙与隆武皇帝僵持不下,另一边,他却在加紧与洪承畴的联系。

一天,忽然从南安来了一个人,要见洪老夫人。郑芝龙心知肚明,亲自接待了来人。

郑成功听说南安来人,也多了个心眼,偷偷来到父亲的书房外面窗下,听他们谈话。

就听那人低声道:"小人姓苏,叫苏忠贵,是招抚福建黄熙允黄大人部下。"

"哦,你是黄大人派来专程见我的?"

"是。黄大人是洪大人保荐的招抚福建大臣。黄大人念在与郑将军是同乡份上,不忍与将军同乡操戈,特地遣小人来告诉将军,大军不日南下,以福建区区一隅之地,而与全国抗衡,不过螳臂当车,乃自取其亡耳!将军以海上之雄,统兵二十余万,何以不思自立,反而去为唐王卖命?何况唐王那个人恐怕也不是什么命世之主,他所以现在信任将军,不过是要利用将军罢了。将来一旦羽翼丰满,只怕第一个抛弃的就是将军。与其将未来裂土封侯的希望寄托在唐王身上,不如现在就顺应潮流,弃明就清。只要将军肯答应,我家黄大人和洪大人,保你不失闽粤提督之位,如何?"

"闽粤提督?太好了!我对广东属意已久,可惜始终没有机会。"郑芝龙兴奋地道。

"这么说，将军答应了？"

"有什么不答应的？我是个生意人，只要有钱赚，管他和谁去谈呢！说吧，需要我怎么做？"

"只要将军在大兵到日，将各个关口的驻兵撤下即可。大兵到仙霞，则退浦城；临浦城，则退建宁；临建宁，则退延平；临延平，则退水口；临水口，则退福城；临福城，则退入海……如此如此，这般这般……"

二人密商细节之事，声音渐渐低不可闻。外面窗下，郑成功悄悄走开。

等他回到自己的房间，一身衣服里面已经全都被汗水打湿。自己近来一直担心的事情终于发生了。父亲果然要走洪承畴的老路，要和满人议降了。

郑成功真不明白，父亲这么做究竟考虑的是什么？以自己郑家坐拥二十万大军，又有战船五六百艘，加上拥立隆武皇帝，挟天子以令诸侯，如此天时、地利、人和，全都占了，为什么不能和满人决一死战？即使失败了，也可以退去海上，满人必不敢追来。一旦侥幸成功，那就是岳飞等人做过的事情，收复山河，重振汉室。这样的建功立业的机会，可谓千载难逢。可是为什么父亲却选择不战而降，将这一切拱手让人呢？

郑成功不能理解父亲的所作所为，又不敢将这等攸关生死的机密大事告诉任何人，所以只能装在心里。他从未经历过如此的煎熬，几乎夜夜辗转难眠……

且说郑芝龙，和苏忠贵谈过之后，得到许诺可以给他"闽粤提督"，便立即着手实施和苏忠贵约定的，依次从各个关口撤军。第一个要撤的，自然是仙霞关郑鸿逵的部队。在他的授意下，郑鸿逵假意去进攻清军，旋即"大败"，从仙霞关外全部退回，再也不肯出关了。隆武皇帝逼迫郑鸿逵再次出关，郑鸿逵竟然剃光了头发，说是要出家当和尚去。

事情到了这个地步，隆武皇帝也看清楚了：郑氏兄弟根本不可能用自己多年积攒起来的军事力量和经济力量，去为自己这个空有名头的隆武政权卖命！也怪自己太过天真，以为仅仅凭着一个"朱"字就可以号令天下群雄，就可以如汉光武帝那般成就伟业。他思来想去，终于决定，不管如何，他要离开福州，要脱离郑氏兄弟的控制了！他从即位的时候就发布诏书，说要御驾亲征，现在他是真的要领兵出征了！

他要离开福建，去找江西、湖北一带的其他明朝拥护者。这一次他的决心异常坚决，不但宣布了御驾亲征的决定，而且宣布了出征日期。

三天之后，隆武皇帝就要御驾亲征了。这可难坏了郑芝龙。毕竟，他和隆武皇帝还没有公开决裂。隆武亲征，他郑芝龙就必须率领大军跟随，那么，真的到了两军阵前，和满人对垒，隆武皇帝军令一发，自己总不能在阵前公开抗令吧？怎么办？必须阻止隆武皇帝，但又要不露声色。

深夜。

郑芝龙和郑鸿逵兄弟还在灯下商量对策。忽然，郑芝龙一拍大腿："有了！"

"什么妙计？大哥快说！"

"《三国演义》！"郑芝龙平日里最喜欢看的一本书就是《三国演义》，他将这本书不知道读了多少遍，其中每个故事都耳熟能详。

"贤弟难道忘了，书中有一回，单道'刘玄德携民渡江'，不忍丢弃百姓。万岁这个人心地最软，正和那刘玄德相似。就从这一点上入手。"

第二天一早，郑芝龙唤来心腹，如此叮嘱一番，心腹纷纷出门而去。

到了第三天，隆武皇帝在校场点兵，祭过天地祖宗，刚要出发，却见一群黑压压的人群涌来：

"万岁，不要丢下我们啊！"

"万岁不要走啊！"

这群百姓足有三五千人，多是老弱病残，一个个拖儿契女，跪倒在隆武皇帝面前。

"万岁如果一定要走，就带上我们吧！我们跟随万岁爷一起去杀敌！"

"是啊，万岁爷走到哪里，我们就跟到哪里！"

隆武皇帝怎么也想不到，这是郑芝龙的计谋，还以为百姓真是这么发自内心地拥护和爱戴他呢，顿时一阵眼眶湿润。

"朕也舍不得你们，可是朕这是去打仗，不能带你们！"

"哪有让万岁爷去打仗,而我们却躲在后方的道理?要死,我们也要替万岁爷死!"

众人一个个号啕大哭,哭得隆武皇帝不知所措,一下子愣在了那里。

此刻,郑芝龙上来劝道:"万岁,岂不闻古时刘玄德有言:欲举大事,必须以百姓为本。如今百姓眷恋万岁,岂可相弃?"

隆武皇帝听了,点头称是,对百姓道:"好,朕就把你们带上!"

可是,带着军队,又带着这几千人的老弱病残,如何去与满人作战?结果,隆武皇帝离开了福州,却又很快在延平驻跸,再前进一步也不能了。

这是隆武皇帝最后的一次抗争,他又一次在现实面前选择了妥协让步。

但也有令他意外的事情。这天,隆武皇帝正在独自一人愁坐,暗暗垂泪,忽然,郑成功来了。

"父皇为何闷闷不乐?"

"唉,朕欲亲征,又舍不得百姓;可是一味在这里坐等,满人早晚会杀上门来。"

"父皇何必愁苦?满人要进福建,必须得过仙霞关。儿臣不是给父皇说过吗?只要据险扼控,一夫当关,万夫莫开,满人就是插上翅膀,也飞不过来。"

"可是谁能为朕去守关呢?"

"儿臣愿去!"

"那好!"隆武皇帝大喜,"朕这就封你为忠孝伯,赐尚方宝剑,招讨大将军印!"

"谢父皇!"

郑成功领了剑、印,从王宫出来,回到住处,和父亲郑芝龙一说,父亲就急了。

"什么?皇上派你去守仙霞关?"

"是啊!"郑成功不说是自己主动提出的,只是道,"皇上觉得诸臣之中,唯有儿臣能当此大任,已经赐了尚方宝剑和招讨大将军印。孩儿回来告诉父亲一声,然后就要动身去仙霞关了。"

"唉，你去见皇上，怎么不和我说一声？如果我在旁边，一定制止皇上。"

"为什么？"

"这个……"郑芝龙不好明说，自己是故意撤下仙霞岭的守关士兵，因为这是和满人的约定。他只能另外找了个借口："唉，还是老问题，粮饷不济。仅仅福建一省，饷银难以支撑大军开销。我多次和皇上说过，要增加赋税，皇上怜惜百姓，只是不肯。派了人去广东催饷，参掉了那边十多个官员，钱却没有交上来一分。你说，我又能怎么办？"

"可是父亲多年经商，不是还有一些积蓄吗？为什么不拿出来充作军饷？"

"你小孩子懂得什么？我要供养这二十多万的兄弟，每年的开销要几百万。海上贸易虽然获利颇丰，可是自从中原失鹿，满人南下以来，局势如此混乱，海面上的生意也大受影响。再加上我们拥立皇上，一应文臣武将开支，府库中税收哪里能够，还不是都得由我们来填补窟窿。这样一来二去，哪里还有什么积蓄？就这样皇上还大手大脚，动辄赏给江西几万、湖北几万的，唉！"

他这一番话，倒也是实情。隆武皇帝的确是"不当家不知柴米贵"，大手大脚，滥发奖赏。

可是，郑成功却坚持道："孩儿也知道爹爹有为难之处。可是，孩儿已经领了圣命，不能不奉命去镇守仙霞关。既然爹爹无能为力，不能提供粮饷，那么就让孩儿自己想办法筹粮筹饷，总之，孩儿一定要去！"

"唉！"

郑芝龙叹息一声，摇了摇头，冲儿子摆了摆手，意思你爱去就自己去吧！

回到安平老家，田川氏正为丈夫和儿子跟随隆武皇帝御驾亲征而担心，见儿子突然回来，连忙问发生了什么事情。

"爹爹跟随皇上，现在延平军中。孩儿受皇上诰命，御封为招讨大将军，要去镇守仙霞关！"

"真想不到，我的小福松都成了大将军了！"田川氏对儿子的成长迅速感到十分满意，"既然领了圣命，那你可要好好守关，不要辜负了皇上的期望！"

"请娘放心，孩儿知道该怎么做。"郑成功道。

他没有对母亲说父亲不肯给自己发粮发饷的事情,怕母亲为自己担心。

只有在回到自己房间,灯下和董氏在一起的时候,才将真实情况告诉了董氏。

"酉姑,我这一次领命去守仙霞关,情况很不好。"

"啊?"

"爹爹不同意我去守关,不给我一分一厘。我怎么苦苦哀求他,都没有用。"

"为什么会这样?"

"爹爹表面上忠于皇上,暗里已经和满人谈好了条件,他们许诺他做闽粤提督,所以爹爹要撤下各个关口的守兵,放满人进来。不过,这件事情只有我和爹爹知道,连皇上都还蒙在鼓里。"

"那怎么办?"

"我也不知道。"郑成功道,"守关我是一定要去的,就算我只有一人一马,也要在关上守到最后一刻。我这次去了,就没有再打算回来。所以,我才要在动身之前,回来看一看娘,还有你和小锦舍。"

"啊?"董氏一惊,没想到会是这样,"既然如此,我和你一起去。"

"不,你留在这里,好好照顾娘和小锦舍,家里就拜托给你了。"

"我一定要去!"董氏却坚持道,"小锦舍我会交给娘照顾的,但我必须和你一起去!要死,我和你死在一起!"

"你……一定要去?"

"一定要去!"

"那,好吧……不过千万不要让娘知道,她老人家会担心的……"

这一夜,夫妻二人几乎没怎么睡,都用慈爱的目光盯着熟睡中的小锦舍。他们是多么希望能够再多看他一眼,牢牢记住这张甜嫩的小面孔啊!他们在心里都知道,也许,这就是和儿子在一起的最后时光了!

早晨起来之后,董氏给小锦舍做好了饭,哄他吃了以后,就送到母亲那里去了。

然后,夫妻二人收拾东西。郑成功将自己多年来的积蓄都拿出来,董氏也将自己的私房钱拿出来,甚至将自己的珠宝首饰,簪子、耳环等等,也都拿出来了。

"留着这些东西也没有用,不如卖了,也可以换一点钱。"

他们就将这些东西一股脑拿去换成了钱,然后夫妻二人告别老母娇儿,直奔仙霞关。

仙霞关。

这是位于莽莽苍苍仙霞岭上的一道雄关。仙霞岭上有一条古道,一千多年前黄巢起义军入闽,沿仙霞岭开山伐道七百里,人称"仙霞古道",并设仙霞关、枫岭关等九处。其中,仙霞关被誉为"东南锁钥"、"八闽咽喉"。据《东舆纪要》载:"仙霞天险,仅容一马。至关,岭益陡峻。拾级而升,驾阁凌虚。登临奇旷,蹊径回曲,步步皆险。函关剑阁,仿佛可拟,诚天设之雄关也。"故为历代兵家必争之地。

这天,郑成功和妻子董氏来到仙霞关上。站在最高处,向山下望去,只见群山俯首,万岭葱郁,真是一个雄壮险峻的所在。

可是,仙霞关一共有四道关,加上其他的枫树关等关口,一共有九座关,而镇守的士兵,加在一起还不到两千人。这区区的两千人,分配到每个关口,不过二百多人。而在仙霞岭这连绵起伏的群山间,不要说一两千人,就是一两万人,也根本如同片片落叶洒向千山万岭间,连一丝的踪迹也不见。

这还不算,就是这仅有的两千人,也没有心思在这里长期驻守。这不,郑成功刚来的第二天,就听说有一个关口忽然传说来了满人的部队,结果消息未等证实,守卫关隘的士兵已经一哄而散,跑得一个不剩了。

尽管局面如此惨淡,但郑成功还是在二十八都这个地方扎下了营寨。这里是一个小小的集镇,地方不大,却是来往客商、挑夫的必经之地。

郑成功每天一早就去巡关,一直到很晚才回来。而董氏则在家中辛苦纺织,以及为军队中的士卒缝补衣服、烹饪饭菜等。尽管布裙竹钗,却不以为苦。

不说郑成功和董氏,以及军中士卒,在仙霞岭苦苦支撑,单说郑芝龙,这天刚从隆武皇帝那里吵了一架回来,还没有坐定,忽然来了一个人:"故人陈谦求见!"

"陈谦？"郑芝龙一愣，觉得这个名字好熟悉，立即想起来一个人，"对了，是他！"

原来这个陈谦不是别人，正是当年奉弘光皇帝之命，从南京到福建，诏封郑芝龙为南安伯的大臣。

"快，有请！"

郑芝龙连忙将陈谦请进来，陈谦一见郑芝龙，立即祝贺道："郑将军，恭喜，恭喜啊！"

"哦，喜从何来？"

"郑将军这里说话可方便？"

"方便，尽管说来无妨。"

"我这里给郑将军带来一封书信，请过目。"陈谦从贴身衣衫里掏出来一封书信，是在浙江监国的鲁王写给郑芝龙的，大意是郑芝龙如果跟隆武朝廷合作不痛快，可以考虑接受鲁王朝廷的任命和封号。

郑芝龙看过书信之后，不动声色，将信在烛火上点燃了，慢慢化作一团灰烬。

"陈大人，请你回去转告鲁王监国，多谢他的美意。"郑芝龙道，"不过，以后不可以再有书信往来。唐王这个人很多疑，被他抓到把柄就不好办了。"

"我知道。"陈谦点了点头，又道，"对了，还有一件事情，请将军帮忙！"

"什么事情？"

"我这次来，是送一封信给唐王，是鲁王监国的亲笔信。"

"那你去送好了！"

"可是我担心，唐王还在生我们那边的气。"陈谦讲了一件事情：去年的时候，隆武这边曾经派了一个御史，带着很多的银子去钱塘江慰问驻守军队，结果鲁王监国拒绝提供沿途保护，这个御史最终被地方军队截杀。

"我听说，唐王这个人心地狭窄，只怕还记着这件事情，所以先来求教于将军。"

"那件事情又不是你们做的，怕什么？"郑芝龙不以为然地道，"这样吧，明天我陪你一起进宫！"

第二天，郑芝龙果然陪着陈谦一起来见隆武皇帝，隆武皇帝听说是鲁王监国派来的使者，而且不先来拜见自己，却去了郑芝龙那里，就有些不高兴。

当他一展开信，只看了开头一个称呼"皇叔父"，竟然不是"陛下"，便勃然大怒：

"呸！他竟然到现在还自称'侄'而不称'臣'，分明是大逆不道！"

他一下子将信撕得粉碎，又迁怒于陈谦："来呀，将这个家伙拉出去砍了！"

立即，御前护卫的士兵上来将陈谦五花大绑，就要押出去。郑芝龙连忙喝住："且慢！"

他又对隆武皇帝道："陛下，此人不过是一个送信的，不至于处死吧！"

"哼，朕这是杀鸡儆猴，好让我那个皇侄知道，他大逆不道的下场！"

"两军交战，尚且不斩来使，何况这是陛下的家事，又何必迁罪外人？"

"那……念在太师求情的份上，饶这个家伙不死，先关押起来再说！"隆武皇帝道。

陈谦被押下去了，郑芝龙老大不自在，觉得隆武皇帝太过小题大做，不悦而去。

而他走后，隆武皇帝竟然亲自审讯陈谦，秘密逼迫他说出与郑芝龙有无勾结。

天快亮了，折腾了一夜仍旧没有问出来什么，隆武皇帝下令：赐给陈谦鸩酒、白绫，令其自尽！

事实上，这并不是隆武皇帝第一次处死囚犯。之前他就曾经在称帝后不久，将在桂林称帝失败的靖江王朱亨嘉关押在福州监狱中，废为庶人，最后赐死。

因此，当郑芝龙第二天早早来见隆武皇帝，还在想着如何替陈谦求情，却被告知：陈谦已经死了！

"啊？"郑芝龙大吃一惊。他真的没有想到，隆武皇帝会下手这么快，这么狠。

如此看来，隆武皇帝对他的猜忌显而易见：他一定秘密问了陈谦什么，又怕陈谦将来把这一番话告诉郑芝龙，所以要先下手，来个死无对证！

郑芝龙还能说什么呢？他有很多事情瞒着隆武皇帝。隆武皇帝也不是傻子，自然也对郑芝龙有所提防，他坚决要离开福州，执意去赣州，就是要摆脱郑芝龙的控制，以免郑芝龙将他作为一份大礼，卖给满人一个高价！

因为陈谦被杀一事，郑芝龙心灰意冷。他立即秘密派了心腹蔡辅，去给仙霞岭的郑成功送信。

"森少爷，老爷让我给您带来一封紧急书信！"

"哦？"

郑成功接过信一看，原来是郑芝龙告诉他，已经接到确切消息，满人大军在博洛贝勒的带领下，已经逼近。郑芝龙劝儿子火速从仙霞岭撤兵，不要作无谓抵抗。

另外，郑芝龙告诉他，已经下了密令，从各个关口大举撤兵，返回安平。

"这……这……"

郑成功看着父亲的亲笔信，简直不敢相信自己的眼睛。父亲终于要公然背弃隆武皇帝了！

"那，皇上现在何处？"

"还在延平，不过听说近期也要离开，准备去赣州。"

"皇上要去赣州？"郑成功不知道发生了什么。如果自己父亲收兵退往安平，而皇帝则率领群臣前往赣州，那这就等于是分道扬镳了。看来中间一定发生了变故。不行，自己必须马上赶回去！

他立即将董夫人叫来，道："酉姑，你跟蔡大哥带着这里的兄弟们先返回安平，我这回延平！"

郑成功一人一骑，连夜下了仙霞岭，奔赴延平。他希望自己能在父亲和隆武皇帝决裂前赶到。

然而，当郑成功星夜兼程的途中，郑芝龙却已经等不及了。他将一切准备停当，然后来见隆武皇帝。

"皇上，臣特来告辞。"

"啊？"隆武皇帝一愣，"什么？"

"臣刚刚接到家中急报，海寇兵分三路，从海上大举来犯。臣之基业全在海上。有海则有家，无海则无家。此诚生死存亡之关键也！所以，臣必须马上赶回去，安排迎敌，以稳定后方！"

"可是，朕这边也正需要太师……"

"皇上英明神武，又有文臣武将，皆忠义之士，少我一个郑芝龙，不会有太大的影响；可是海上之事，非等我回去不可！臣所以能够拥立皇上，为三军提供粮饷，全赖海上提供。倘若海上不保，则臣徒然留在这里，也没有实际意义。所以，臣请皇上恩准，允许臣立即回师，以救海上！"

"那……好吧……"隆武皇帝仓促之间，也不知道说什么，只能点头答应，"太师速去速回，朕这边欲图大业，还要仰仗太师主持！"

"皇上放心，臣一处理完海上事情，必定星夜赶回皇上身边，到时候后方无忧，再与皇上细商大计！"

说完，郑芝龙跪下，又给隆武皇帝磕了三个头："皇上保重，臣去了！"

他起身后，匆匆而去。背后，隆武皇帝呆呆地看着他的背影，不知道他这一去，还能否回来。

本来，隆武皇帝一直要摆脱郑芝龙的控制。但是如今郑芝龙真的去了，隆武皇帝却有一种很深的无力感。是啊，说到底，他自己不过是一介文人，是在高墙内寂寞地度过了多年的一个朱姓子孙。他对这个世界并没有过多的接触，对于人心、世故亦没有透彻的了解。他也从来没有过要成为救世之君、一代名主的想法，甚至，如果不是郑鸿逵、郑芝龙兄弟，他根本就当不了皇帝，也就不会生出后来那么多的恩怨、纠葛。所有的一切都发生得太快了，他一直都是如同一艘被大风吹着前行的船，不由自主，不能左右自己的命运。如今，郑氏兄弟俱去，那强有力的命运之手一下子将他放开了，他才感觉到具体的恐惧，不知道下一刻会发生什么。

"等一等——"他曾经多少次想过要摆脱郑芝龙这个强人，但现在他却有些恋恋不舍了，"太师，等朕跟你一起走！"

可是已经晚了，郑芝龙走得很快，一转眼已经不见了踪影。不过隆武皇帝还抱着一线希望，吩咐左右：

"快,带朕的口谕给太师,让他等朕一起走!"

"是!"

左右匆忙去追,然而到了江边,郑芝龙的大船已经离开了岸边,张开了帆,一溜轻烟而去……

第15章

父子决裂

郑芝龙终于决定要降清了。在他以为,不管是此前的两次就抚,还是这一次的降清,并无分别:他的根据地始终是在海上。任何一个朝廷,都必须依赖于他,才能荡平海上,确保一方平安。

但降清也不是一点阻力没有。弟弟郑鸿逵和郑芝豹,就都不同意降清,一众南明文臣武将,也不同意。有人主动离开,选择避居,甚至有人为了劝谏郑芝龙,不惜以自杀警醒。

但郑芝龙最关心的一个人就是郑成功。郑芝龙很明白,郑成功才是所有人中,最出类拔萃的人才。如果自己降清,将来坏事的一定是这个小子!因此,郑芝龙将郑成功绑了起来,一定要带着他一起去降清。幸而郑鸿逵不惜冒着危险,将郑成功给救了出来……

博洛贝勒假装厚待郑芝龙,却早设下了毒计。当听说郑成功不在军中,博洛立即翻脸,将郑芝龙囚禁,装入早已准备好的囚车,连夜北上……

而跟随郑芝龙降清的主力部队中,有一个叫施琅的大将,要在几年后才能辗转回到郑成功那里,与郑成功共同谱写新的篇章……

下部　千秋伟业

当郑成功一路疾驰来到延平王宫，却见只有隆武皇帝一人在那里独坐。

"父皇，儿臣来迟了！"

"唉！"隆武皇帝见了他，一声长叹，"朕本无意即皇位，初为你叔父郑鸿逵所鼓动，以为可以依靠为荡平天下之大将军。后来依靠你父郑芝龙，以为恢复南都、中兴大明，只在几年工夫。却不料，他们两个都抛弃了朕。自古以来，哪里有臣子退去，而留下君主一个人抗敌的道理？"

"父皇莫要嗟怨！"郑成功慷慨激昂道，"只要儿臣一息尚存，就不会抛弃父皇！"

"可是你孤身一人，无兵无马，无粮无饷，仅凭一腔热血，又如何保护得了朕？"

"请父皇放心，当年黄大人不也是孤身出关，却也招募得上万兵马？"郑成功信心十足地道，"可见天下之事，不在财力多寡，不在兵马多少，而在道义与人心。只要父皇恢复南都、重振大明的志向不变，继续励精图治，奋发作为，那么，儿臣一定有办法为父皇招募一支人马，成就大业！"

"说得好！"隆武皇帝听了他的话，点头赞道，"吾儿仅这一番话，胜过尔父、叔多矣！"

于是，隆武皇帝不再自怨自嗟，而是重新振作起来，和郑成功日夜商量诸般事宜。

郑成功从这天起，就成为隆武皇帝唯一可以依靠的人。他也果真没有让隆武皇帝失望，很快招募起了一支三千多人的队伍，其中包括山贼、农民、商贩，还有一支童子军……不但陆师有了，他还利用父亲临走留下的几艘小船，训练出了一支水师。虽然只有五百人，却早晚操练，一派蓬蓬勃勃的兴旺气象。

然而，这样所谓兴旺的局面，不过是昙花一现。

满人终于来了。在博洛贝勒的带领下，从无人防守的仙霞岭长驱直入，占领了浦城、建宁。

从建宁到延平，不过一百多里。因此，隆武皇帝必须离开延平了。

一大早，郑成功就督促众人，将一切收拾妥当。令人难以置信的是，隆武皇帝满满当当装了十多辆大车的，竟然不是金银珠宝，而是一车车的书。这在古往今来所有的逃难皇帝中，也算是绝无仅有的了。

"父皇，已经收拾好了，走吧！"郑成功过来请隆武皇帝上路。

"成功吾儿，等等，朕有话想对你说。"

"父皇请讲。"

"朕想让你留下。"

"让儿臣留下？"

"不错，朕让你留下。"隆武皇帝思索了一个早晨，才做出决定，"朕想过了，福建是你郑氏立业之地，你父亲在这里经营多年，不但积金攒银，更网罗了无数豪杰之士。这些人中，未必都和你父亲一般，而没有忠义之士。所谓十步之内，必有芳草。我要你留下来，就是要你留心、联络这些忠义之士，早日壮大，以图将来成就大业。"

"父皇所言甚是。可是父皇这一路上，总也需要人保护啊！"

"放心，如果天不亡大明，则朕自有神灵庇佑，以及列祖列宗护佑，不会有事的！"

"那……儿臣告退了……"

"你去吧！不要辜负了朕赐给你的一个'朱'字！将来，万一朕遭遇不测，那么，中兴大明、重振汉室的重任，就落在你肩上了。如果真的有一天你成功了，祭祀祖宗的时候，你可别忘了告诉朕一声！"

"父皇放心，等儿臣召集豪杰，队伍壮大，就立即去找父皇，辅佐父皇共成大业，同享富贵！"

"但愿如此！去吧！"

"儿臣先走一步了！"

于是，郑成功又一次磕头，然后就出了门口，和众人告别之后，上马飞奔而去……

正是隆武皇帝在最后关头做的决定，让郑成功离开，才让他逃离了一场大难。

根据历史记载，隆武皇帝一行人从延平离开之后，动身前往汀州。只是在路上走得太慢,当地的百姓听说皇帝路过,争着出来相见。隆武皇帝还好整以暇地命令停下车子,取出龙袍,然后穿戴起来,接受众人跪拜。

这种儿戏一般的逃亡生涯,在汀州画上了最后一个句号。满人从建宁派了一支轻骑,一路急追,来到汀州城下,击溃了一支明军部队,然后换上了明军服装,赚开城门,将守城的将官和士兵全部杀死,擒获隆武皇帝、诸王以及家眷。之后隆武皇帝就下落不明,或说遇害于福州。

当隆武皇帝被擒遇害的消息传到安平,郑成功当即哭倒在地,昏厥数次。醒来之后,在自己房间里设立隆武皇帝的灵位,早晚三炷香,祭奠亡灵。

而郑芝龙、郑鸿逵等一众隆武旧臣,却无动于衷。似乎那个叫朱聿键的人是生是死,跟他们一点关系都没有。

满人大军占领了福州,整个福建已经只剩下安平这一块弹丸之地为郑氏独占了。

郑芝龙和洪承畴、黄熙允早有往来,博洛既知郑芝龙有归降之意,也不进逼,就在安平三十里之外,安营扎寨,然后派人来和郑芝龙谈判。

郑芝龙虽然一心投降清政府,但是,他也知道,兹事体大,要说服众多将领,并非易事。

这天,郑芝龙又聚集众人商议此事。他待众人坐定之后,将一封书信拿出来:

"这是博洛给我的信,你们看看吧!"

信是博洛亲笔所写,此前博洛派人来招降郑芝龙,郑芝龙推辞说,恐怕以拥立隆武皇帝的罪名,而受到追究,于是博洛又亲笔写了此信,以安其心:

"本王所以看重将军,不与将军作战,为的什么?就是因为将军能立朱家新君,而号令天下;若将军不辅立,兵未至而先附,又何所取重哉!如今,两粤未平,本王正要藉将军虎威而慑之。今铸闽粤提督之印,虚待将军……"

"诸位兄弟,你们说,博洛要赐给我闽粤提督之位,是真是假?"郑芝龙问。

"大哥,我总觉得此事不妥。"郑鸿逵在郑氏一族中的地位,仅仅次于郑芝龙。加上他拥立隆武皇帝,威望甚隆,因此第一个开口讲话。只见他忧心忡忡,提醒郑芝龙道:"大哥,你想过没有,我们为什么非要投靠满人不可?我等如今

郑芝龙：海商传奇

虽然退守安平，然而尚有大军二十万，战船五六百艘，战虽不能，守则有余，安平不保，尚且有金门、厦门二地，再退则可以去海上，到时候满人鞭长莫及，能奈我何？大哥早就是闽海王，大不了带领兄弟们，去海上重操旧业，做那无本的买卖。为什么放着自由自在、称王称霸的日子不过，一定要去满人的奴才呢？"

"哼，这是什么话？我不是说过了么？"郑芝龙却不以为然地道，"识时务者为俊杰，如今中华之地，十有八九都被满人占领，我福建也已经尽入其手。剩下广东一隅，亦早晚被满人吞并。所谓天下大势，浩浩荡荡，顺之者昌，逆之者亡。我辈如果一味不识时务，拼死抵抗，不过以卵击石而已，所为何来？况且，你也应当知道，我们的事业根基始终是在海上。而我们的心腹大患，也始终是荷兰红夷。当年大哥所以能称霸海上，靠的是什么？不就是两度就抚，与朝廷合作，而战胜荷兰红夷！如今仍是如此，满人坐了天下，不会去管海上的事情，但我们却可以避免遭受力量损失，而保存力量，去应对荷兰红夷！只有将荷兰红夷彻底降服，我们才能永绝后患，而无后顾之忧。所以我说，与满人争锋，不过徒然损伤，何苦来着？与荷兰红夷争斗，则只能胜，不能败。二弟，你这么多年来，难道还不了解大哥在想什么？"

"大哥图谋深远，我等自然不及。"旁边，郑芝豹也开口了。他是郑芝龙最小的弟弟，甚得郑芝龙疼爱，所以说话格外有分量。只听他道："小弟不懂得什么是进退之机，什么是利害之道，但是小弟知道一点，那就是人生天地间，不过如朝露，顷刻之间，就走完了这一生。人生如此短暂，实在是无可奈何的事情。但如果能够有机会建功立业，轰轰烈烈做一番事情，就不一样，不但可以痛快地活这一生，更可以垂名后世，千秋万代受人们的敬仰！如今，中原失陷，大明倾覆，值此国难之际，大哥位极人臣，又有带甲之兵二十万，舳舻塞于海上，粮饷屯于库中，以此号召天下，豪杰无不响应，这不正是千载难逢的大好机会吗？既然不能和满人争锋，又何不去海上用兵，转战日本、吕宋，在海外另建一汉国，扬中国声名，又何必这等惶惶不安，屈于满人之下？"

"你呀，是只知其一，不知其二。"郑芝龙耐心地劝他说，"你说得对，我们现在是兵精马强，实力雄厚，足以称霸海上。但是也正因为如此，满人才会忌惮我们,不敢强行用兵,而选择和我们谈判。如果我们不把握现在的雄厚本钱,而贸然去海外另立基业,能否成功,还是未知之数。一旦失败,则本钱尽失,再回过头来,向满人摇尾乞怜,请求归顺,到时候,只怕满人连正眼觑我们一眼都不会了。这就叫做'机不可失,失不再来'!"

"可是……"

其他众将领,如安南侯杨耿、来夷侯周崔芝、安洋将军辛一根等,争着陈述自己的不同意见,却被郑芝龙给打断了。"好了,我意已决,但我并不勉强你们,如果你们有愿意跟随我的,就跟随我;如果有不愿意的,就请自便,我也不勉强你们。"

他刚说到这里,忽然,从门外闯进来一个人,白衣白帽白鞋,腰扎麻绳,跪于郑芝龙面前。

众人大惊,不知道谁这么大胆子,竟然敢以这种方式死谏郑芝龙。待看清这个胆大妄为之人,竟然是郑成功,又不由一下子将心提到了嗓子眼。

"父亲,降清之事,万不可为!"

"哼,你这是做什么?"郑芝龙大怒,"你老子还好好地在这儿活着,你穿成这样,替谁服丧?"

"父亲虽然未死,但是如果此去降清,必然是死路一条。满人如狼似虎,只等父亲自入虎口。孩儿知道劝不住父亲,所以先行替父亲服丧!"

"臭小子,来人呀,将这个忤逆之子绑了!"

郑芝龙气得脸色铁青,见没有人敢上前绑郑成功,便亲自上来,用绳子将儿子绑了。

"给我把他关起来。没有我的命令,谁也不准去私下探望!"

命人将郑成功押走之后,郑芝龙将自己的飞虹宝剑拔出来,一剑将长案斩为两半。

"谁再阻拦,有如此案!"

没有人再敢说一句话,郑芝龙向满人投降的事情,就这么定了下来。

一连几天,郑芝龙忙忙碌碌:一边与博洛商谈投降的具体事宜,一边遣散诸将。众将领中,不愿意投降的有郑鸿逵,已经确定了要回金门;郑彩也不愿意投降,要回厦门。其他曾樱、张肯堂等明朝旧臣,确定要去海上孤岛隐居。这些人数占了约一半左右,所统领军队当在七八万。

众人中也有同意的,例如郑芝龙的主力部队施福、施琅这一支,就愿意跟随降清。郑芝豹虽然不同意,但是郑芝龙降清,他也只能跟随前往。

最后统计出来,愿意降清的一共是十一万三千人。

等到了约定投降这天,郑芝龙带领浩浩荡荡的大军在校场集结,准备前往福州。

此时尚且有人苦谏,一个叫做周崔芝的将领,就领着十多个部下苦苦跪在郑芝龙面前:

"将军,不可前往,清军奸诈,不可不防啊!"

"哼,谁再多言,军法从事!"

"将军,我等跟随将军出生入死,抛妻别子,为的是什么?不就是建功立业,扬名于后世吗?如今将军自剪羽翼,自断爪牙,岂非千秋万载,令人耻笑!我等不忍见将军一时失算,而被满人所害,请先与将军永别!"

言讫,只见众人纷纷拔出刀剑,一个个刎颈而死,陈尸于郑芝龙之前。

"唉,我早说过,不勉强尔等,任尔等自去,这又何苦?"

郑芝龙也有些伤感,毕竟都是跟随自己征战多年的生死兄弟,当即传令厚葬。

即将启程之际,郑芝龙忽然想起来一件事情,吩咐人将儿子郑成功押到跟前。

郑成功被关了几天,却没有一丝一毫的沮丧神色,反而昂首挺胸,一副不肯服输的劲头。

"臭小子,你还不肯跟我一起走吗?"

"不去!"

"唉!"郑芝龙叹息一声,"这么说,你是一定要忤逆到底了!"

"父亲,请听孩儿最后一言!"郑成功"扑通"一声,给父亲跪下,"自古以来,孩儿只听说,父教子以忠,没有听说教儿子做贰臣的。孩儿还记得当年刚刚从日本回归中国,父亲曾经教导孩儿,男子汉大丈夫,一生当以'孝'和

'忠'为立身为本。如今孩儿既然不能孝顺父亲,无法做一个孝子,那就只能做一个忠臣了。从今天起,孩儿只当是父亲死了,从此之后只知有君,不知有父!为君尽忠,死而无怨!"

"哼,好一个只知有君,不知有父,"郑芝龙怒道,"看来,当日我真不该送你去南京读书啊!……"

他知道自己再也无法说服儿子,但他又知道,无论如何,不能将郑成功留下。因为郑成功这几年来甚得士卒拥护,自从被隆武皇帝封了"驸马",赐以国姓,在军中的威望更是显著提高。留着他,将来必然号召众人,起兵反清,那样就会和自己的谋划发生冲突,破坏自己的大计。

"你要做忠臣,我偏让你做不得!"他冷笑一声,忽然大声下令道,"施总兵何在?"

"末将在!请将军吩咐!"施总兵就是施福,是郑芝龙的心腹爱将,也是郑芝龙最信任的中军主将。

"这个小畜生交给你,给我带到福州去,一路上好生看着,可别让他跑了!"

"遵命!"

施福答应一声,又把这个任务交给了副总兵,也是他的侄子施琅:"这件事情,交给你来办!"

"是!"

施琅和叔父施福,一文一武。施福精于谋略,善于筹划,而施琅则勇冠三军,有万夫不当之勇!因此,他所率领的亲兵,是郑家军中最有战斗力的"虎卫"。当下,施琅听到命令,上来冲郑成功一拱手:

"对不起了,森少爷!这一路上,就由我来照顾你了!请您千万别为难我啊!"

"哼!"

于是,将郑成功交由施琅所部押着,郑芝龙带着大队人马离开了安平,直奔福州。在福州城外,郑芝龙吩咐扎下营寨,自己只带着施福、施琅等五百随从勇士,赤手空拳,来见博洛。

博洛,乃是努尔哈赤第三子阿巴泰的儿子。他曾经跟随父亲南征北战,也曾经在松山之战中,大败洪承畴,战功赫赫。这次,多铎、阿济格回师,他被封为征南大将军,一应事宜,俱由他来作主,称得上大权独握。

郑芝龙一见到博洛,立即跪倒在地,大礼参拜:"罪将郑芝龙,参见贝勒爷!归降来迟,还请恕罪!"

在他的身边,是郑芝龙的几个儿子,有的尚在幼年,有稍微年长一点的,平日里也不过是声色犬马之徒。一见博洛,犹如老鼠见猫,浑身颤抖,跪在地上,连头都不敢抬。

"哎,将军快快请起!"博洛亲自上前,将郑芝龙扶起来,说道,"你能顺应天朝,率领全家老小,三军来降,是大功一件。以后,你就是闽粤提督,咱们同朝为臣,用不着这许多礼节,哈哈……"

郑芝龙起身,坐定以后,立即吩咐献上礼单。仅仅是黄金就有十万两,其他珍珠、宝玉之类,不知道有多少。这份礼单长达几十页,博洛一时也看不完。

"哈哈,好,好!"博洛见他投降如此有诚意,大喜,吩咐道,"来呀,摆开宴席,我要与郑将军痛饮三百杯!"

酒宴摆开,博洛率领一众文武坐在上席,郑芝龙率领众降将坐在下席。

"来呀,喝!"

"喝!"

这一场欢宴,直至月上中天。博洛似乎还嫌不过瘾,又命令在外面校场上摆开夜宴,点起了火把、篝火,围着篝火继续痛饮,一边安排了歌舞,一边和郑芝龙把酒言欢,痛说战阵之事,二人越谈越投机。

正当酒酣之际,有人来向博洛提议:"何不摔跤,以为助兴?"

"好!"博洛道,"就让小子们和郑将军的兄弟们玩耍玩耍,如何?"

"好。"

听说双方要比试摔跤本领,众人顿时来了兴致。立即腾出来一片空地,博洛和郑芝龙也移席来到边上,一边喝酒,一边看两边的士兵比试摔跤。

起初只是助兴,但渐渐就摔出了真火。博洛的队伍中有很多蒙古士兵,善于摔跤之技,但是郑芝龙这边的兄弟,都是海盗出身,很多人都练过功夫,身手敏捷，更兼力气过人，因此几番比试下来，竟然难分高下。

这当中，激怒了一个人。只见这个人身材长大，满身肥肉，如同一个大肉球一样来到场中。

"谁敢和我比试？"

这个凶神恶煞一样的人，大大有名，就是满人所招降的汉人队伍里第一凶残之人，制造了"嘉定三屠"的头号残暴之徒李成栋。此人本来跟随李自成，是个盗贼出身，后来降清，成为了满人在江南屠杀汉人的急先锋。此次入闽，正是他一路急追，在汀州追上了隆武皇帝，将其押到福州杀害。

李成栋一上来，就将几个郑芝龙的兄弟摔倒，不但摔倒，而且不是扭断胳膊，就是压断了腿。一时之间，郑芝龙这边众人人人噤声，再无一人敢上前。

"哈哈！"那边，满人队伍里将官和士兵一齐大笑，称赞李成栋英雄了得。

这边，却恼怒了郑芝龙身边的施琅。施琅一直在用眼色看郑芝龙，郑芝龙显然也知道，如果自己这边不表现出一点真本领，对方就会小觑自己。

他不动声色，冲施琅点了点头。于是施琅立即挺身而出，高声道："我来领教！"

李成栋起初并不把施琅放在眼中，然而一交上手，才知道这是一个劲敌。施琅力能扛鼎，一双膀子有千斤的力气。如果不是他给李成栋留着面子，早将他掀翻在地了。即便如此，十多个回合下来，李成栋也气喘吁吁了。

"哈哈，好，你二人不分高下！"博洛是个明眼人，立即劝住二人，"各赏五十两银子，下去吧！"

这时候，众人高声喧哗，惊动了远处树枝上栖息的乌鸦，在树顶上不住盘旋，聒噪不已。博洛有心露一手，立即吩咐："取我的弓箭来！"

"是！"

立即有人去取来了博洛的弓箭。只见这副弓比寻常的弓长出一倍，黑黝黝的，竟然是一张铁胎弓，足有三十多斤重。博洛将弓轻轻拿在手里，弯弓搭箭，拉了个满月，一箭射去：

"着！"

那箭呼啸而去，飞行一百多米，劲力不衰，而且准头奇准无比，一箭正好射中一只乌鸦。

"好箭法！"

郑芝龙带头喝彩，又道："贝勒爷能不能将弓箭借给我用一下？"

"给！"

博洛将弓箭递给郑芝龙，他早听说郑芝龙纵横海上，武艺不凡，今天也想见识一番。

郑芝龙接过弓箭，此时几只乌鸦受了惊吓，展翅高飞，冲向月亮而去。但郑芝龙就是瞄着月亮里的黑影，弯弓搭箭，"嗖"的一声，一箭射出，那箭如流星，后发先至，正好追上了月亮里的一点黑影，应声落地。

"好箭法，哈哈，郑将军果然英雄了得，名不虚传！"

经过摔跤、射箭一番较量，博洛才知道，郑芝龙确非等闲之辈，自己兵不血刃，招降此人，实在是幸运！

"来，郑将军，趁着这月色如水，你我兄弟就在这里对月盟誓如何？"

"好！"

于是，二人摆开香案，然后点上香火，就对着月亮磕头。博洛和郑芝龙每人取过一支金羽翎箭，握在手上，对天起誓：

> 皇天后土，
> 四方神灵。
> 皎皎明月，
> 以为见证。
> 我等兄弟，
> 在此盟誓：
> 有福同享，
> 有难同当。
> 若违此誓，
> 有如此箭。

誓毕，二人一下将各自手中的箭杆拗为两段，掷于地上，然后哈哈大笑，手拉手回到席上。

第二天，郑芝龙与博洛正式商谈归顺之后，各位将领的官职和俸禄问题，然后又是大摆宴席，一通欢饮。

席间，博洛忽然问起来一事："对了，郑将军，听说你有一个儿子，是唐藩亲自赐封的驸马，此人现在何处？"

"哦，贝勒爷是问犬子？他忤逆不从，死活不肯归顺。这不，我一直将他在军中关着呢！"

"既然人都来了，那就不妨带来一见，我倒很想看看他是个什么样的人呢！"

"贝勒爷有所不知，那臭小子脾气倔强得紧！就怕他发作起来，到时候冲突了贝勒爷，反而失礼！"

"哈哈，郑将军，你我都是战阵上厮杀的人，哪里有那么多的繁文缛节！再说，年轻人如果没有一点血性，也就不叫年轻人了！尽管带来无妨！"

"好吧！"

于是郑芝龙将施琅叫来，吩咐他道："去把森儿带到这里来，贝勒爷要见他！"

"是！"

施琅答应一声，告辞出来，出城返回军营。刚到营门口，就有亲兵上来报告：

"施大人，您可回来了！"

"怎么回事？"

"郑二将军刚刚来过，将少主人带走了。"

"啊？什么时候的事？"

"就在一个时辰之前。"

"为什么不阻止？"

"郑二将军说，主母突然患病，思念少主人得紧，因此遣他来带少主人回去。"

施琅计算了一下时间，此事在一个时辰之前，那么郑鸿逵此刻和郑成功一定在二三十里之外了，自己就是带人追上去，也没有什么办法。因为郑鸿逵是仅仅次于郑芝龙的二号人物,郑成功又是少主,这两个人,施琅一个也惹不起。只能先将此事去禀报郑芝龙,再请示下一步的行动了。

他立即快马返回城中,来到郑芝龙耳边轻轻一说,郑芝龙也愣住了。

"啊,有这等事情?"

"怎么回事?"博洛问,"令郎还是执意不肯前来吗?要不要我亲自去请他?"

"贝勒爷言重了!"郑芝龙道,"我那个逆子,竟然趁我不在的时候,偷偷跑掉了。"

"跑掉了?"博洛脸上掠过一丝失望的神色,又问,"那现在派人去追,可来得及?"

"这等忤逆之子,不值得贝勒爷费心费力!"郑芝龙不明白博洛为什么一再问自己儿子的事情,道,"等我回去之后,一定好好教训他!"

"那……好吧……"博洛点了点头,似乎心有不甘,却又无可奈何,"算了,不去管他了,喝酒,喝酒!"

又是一通大喝,郑芝龙已经酩酊大醉。不过他还没有忘记博洛答应他的"闽粤提督"的事情。

"贝勒爷……我有个小小的请求……"

"请讲!"

"我想……亲眼见一见,贝勒爷准备赏赐给我的'闽粤提督'的大印……什么样子。"郑芝龙口齿不清地道。

"怎么,你怀疑本贝勒?"

"不……不敢……"

"也罢,既然本贝勒有诺在先,也没有理由不答应你!这可是你自己要看的!"

博洛一声令下:"来人呀,将给郑将军准备的'闽粤提督'的黄金大印拿来!"

"喳!"

顿时,有一个侍卫端上来一个木盘,盘子上面覆盖着一块黄缎。可想而知,在那黄缎下面,就是"闽粤提督"的大印。

博洛将盘子接过来,神情肃穆地冲北面跪下,磕头禀告:"臣代圣上授印,特此禀告！"

然后，他转过身来，面对郑芝龙："郑芝龙接印！"

"臣郑芝龙，叩谢圣恩，恭领大印！"

郑芝龙跪在地上，将双手举过头顶接印。

然而，黄绶揭开，却是一双精钢铸就的铁铐。"嚓嚓"两声，严丝合缝，正好将郑芝龙的双手铐在里面。

"贝勒爷，你……这是干什么？"郑芝龙还不相信这是真的，"我郑某人真心投诚，犯了什么罪？你为什么要这样对我，言而无信？"

"好一个大胆的狂徒！"博洛面色一肃，说道，"你名为来投降，实则暗藏心计。你既然真心来降，为什么只带了这么一丁点人马？你的家眷何在？你的弟弟郑鸿逵为什么没来？还有你的长子郑森，现在何处？你谎称他已经逃走，是不是暗中带领兵马，在什么地方埋伏接应？"

"呸！"郑芝龙也勃然大怒道，"好一个满狗，分明戏耍于我！可恨我不听劝告，一世英名，竟然毁在你这个言而无信的无耻小人手里！"

他一下子站起身来，大喝一声，惊天动地，试图将铁铐崩开。

然而，腕骨几欲折断，而铁铐却勒得更紧了。外面，郑芝豹等人也早被押了进来，每个人的脖子上，都架着一把明晃晃的钢刀。

"哼，本来我还要等你那个宝贝儿子来，一起带到北京去面圣，如今只能请你先走一步了！"

当下，博洛根本不理会郑芝龙的破口大骂，连夜将郑芝龙押上早已准备好的囚车，一路北上向京师而去……

第16章
戴孝兴师

郑芝龙降清,实为其一生中最大之败笔!正所谓"机关算尽太聪明,反误了卿卿性命"!

受其连累,从日本特地来到中国、投靠丈夫的田川氏,也被突然袭击安平的清军所凌辱,最后自尽而死。

幸而郑成功先一步带着妻子和儿子,跟随叔父郑鸿逵去了金门。否则,郑氏最后的希望也没有了。

命运从这里开始将郑成功推上风口浪尖:他之前始终只是一个书生,是一个尚未真正成熟的男人。但现在,君亡、父降、母死,残酷的现实逼迫他只能焚烧儒衫,誓师起兵。他的时代开始了……

且说郑成功被叔父郑鸿逵从军营里救出来，一路快马加鞭，往安平家中赶去。

"二叔，您说我娘她病了，怎么回事？"

"哈哈，是我编出来骗他们的。不这样说，他们怎么肯放人？"郑鸿逵哈哈大笑。

"我还以为真是娘病了呢，可吓了我一跳。对了二叔，您怎么会想到来救我？"

"唉，你爹他一个人做傻事就算了，我可不能眼睁睁看着你也被他连累！"郑鸿逵赶路赶得累了，下了马，在路边的一块大石头上坐下来，"森儿，你说奇怪不奇怪，所有人都看得清清楚楚，明明白白，你爹这一去，一定是凶多吉少，满人是不会真的给他什么'闽粤提督'做的，可是他就是不相信，一定要自己送上门去！真不知道他中了什么魔？"

"这大概就是'当局者迷，旁观者清'吧。"郑成功也在叔父身边坐下来，"我爹他太依赖过去的成功经验了，以为这一次会和前面两次就抚一样，还会有享受不尽的荣华富贵。可是他忽略了最重要的一点，以前是以汉归汉，这次却是以汉降满。满人只有区区的几百万人，要他们来统治这个老大中国，他们对汉人就永远不可能真正放心。'非我族类，其心必异'，我爹少读史书，不懂得这个最基本的道理啊！"

"唉！"郑鸿逵叹息一声，"你爹苦心经营多年，好容易建立了一片基业。如今，一切都化为泡影了。什么王霸雄图，到最后不过是一场梦幻！对了，森儿，你有什么打算？"

"打算？"郑成功苦苦一笑，"还能有什么打算？爹爹一定不会放过我的。"

"那你就带上妻儿，还有你娘，跟我去金门。"郑鸿逵道。

"谢谢二叔！不过我要先回去问问我娘，看她是不是肯跟我一起走？"

他们二人又上了马，一路驱驰，返回了安平。

回来之后，郑成功立即来见田川氏。田川氏仍旧在逗着孙子郑经在玩儿，对于外面发生的事情一无所知。

"娘，我回来了。"

"福松，怎么你一个人回来了？你爹呢？"

"我爹在那里和满人相谈甚欢,还在喝酒呢。"郑成功不愿意多提父亲的事情。"对了,娘,我这次回来,想跟着二叔去金门住一段时间。您跟我一起去吗?"

"要跟你二叔去金门?"田川氏这才察觉到了什么,"怎么,不等你爹回来吗?"

"我已经和我爹说过了。"郑成功撒了一个谎,"我爹现在顾不得我的事情,让我自己拿主意。"

"你要去,就自己去吧。不过,我得在这儿等你爹回来。"田川氏道。

"还有酉姑和锦舍,我也要带他们一起去。"

"你们全家都去?"田川氏一听有些急了,"不会是出了什么事吧?可别瞒着娘。"

"没有,就是儿子觉得,满人来了以后,孩儿对他们不放心,也看不惯他们的作为。金门那边僻静一些,离满人也远一些。孩儿是出于安全考虑。"

"原来是这样啊,那你就带他们去吧。不过,可要记得常回来看娘啊!"

和母亲说了此事,郑成功又回到自己房间里,吩咐酉姑立即收拾东西。

"这么急?"

"酉姑,你还不知道呢?如果不是二叔,我这次就回不来了。"郑成功小声告诉了夫人自己被父亲挟去福州的经过。

"啊?爹为什么这么做?"

"哼,为什么?还不是怕我破坏他的计划?"

"那爹回来以后怎么办?"

"等他回来,咱们就已经在金门了。那边是二叔的地盘,只要二叔竭力保护咱们,爹也不好去那里用强。"

"那娘呢?"

"娘要留下来等爹回来。我劝她老人家跟咱们一起走,她不听。"

"那……等咱们到了金门住下之后,再回来接娘。"

"到时候再说,走吧!"

于是,简单收拾了东西,郑成功和夫人带上儿子郑经,就要动身离开安平了。

"锦舍，快给奶奶磕头！"

"奶奶，我要走了，我会想您的。"小郑经这些日子和奶奶朝夕相处，已经建立了很深的感情，因此一听说要分别，就情不自禁地哭了起来。

他脸上挂着泪花，给奶奶磕头。田川氏毕竟是老人，最受不了分离之苦，顿时也泪流满面。

"小锦舍，到了那边，要听你父亲母亲的话，要乖啊，知道吗？千万不要任性。"

"奶奶，我知道了。"

"还有，想奶奶了，就回来看奶奶，可别让奶奶等太久了。"

"奶奶放心，我一定早些回来看您！"

郑经给奶奶磕完头，祖孙二人又抱在一起，真是难舍难分。这边，郑成功和董酉姑也上来给田川氏跪下："娘，我们走了！您要保重啊！"

"你们也保重！去吧！"

二人给田川氏磕了头，站起来，带着小郑经向港口走去。那里，郑鸿逵带着手下兄弟，几艘大船早整装待发。他们走出去很远，田川氏还站在那里……

在任何人眼里，这都只是一次普通的别离。

可是，这又的确是田川氏和儿子、孙子之间的最后别离。没有谁会想到，就在接下来，会发生怎样骇人听闻的变故，怎样的痛苦和怎样的耻辱会突降安平，降落到田川氏这个与世无争的女人身上。

这一夜，田川氏睡得很安稳，甚至还做了一个美丽的梦，梦到又回到了平户，梦到自己的少女时代，和郑芝龙在一起，那段幸福旖旎的时光……

美丽的梦境总是短暂。正当她沉浸在梦境中时，却突然被一阵大地的颤动惊醒了。

那是千万只马蹄一齐叩击地面所发出的颤动。天刚刚放亮，满人的铁骑已经将安平团团包围。

满人的目标很明确，直奔郑芝龙府上。他们所要的，就是郑芝龙多年来积攒的财富……

从一开始，满人就觊觎郑氏家族的财产，妄图将郑氏二十年来纵横海上、横夺强取的无数金银财宝，全部据为己有……

铁骑翻飞，箭矢如雨。

偌大的府上，此时除了田川氏，就只有几个下人。

面对危险，几个下人惊慌失措，还不知道发生了什么，就纷纷中箭，死于非命。

现在，只剩下田川氏一个人了。

静，一片死一样的寂静。田川氏在这寂静中，嗅到了死亡的味道。

曾经以为来到中国，依靠丈夫、儿子，自己的后半生可以过得幸福、安详，但如今，一切都已成空。

也许这就是命吧！田川氏想。在最后一刻灾难降临之前，儿子和孙子从容地离开了这片死亡之地。对此，她已经足够感激。

她这一生，并不算漫长，然而她的经历已经足够丰富多彩。她对命运从无抱怨。

她来到中国，见到丈夫功成名就，儿子长大成人，成家立业，一切都再完美不过。

她现在只有一点小小的牵挂，就是日本那边的七左卫门。他怎么样了？他是不是能照顾好自己，是不是也在思念远在中国的母亲呢？

本来，田川氏还在等待，等待儿子来到中国，他们一家真正的团圆。

但是现在，显然这一切都不可能了。她最后的心愿不能达成了，但是人活一世，又有谁的心愿是能全部达成的呢？

她现在正面临着最后的死亡，而她要怎样地死去呢？她将怎样离开这个世界呢？

"哈哈，好一位美人儿……"

身后传来一阵狞笑。一位满脸横肉的满人官员，目光淫邪地盯着田川氏，嘴里发出野兽一般的声音。

他贪婪地看着田川氏，恨不得一口将她吃下去。田川氏虽然不再年轻，然而因为保养得法，看上去也就是三十多岁。尤其她是日本女人，有着和中国妇人不同的风韵。满人官兵都是许久没有沾过荤腥的，一个个情欲勃勃，恨不得立刻扑上去，将她的衣服撕成碎片。

"快说，你是什么人？"满人官员按捺住自己的性子，咽着口水，问道，"郑家的金银财宝，都藏在什么地方？"

"呸！"田川氏轻蔑地吐了一口唾沫。她根本不屑去多看这些虎狼之徒一眼。

她冷冷的神色，激怒了满人官员。他粗暴地上来，一把将田川的衣服扯住："你到底说不说？"

"刺——"

田川氏的衣服，被他用力一扯，撕裂开来，露出如雪一样晶莹的肌肤。在场的满兵一个个眼珠瞪得如灯笼样儿，眼珠子几乎掉出来。

"哼！"

田川氏不甘示弱，她虽然从来没有练过武功，可是作为女人，本能的挣扎还是有的。她狠狠地在那个将官的手背上咬了一口，疼得那将官"啊"一声，跳了起来。

"妈的！"

满人将官大怒，兽性发作，不顾满手鲜血，抬起手来，"啪啪"两个耳光，将田川氏打倒在地上。然后，他口中"嗬嗬"叫着，三下两下，将田川氏的衣服，剥了个精光。

"天哪！"

田川氏在十几个男人跟前，羞愧难当。她想挣扎起来，却见那个将官已经脱去上衣，露出胸口的黑毛，面目狰狞，向自己逼迫过来，她一急之下，顿时晕了过去。

淫笑声，粗重的喘息声，身体被撕裂的疼痛，还有巨大的羞耻感，一直在刺激着她。如同置身在一场可怕的梦魇中，她惊悚异常，可就是不能醒来……

后来，也不知道什么时候，周围安静下来。静悄悄的，没有一点声音。可以听到外面风吹过的声音，还有不知名的昆虫的鸣叫。

她醒了过来,通身上下,冰凉刺骨。她挣扎着坐起来,身下一摊鲜血……

"他们糟蹋了我,这些畜生……"

她这么多年来,从来没有骂过人,也不会骂人。因此,她只是感觉到愤怒、屈辱,却不知道如何表达这一切。她不恨他们,只是恨自己的丈夫。是他,不顾一切,非要去投降满人,才造成今天的局面。

"他现在在哪里呢?"

身体已经麻木,疼痛和寒冷都已经不能对她起什么作用,思想也近乎僵硬。她呆呆地想着:"他是正在明亮的大房子里,和年轻的女人们寻欢作乐,喝酒跳舞吗?"她熟悉他,知道他是一个怎样的人。正因为如此,对于他投降满人,她才一点都不奇怪。她从来也不去问他的所作所为,也知道阻止不了他。从他多年前在日本,策划起事,谋取幕府,一直到今天投降满人,他始终没有变。他从来都不可以用常理来揣度,也从来都是她捉摸不透的。她只是爱他,那么不可挽回地爱他,爱这个谜一样的男人。

"他一定不会回来了……"她头脑里这个意识越来越清醒。她知道自己再也见不到他了。

"也好,我这个样子,也没有脸再见他了……"她近乎麻木地起身,去衣柜中拿出来一套鲜艳的日本和服,那是她在离开日本的时候,特地新做了一套,带到中国来的。来了之后,只穿了一次,就再也没有穿过。

就是那一次,在那个久别重逢之夜,她将自己最美丽的一面,都展示给了丈夫。

现在,她又一次穿起了这套衣服,似乎还能从衣服上嗅出日本的樱花和泥土的味道。

那是家乡的味道……

她穿戴整齐以后,从墙壁上取下来一把刀,然后脚步蹒跚,踏出了房间。

外面一片漆黑,星月无光。

经过供奉"妈祖"神像的房间,里面灯火摇曳,长明之灯,似乎也即将熄灭。

多少年来,每天都要向"妈祖"祈祷的田川氏,今天却看都不向那里看一眼。

下部 千秋伟业

她踏出了郑府的大门,向海边走去。她头脑一片空白,所想到的只有死亡。

她来到了海边,这时候月亮出来了,冰冷的月辉洒下来,照着这个将死之人。

她在海滩上坐下来,按照日本人的仪式,她将选择切腹而死。质本洁来还洁去,她的身体已经被玷污了,她要将自己的肚子剖开,将里面的肠子拿出来,洗干净了,再放进去。她要纯洁地、一尘不染地离开这个世界。

"再见了,阿龙……"

她最后一次在心里轻轻呼唤这个名字。这个给她的人生带来幸福,也带来痛苦的名字。

"再见了,福松……"

她曾经那么用心地教育这个儿子,如今终于见儿子长大成人,她心愿已足。

"再见了,次郎……"

她唯一的牵挂就是这个还没有成家立业的孩子,不过,她相信他一定会有出息的。

"再见了,我的小锦舍……"

她终于在有生之年,见到了自己的孙子,并且一起度过了这么多个日日夜夜。她知足了。

人生本就残缺,一个人一生能得到这么多的安慰,已经足够!

她面对着日本的方向坐好,然后毫不犹豫地将刀子刺进了自己的腹部……香魂一缕,随风而去。

夜风呜咽,海涛阵阵……

三天后。

当安平失守、母亲田川氏被辱而死的消息传到金门,郑成功大叫一声,昏死倒地。

等他醒来,不顾众人的劝阻,眼睛里喷着火,声嘶力竭地吼着:"我要给我娘报仇!"

他一刻都不能等待,于是郑鸿逵给了他三千人马,郑成功带着这三千人马立即赶回安平。

从海上抵达安平港口，船还没有停稳，郑成功就从甲板上跳了下来，涉水登岸。

"娘，不孝儿回来了！"

郑成功跌跌撞撞，奔向自己家中。郑府上，好心的人们已经将田川氏在海边的尸体抬了回来，在厅上设了一个简单的灵堂。郑成功一进灵堂，就跪倒在地：

"娘，孩儿来迟了！孩儿千不该，万不该，不该将娘一个人留下来啊！"

他将自己的头，在母亲的棺材板子上撞得"咚咚"直响，额头上鲜血直流。

哭了一会儿，他才想起来什么，上前打开棺材盖子，去看母亲的遗体。

母亲的遗体被海滩上的水冲刷得干干净净，她的面容那么平静，那么安详……她已经没有了恨，也没有了怨，她的一缕香魂，已经漂洋过海，归于故土……

"国姓爷，事已至此，哭亦无用。还请节哀，保重身体！"

一位将领上前劝道。

郑成功哭了一会儿，灵台也清明过来。"你说得对！"他站起来，强抑哀伤，说道，"我还要保留有用之身，跟满人决一死战！"

看着母亲的遗体，他对母亲暗暗发誓："娘，您在天有灵，且慢走一步，孩儿这就为您报仇！"

经过一天的准备，制作好了白衣白甲，葬礼在第二天举行。天空阴沉，海滩上三千兵士，无不身着白衣，如同下了雪一样。

不但是郑成功和他的部下们，还有安平的父老乡亲也都来了，为这个仁慈而善良的日本女人送行。

天地肃静，没有一丝的风。只有海浪滚滚而来，拍打着岸边的礁石。

一片肃穆中，郑成功亲自上前，最后一次为躺在棺材里的母亲整顿衣裳。

"娘，您放心地去吧！孩儿送您上路了。"

他久久地、仔细地端详母亲的遗容，似乎要将这副面容永远地刻在自己心底。

然后，他就亲手合上了棺材盖子。四个角都被长长的钉子钉死之后，几条大汉将棺材抬起来，往海中走去……

"娘，您放心地去吧……希望您尽早回到家乡，等孩儿为您报仇之后，就回去和您,还有次郎团聚。到时候,我们再也不分开了……"

随着他的祈祷,一阵波涛汹涌。巨大的浪打来,将田川氏的棺材席卷而去。犹如什么无形的东西在下面推着,向着日本的方向,随波逐流而去,越来越远……

天地昏暗,电闪雷鸣,瓢泼一样的大雨,将每个人都浇成了落汤鸡。

葬礼结束以后,郑成功回到家中,将自己当年读书时候穿过的青衣和儒巾拿出来,就在海滩之上,点火焚毁,然后对天起誓:

呜呼先师!

国家已矣!

父谏不听,

母死非难,

成功之罪,

其曷可逭!

谨谢儒服,

以矢厥志。

呜呼先师!

昔为孺子,

今为孤臣。

仗先师灵,

宏济大难。

其济,国民之福;

不济,成功之罪。

呜呼先师!

实式凭之!

郑成功祷告完毕后,一连磕了三个响头,然后站起身来,满脸悲壮,对手下喝道:"将咱们的大旗张挂起来!"

立刻,旁边几个部下,展开一幅大旗,上面写着四个大字——杀虏报国。嘹亮的口号声随即响起来:

"杀虏报国！"

"杀虏报国！"

……

虽然只有三千人，气势却颇雄壮。看着旗帜在风中凛冽招展，每个人心中，都觉得一股英雄气在激荡，纵横驰骋。

郑成功注视着那旗帜，思绪滚滚，眼睛湿润了，视线也渐渐模糊。心中，一个声音越来越响，越来越强：

"上苍保佑，列祖列宗保佑，保佑我郑成功，一定要把满人赶回关外去。替父亲报仇！替母亲报仇！替千千万万惨死在满人铁蹄下的百姓报仇！报仇！报仇……"

"出发！"

随着郑成功一声令下，部下们都登上了战船。战旗飘扬，一行人很快消失在茫茫的大海中。

这是大明复兴的最后一线希望，在惊天骇地的波涛中穿梭，逐浪而行。远去了，远去了，只剩下一个小点。小点也消失了，只有海水，一望无际的海水，还在咆哮着，翻滚着，永不驯服……

第17章
风云崛起

  郑成功终于举起了义旗,开始独立创立自己的事业。只有这时候,他才知道父亲当年的崛起是如何不易。

  个人的声名当然很重要。依靠"国姓爷"三个字,他招募了最初的人马。但是,这支部队根本不足以成就大业。

  上天赐予你成功的机会才是最重要的。幸而天不弃郑成功,在他屡战屡败之际,给了他一个人才:施琅。施琅也是一代将才,才能不在郑成功之下,只可惜命运不济。跟随郑芝龙降清,又被李成栋胁迫反正,最后被发回福建,险些在途中被李成栋派人截杀,幸而郑成功救了他。

  作为报答,也为了证明自己,施琅帮助郑成功策划袭击厦门,杀掉了郑联。这是郑成功第一次有了一个正式的根据地。然后在施琅的帮助下,郑成功迅速崛起,二人将帅同心,似乎大事指日可成……

郑成功终于要独立做一番事业了。但是他却发现,自己除了"国姓爷"的空头名号和一个"招讨大将军"的金印,其他真是要什么没什么。

本来,郑氏部队有二十万之众,但如今却分为了三处:一处跟随郑芝龙降清,大约十一万人。目前这支军队由郑芝豹统领。第二处跟随郑彩去了厦门,这一处大约五六万人。郑彩在厦门得知郑芝龙被满人挟持北上,就转投新主,选择拥护鲁王政权。第三处则是跟随郑鸿逵驻扎在金门的部队了。这一处大约三四万人。郑鸿逵年岁渐大,身体也不那么硬朗了,因此他只是要守住金门这一片弹丸之地,再无向海上争霸之意。

三处军队,都没有郑成功的份儿。谁也不会将军事指挥权交给郑成功这么一个弱冠书生。所以,郑成功要想成就事业,就必须自己拉起来一支队伍。

郑成功第一个想到的地方就是南澳。南澳是当年郑芝龙盘踞之地,后来郑芝龙就抚,留下部将陈豹镇守。陈豹亦是南安石井人,对郑氏忠心耿耿。

事不宜迟,郑成功立即动身,仅仅带着自己的几百名亲兵,奔赴南澳。

这一日船行海上,来到距离南澳不远一个叫烈屿的小岛上。隆武遗臣曾樱、张肯堂、陈辉、洪政、杨才、张进等人,不愿意跟随郑芝龙降清而退居此处,正愁推选不出一个众望所归的领袖,继续中兴大明的伟业。如今见了郑成功来到,无不大喜。

"天幸国姓爷来此相会,真乃天不灭大明,我等从此有主矣!"

于是,一众将官,共同拥戴郑成功为首领,就在这小岛之上,陈设隆武皇帝灵位,众人齐齐跪拜,同声盟誓:

> 皇天后土,
>
> 大明列帝。
>
> 四方神灵,
>
> 共为见证:
>
> 我等罪臣,
>
> 掬泪滴血,
>
> 沥诚竭忠,

下部　千秋伟业

在此起誓：

祖宗荣光，

创立基业。

子孙不孝，

尽失山河。

丧家之犬，

待亡之人，

不复故国，

毋宁一死。

吾等同心，

誓兴王师，

北上中原，

驱除满虏！

每个人都咬破手指，滴血入酒，将血酒喝了之后，正式商议中兴大计。

正当群情昂扬的时刻，忽然有人来报：从海上驶来巨舰二艘，上面打着"郑"字旗号。或许是从日本方面驶来的郑家商船，不知上面所载何物。

"太好了，我正愁无粮无饷，此天助我也！"

于是，郑成功立即带着亲兵，乘坐小船迎上去。来到大舰之旁，高声叫喊：

"快快停船，郑家少主在此！"

两艘巨舰泊下之后，郑成功登船视察，一问，才知道这两艘船是郑芝龙一年之前亲自派去日本的。除了对日贸易，还兼有一项重任，就是向日本幕府借兵，希望日本出兵中国，一起帮助抵抗满人。另外，郑芝龙还命令在日本购买特制的坚硬盔甲一千副，以应对满人的弓箭。

这些都正好帮了郑成功的大忙，尤其令郑成功兴奋不已的，是两艘船此次日本之行，将货物出清以后，所赚利润白银十万两，正可充作募兵饷银。

"老主人已经中了满人奸计，被掳去北京了。安平也已经被满人袭击，无法安身！尔等此后就跟随我一起兴兵反清，为老主人报仇吧！"郑成功道。

"是！"

于是这两艘大船上的将士和十万白银，以及一千副盔甲，都归了郑成功。

得此意外之助，郑成功大喜，立即整束队伍，率领众人离开烈屿，直奔南澳岛。

岸边上，在此镇守的总兵陈豹得到消息，亲自在此迎接。

"陈豹恭迎国姓爷！"

他的个头不高，然而身材肥大，尤其肚腹，足有三尺六，如同一个滚圆的肉球。别看他体态笨拙，却本领高强，水战、陆战，样样精通，是郑芝龙军中数得着的猛将之一。郑芝龙离开南澳，将镇守此地的重任交给他，当地人亦对这位矮胖大人尊敬有加，都称他为"三尺六大人"！

"陈将军快快请起！"郑成功连忙将他扶起来，"我常听父亲对我说，要抽时间带我一起到南澳来，和这里的众兄弟大碗喝酒，大块吃肉，一醉方休！却不料今天我们是在这么一种情形下相见，实在令人心痛啊！"

"国姓爷不必担心，老主人福大命大，多少的大风大浪都过来了，这一次也不会有事的。"陈豹安慰道，"只要我有一口气在，就要打到北京去，将老主人救出来！"

陈豹领着郑成功向总兵府走去，不多远，首先迎面见到一处高大的石头牌坊，高近十米，气势恢宏，上书四个大字——郑芝龙坊。

"国姓爷，这就是当年饶平知县万邦俊以及饶、澳官民为感念老主人之功德而修建的'芝龙坊'！"

听了陈豹的介绍，郑成功当即跪地磕头，然后又起身仔细察看牌坊，尤其看到背面匾刻上"玉关独镇，铜柱永标"八个大字，不由泪水滚滚，一声长叹："唉，真想不到父亲聪明一世，糊涂一时。"

"也许老主人自有他的打算，但最可恨的是满人言而无信，奸诈欺人。我陈豹一定要替老主人报仇！"

当下，来到总兵府上，这里尚且留有郑芝龙在这里留下的种种痕迹，陈豹给郑成功一一介绍，二人又是一阵唏嘘。

这天晚上，郑成功就在父亲住过的衙署里住下，呼吸着父亲的旧日气息，耳边听着阵阵涛声，一夜难眠。

第二天，在总兵府门口的一棵大榕树下，郑成功正式开始招募义兵。他别出心裁，在大榕树下面，分左、右摆开两样东西：在左边是一碗清水、一把剑、一根蜡烛，还有点火之物；在右边，是一个重两百斤的石锁。郑成功亲自宣布：能举起石锁者，入伍为兵；能解开左边之谜者，为将。

一时间，父老乡亲蜂拥而来。众多的青年人都跃跃欲试，很多人上来试着举起那二百斤的石锁。

一上午，有五十个小伙子通过了石锁考试，正式加入"郑家军"。可是左边的谜语，却无一人能破解。

直至晌午时分，忽然来了一个人。此人身材高大，穿着一身粗布衣服，头顶斗笠，似乎只是个普通渔民。然而在斗笠下面，一双眸子炯炯有神。他挤在人群中，看了一会儿郑成功摆出的谜语，忽然排众而出。

只见他来到近前，也不说话，拿起长剑，"嚓"，一剑将盛有清水的碗击得粉碎。接着，放下剑，又用引火之物，点燃了蜡烛，就静静地站在那里。

"壮士，请这边说话！"

郑成功亲自将那人叫过来，"壮士高姓大名？"

"小人姓陈，叫陈永华，祖籍同安。仰慕国姓爷大名，特地来此投奔。"

"不知壮士何以以剑击水，引火燃烛？"

"以剑击水，这是叫做'反清'；引火燃烛，这是叫做'复明'。国姓爷的意思，不是号召大家，反清复明吗？"

"哈哈，壮士果然深知我心！"郑成功大笑起来，"所谓千军易得，一将难求，壮士若不嫌弃，就跟随我做个参谋吧！"

"是！小人愿意誓死追随国姓爷！"

一连三天，郑成功总共招募青壮兵士两千名，将领二十余人。郑成功亲自率领这支队伍，日夜操练。

在南澳建立了自己的第一个根据地，有了自己的队伍之后，郑成功大受鼓舞,又来到安平招兵买马。

安平毕竟是郑氏多年经营之地,因此,郑成功一拉起"招贤"的大旗,很快远近百姓,望风来投。

这其中有一个老者,是已经花甲之年的沈佺期,不甘心被满人欺凌,也变卖家产,自己招募了一支千人义师。听说郑成功来安平募兵,沈老人就将自己的这支部队拉来,全数归入郑成功部队。

"老先生,以您之德高望重,名动一方,倘若投向满人那一边,必然有享不尽的荣华富贵,何必投身军旅,再受劳苦?"

"国姓爷,岂不闻'良禽择木而栖,贤臣择主而仕'。满人灭绝人性,残害百姓,岂值得我替他们效命?我这把老骨头,生是大明人,死是大明鬼!国姓爷兴兵反清,复兴大明,我自当竭尽忠诚,以死相助!"

"老先生深明大义,请受小子一拜!"

郑成功钦佩不已,就在众目睽睽之下,给老人家跪下,沈佺期也慌忙跪下:"不敢当,折杀老夫了!"

于是,郑成功当众宣布:由沈佺期来总理军中机要,一应大事,都由这位老先生作主。众人见郑成功如此礼贤下士,敬重爱惜人才,更加赞叹不已。不几日,在安平又招募了三四千人。

不说郑成功招募水、陆二师,苦心训练队伍,单说满人,在不战而取福建之后,马不停蹄,又立即派出博洛的大将佟养甲,汉人先锋李成栋,率领投降的郑芝龙部队主力将领施福、施琅等,从福建撤离,直扑广州。当时,广州在隆武皇帝被杀后,刚刚成立了一个绍武政权,隆武皇帝的弟弟被拥立,然而这个绍武政权却只忙着和在广西成立的永历政权自相残杀,最后,当清军兵临城下,绍武政权已经没有什么抵抗力量,一战而溃。

绍武皇帝被杀,如今全国上下只剩下一个永历皇帝了。作为镇压汉人急先锋的李成栋又被委以重任,从广州急扑广西,追击永历政权。但是广州初定,满人的统治并不稳定,很快又爆发了大规模的起义。结果李成栋又被迫返回广东,这就让永历皇帝得以逃过大难而生存下来。

李成栋平定广东之乱，战功赫赫。然而有一件事情却令他大为不满：他以为两广总督非他莫属，却不料最后任命下来，担任两广总督的人反而是佟养甲。李成栋大怒，立即胁迫佟养甲归顺大明，改正朔，并且公然迎接永历皇帝到了广东。不知道李成栋这一惊人之举，是不是受了郑芝龙启发，总之他坐镇广东，将永历皇帝牢牢地控制在自己手上，一时大权独揽，风光无限。他于几个月后和清军作战失败，在渡河时失足落水，结束了自己的疯狂一生。

　　李成栋攻占广东，在他手下的施福、施琅部队是绝对主力，可是也因此得到李成栋的忌惮。李成栋"反水"，将广东看做自己的地盘，大力排挤施福、施琅等福建籍将领，明里奏请皇帝下诏，将施福、施琅等遣送回福建，暗里却派了人去半路截杀，要一举将施福、施琅等除掉。

　　仙霞关上，施福、施琅等刚上得第一道关来，忽然从头顶上滚石、巨木，轰隆而下。欲要回头，下面也被如雨箭矢射住。

　　"尔等何人？"施琅不曾想在返乡途中，会遭遇这等凶险，又惊又怒，"我施琅与尔等何仇何怨，要置我于死地？"

　　"哈哈！"对方一阵狞笑，"李成栋大人早看你们不顺眼了，忍到今天，已经让你们这些家伙活得够久了！"

　　"呸，你回去告诉李成栋，就算我等今日毙命于此，我施琅阴魂不散，也必然去找他算账！"

　　可是，施琅已经没有机会了，从头顶上又投掷下来燃烧的木柴，顿时火焰熊熊，山路陡峭，根本无处闪躲。

　　无奈，施福、施琅叔侄二人抱头痛哭："我等英雄一世，想不到今日命丧小人之手！哀哉，痛哉！"

　　正在紧急时刻，忽然头顶上传来一阵厮杀之声。片刻过后，一片寂然。

　　接着，有人在上面高声呼喊："请问，下面可是施大人吗？"

　　"正是。"

　　"太好了！"上面的人欢呼道，"我等奉国姓爷命令，特来接应，总算没有来迟！"

这边,夹击施福、施琅的李成栋部,眼看不好,只能悻悻而去。

来到上面,施福、施琅和郑成功派来的人会合,谢了救命之恩,又问明郑成功现在鼓浪屿,就要去投奔。

可是,下了仙霞岭之后,施福却突然改变了主意。"阿郎,你一个人先去国姓爷处,我回去整顿兵马,然后再去与你会合。"

"叔父不去见国姓爷吗?"

"不了,你代我叩谢国姓爷救命之恩,就说我施福无以为报,特地回去整顿旧部,送给他一支水师!"

"那好。"

其实施福除了他说的,内心还有一层忌惮,就是当初郑芝龙降清,他是第一个支持之人,而且暗地策划,为郑芝龙坚定了不少的信心。所以,他害怕万一郑成功追究起来,会问他的罪。

但这位追随郑芝龙多年的老臣显然是多心了。郑成功对于自己父亲麾下的这支王牌之师归来,实在是期待已久。

因此,当施琅等人被带到郑成功所盘踞的鼓浪屿,郑成功一听说施琅等人安然到来,亲自出来迎接。

"罪将施琅,多谢国姓爷救命之恩!"

施琅和叔父在跟随郑彩镇守分水关的时候,曾经不服从郑成功节制,而私自撤兵,所以自称"罪将"。

他一见到郑成功,就抢上去跪倒磕头。在他身后,一众追随将领,也都一齐跪下:"叩谢国姓爷!"

"众家兄弟请起!"郑成功连忙扶起施琅,然后又一一扶起众人,"都是自家兄弟,何必如此多礼!"

他又拉着施琅的手,关切地问道:"施大哥,为什么只有你一个前来?施叔叔呢?为什么没有一起来?"

"叔父让我代他叩谢国姓爷,大恩不言报,叔父说国姓爷正在用人之际,一定需要人手,他回去召集兄弟,要送给国姓爷一支水师!"

下部　千秋伟业

"太好了！"郑成功大喜，"施叔叔亲手训练出来的水师，那可是海上第一等的精锐！有施叔叔的水师，再加上施大哥你的陆上'虎骑兵'，何愁大事不成？看来真是天佑大明，汉室不灭啊！"

当即，郑成功摆设筵席，亲自宴请施琅等众将。席间，施琅将自己的部下介绍给郑成功，无不是一时之俊杰。

不等酒席结束，郑成功就迫不及待地宣布，拜施琅为左先锋，军中大小事宜，都要与他讨论。

第二天，郑成功早早起来，在日光岩上练习了一套剑法之后，就静静伫立，眺望着对岸的厦门出神。

厦门亦是郑芝龙盘踞多年、得以纵横海上的一个重地。尤其郑芝龙是以海上贸易起家，而厦门港口优良，商贸繁荣。郑芝龙二十万大军所需要的粮饷，倒有一半以上需要从这里筹集、转运。

如今，随着郑芝龙降清，这里就成为了郑彩和郑联兄弟的私人地盘。郑彩和郑联因为对隆武皇帝不满，所以早有另投他主之意。隆武政权一倒，他们就选择了跟鲁王监国政权合作，而且郑彩和郑芝龙用了一样的手腕，将鲁王监国弄到了厦门，以牢牢掌握在自己的手上。但鲁王监国原来的拥立者反对郑彩这么做，劝说鲁王监国离开厦门，郑彩生怕自己的政治投资血本无归，只能跟随鲁王监国出征，而且打了一些胜仗。他也因此自我膨胀，最终和鲁王监国的文武群臣都发生了矛盾，在采取了激烈手段，杀了一些人之后，他被彻底排挤，只能悻悻而归。

施琅也早早起来了，看到郑成功在这里，就过来站在他身边。

"国姓爷在看什么？"

"没什么。"郑成功道，"我不过是在想心事而已。"

"哦？国姓爷有何心事，可否说来一听？"

"唉，我在想，自从我起兵以来，虽然胸怀大志，要逐鹿中原，恢复汉室，然而两三年间，不过奔波劳碌，虚度光阴而已！到头来，依旧是无城无池，只能在这么一个小岛上暂且栖身。照此下去，大业何年得成？"

"是啊，浅水容不下蛟龙，国姓爷是人中之龙，所做的又是惊天动地的大事业,自然需要一个广阔天地。"

"可是,天下哪里有这样的地方?"

"远在天边,近在眼前。国姓爷眼前,不就有这么一个地方吗?"

"你是说厦门?"郑成功叹了口气,"唉,我又何尝不知道,取厦门为家,可以安四海,平天下。这里亦是我父亲赖以发迹的安身立命之地。只是,一来这里兵多粮广,防守严密,守将皆能征善战之士,战船又十倍于我,以我等目前这点人手,若施以强攻,根本不可能得手;二来再怎么说,郑家兄弟和我还是名义上的自家兄弟。手足相残,未免令人耻笑!这样的事情,我做不出来。"

"国姓爷差矣!"施琅劝道,"国姓爷是顶天立地的男子汉、大丈夫,难道还在乎别人去怎么议论?国姓爷岂不闻,大丈夫所患者,唯有功名不立!当年孙子初出茅庐,不也是杀了吴王阖闾的两个美姬,以演练自己的兵法?吴起以母自誓,杀妻求将,最后不也成就一番事业?至于说手足相残,国姓爷难道忘记了玄武门兵变?连唐太宗李世民,不也对自己的兄弟下手?再说本朝的成祖皇帝,不是也夺了自己侄儿的皇位?可是他们并没有因此而招来齐声唾骂,千夫所指,为什么?就因为他们之所以这么做,是为了要成就大事。要成大事,就必须不拘小节!"

"施大哥所说甚是!"郑成功点了点头,其实他和郑彩、郑联,也不是石井郑氏一族之内的兄弟。郑家兄弟是高浦郑氏,和石井郑氏,虽然都是同一个"郑"字,却只能说五百年前是一家而已。

"可是,郑家兄弟将这里当做命根子、眼珠子一样,虽说是我父亲的旧日基业,他们却绝不会容许我染指半分!"

"只要国姓爷下定决心,就一定会有办法。"施琅信心十足地道,"人人都说郑家兄弟英雄了得,在我眼中看来,不过是宵小之辈,不足挂齿!"

"话虽如此,还需要从长计议!"

就在二人这番谈话后不久,忽然有一天,一个人来到了郑成功处。这个人叫郑芝鹏,是郑成功的族叔。

当年,郑成功从日本初回安平老家,因为父亲郑芝龙的府上一天到晚人来人往，喧嚣不已，不利于他读书学习，所以就暂时住在叔叔郑芝鹏的家中。郑芝鹏对这个侄子喜欢得不得了，尤其后来郑成功连连考中头名，科举顺遂，更让郑芝鹏觉得脸上有光，一天到晚说此子前程远大，不可限量。

郑芝龙降清，郑芝鹏和很多人一样，从心底不赞成。他选择了跟随郑彩和郑联兄弟退往厦门。

然而，在厦门，郑芝鹏却很快对郑家兄弟看不惯了。郑彩过于刚愎自用，手段又太过毒辣。而郑联呢，一天到晚花天酒地，只知道寻欢作乐，作威作福。二人都不将郑芝鹏放在眼里。

郑芝鹏哪里能咽下这口气？明明是郑家的基业，却被这对兄弟私吞，还这么趾高气扬，不可一世，也太过分了吧？

因此，这天郑芝鹏趁着郑彩不在厦门，而郑联只知道沉湎酒色，不理军务，郑芝鹏就悄悄来见郑成功。

"贤侄，难道你要一辈子待在这个小小的鼓浪屿上吗？现在正有一个机会，何不取厦门为家？"

"哦，叔父何出此言？"

于是郑芝鹏介绍了厦门的情况。原来由于大旱，粮食欠收，厦门的三军将士已经闹起了粮荒和饷荒。郑彩和郑联兄弟在百姓中间横征暴敛，将老百姓压榨得苦不堪言，却还是无济于事。

为了彻底寻求解决之道，郑彩遂带一军外出，伺机去攻打州城，劫掠粮草兵饷，只留下郑联看家。

"郑联乃酒色之徒，不谙军务，倘若贤侄此时倾力攻取，再由我从中接应，一定可以袭取厦门！"

"这果然是个好机会！"郑成功大喜，但他还是有些担心，"郑家兄弟虽然残暴荒淫，不得人心，可是，他们的部下毕竟都是跟随我父亲多年的生死兄弟，要我去和这些老兄弟作战，我于心不忍啊！"

"国姓爷不必担心，我有一个主意。"旁边，施琅忽然献上一计，"强攻不能，何不智取？"

"如何智取？"

"郑家兄弟不是允许国姓爷可以停船泊岸吗？如今那边又正好闹粮荒，国姓爷何不带领四只大船，上面装满粮食，作为诱饵，要求停泊上岸？那郑联听说国姓爷带着粮食到来，一定会生出贪念，纵国姓爷长驱直入！到时候，再安排诸位兄弟，整顿战船，假扮成商船，停泊于周围岛屿，只等国姓爷上岸之后，相机而动，倘若有变，一举擒郑联而杀之，不就大功告成了吗？"

"这是吕蒙用计赚荆州啊！"郑成功道，"计策虽好，可是我不想就这么杀郑联，以弟杀兄，终非善举。"

这时候，一直在旁边的另外一个叔叔郑芝莞也说话了："贤侄，所谓机不可失，失不再来，这样的机会，实在是不可多得。至于杀郑联之事，我看也是不可不为。毕竟其部卒众多，皆恋旧主。如果不杀郑联，不断眷念，恐生变乱。一旦生乱，我等如何全身而退？所以非杀郑联不可。其他的事情，贤侄完全不必考虑那么多，建成、元吉，一母同胞，尚且被李世民所杀，何况郑联兄弟与我石井郑氏非亲非故，并无半分血缘上的亲情。所谓兄弟云云，不过虚名而已！"

"好，那就这么定了！"

听叔父郑芝莞也这么说，郑成功最后下定了决心："那就如此如此布置。明天是中秋之日，正好前往！"

经过一番周密的策划，第二天，郑成功带着施琅、甘辉、洪政、杜辉四人，率领四只大船，每艘船上装了大米二百石，一共是八百石，以中秋馈赠为名，往厦门而来。其他船只，各去就位。

却说厦门这边，郑联自从大哥郑彩走后，一个人更是肆无忌惮，每日里都纵情酒色，歌舞甚欢。

这天日上三竿，郑联刚起来，忽然得到通报，说郑成功带着八百石大米来探望、馈赠，郑联大喜：

"快请！"

见面之后，郑成功执礼甚恭，以弟之礼参拜郑联："小弟见过兄长，因今日中秋佳节，特来相聚！"

"自家兄弟,何必多礼?对了,听说你带了八百石大米来,在哪里?"

"在船上,还没有来得及卸下。"

"太好了,我这就安排人去卸下来。"

郑联最关心的就是粮食,不过,他也不是全然没有戒备,将一个心腹叫到跟前,在耳边悄声嘱咐几句。

郑成功知道,他一定是吩咐趁机查看船上,有没有携带刀枪之类,以防止郑成功玩什么花样。

对此,郑成功佯装不见,只是和郑联分宾主坐下,聊起家常。很快,那个心腹回来了,在郑联耳边报告。

郑联听说船上只有粮食,并无兵器,郑成功随身所带,亦不过区区的八十个人而已,大为放心。

"来呀,摆开宴席,我要和兄弟们痛饮一场!"

很快,宴席摆开,郑联和郑成功坐在上席,其他兄弟分列东西两边。两排长桌,上面美酒佳肴,应有尽有。

"来,到了我这里别拘束,大家喝个痛快!"

郑联一副地主派头,似乎这里根本就是他们郑家兄弟的,而不是郑芝龙的基业。对郑成功这个少主,一点都不放在眼里。

"喝酒,喝酒!"

郑成功似乎也并不以为意,反而一口一个"兄长",将郑联叫得心花怒放,一高兴酒就喝得没数了。

这一顿酒,从中午一直喝到太阳西斜。到了晚上,因为要赏月,郑联特地邀请郑成功来到城东二三里许一处叫万石岩的地方。

从名字就可以听出,这里奇石遍地,风光秀丽。尤其一个叫做"小桃源"的山洞,洞内有清泉流出,空间宽敞,郑联因为喜欢这里,竟然在里面进行了精心的布置,安放了石凳、石床。酷暑时节,就在这里消夏度日,和他所喜欢的歌姬在这里终日寻欢作乐,过着神仙生活。

因为这天正值中秋,来到"小桃源",自然又是一番光景:明月在天,月色如水。月光下，站在"小桃源"洞口，俯视下面千峰万石，心旷神怡。再加上泉水淙淙，让人如临仙境。

"贤弟，你看我这个地方如何？"郑联得意地问。

"兄长真是会享受啊！"郑成功叹息一声，"今夕何夕？到了这里，就是有多少的人间疾苦，也都不去管了。"

他这话中暗带讥讽，郑联却听不出来，得意地用手指着下面的一块块石头问郑成功："贤弟看这副景色像什么？"

"像什么？"郑成功一时领会不到。

"哈哈，你不觉得这些石头像一个个文武大臣，手中捧着玉笏，在下面站班吗？"郑联狂妄地道。

"这么说，兄长之志，不再做人间的君主，而要做天上的帝王了？"

"哈哈。"

郑联得意忘形，却没有注意到，跟随在郑成功身后的施琅、甘辉、洪政、杜辉四人，分作两队：洪政和杜辉在山脚，施琅和甘辉在山腰，不知不觉将上山来的路都封锁了。郑联身边只剩下了几个心腹，以及特地唤来侍奉宴席，准备在宴席上表演歌舞的几个姿色过人的美姬。

"来人呀，上酒！"

郑联是个标准的酒色之徒，身处险境，却一点都没有察觉，自顾又早端起了酒杯："贤弟，来，喝！"

他将杯中酒一饮而尽，郑成功却没有喝，而是将一杯酒端到洞口，遥祭北方，然后泼在了地上。

"贤弟这是何意？"

"这杯酒，是敬我大明历代祖先。"郑成功正色道，"如此月明之夜，难免睹月伤情，兄长莫怪！"

"哼，管他是大明还是大清，兴自由他兴，亡自由他亡，我等只管保住荣华富贵就行了，管那么多干什么？喝酒！"

郑联又给郑成功斟了一杯酒，郑成功却又端着酒到了洞口，冲北方祭奠一番,将酒又倒在地上。

"贤弟,这又是为何?"

"今天乃团圆之夜,我父亲却在京师被满人所迫,不能回家乡来父子团聚!这杯是敬我父亲的。"

"真啰唆!来,我再给你倒一杯!"

郑联又给郑成功倒了一杯,然而郑成功却还是端杯不喝:"这一杯酒,我想要敬兄长,但是我想请兄长先答应一事。"

"哦?何事?"

"我想,既然兄长在这里避世逍遥,兄长手下这支部队闲着也是无用,不如暂且借给小弟一用!"

"什么?你要借我的军队?"郑联一惊,他再也没有想到,郑成功会说出这样的话来,不由一惊,酒醒了一半。

"不错。"郑成功神态凝重,显然绝不是在开玩笑,"人各有志,兄长的志向是逍遥山水之间,乐而忘忧,不愿意过问人间之事,不肯去关心百姓死活。我却不同,我要向兄长借兵,驱除满虏,中兴大明,恢复汉室!希望兄长看在同宗份上,能够助我一臂之力!将来功成,必定归还!"

"你……你好大的胆子,你以为自己是刘备,要来赚我的荆州吗?"

"兄长以为刘皇叔是什么人?刘皇叔奉诏讨贼,以兄弟三人,不足万众而对抗曹孟德百万之师,乃真英雄、真豪杰!孙氏一族不思进取,徒有江东之利,刘皇叔不过借区区荆州一用,为何不可?"

"你……哼,来人呀!"

郑联大喝一声,然而从外面进来的却不是自己的侍卫,而是施琅和甘辉二人。甘辉守住洞口,施琅径直上前,将郑联身边的几个心腹,一刀一个砍死。几个美姬一看不对,早吓得瘫倒在地。

眼见施琅凶神恶煞一样立在自己身边,寒光闪闪的刀子上,鲜血直流,郑联一下子吓得尿了裤子。

"别……别杀我……你要借我的部队……都借给你就是……"

"我刚才好言相商,你却不听,我现在又改变主意了。"郑成功道,"如今我不但借你的军队,还要再借一样东西。"

"什么……什么东西?"

"你的项上人头。"

"啊?!"

郑联惊呼一声,然而惊呼未已,郑成功微一示意,施琅早一刀砍下郑联的头颅。鲜血染红泉水,汩汩流出洞去……

明月、冷泉、红血、奇石……这无疑是郑成功人生中最奇妙的一个中秋月夜。他对月伫立,泪水长流……

匆忙将郑联埋葬以后,郑成功立即奔赴郑联住处,收拾了印、剑,以及钱粮簿子等重要物件。

第二天一早,郑成功就传谕三军:郑联已经连夜离开厦门,将一应军中大事,都交给自己掌管!

虽然郑联的部下也都怀疑,郑联被郑成功所杀,然而一来没有对证,二来厦门本来就是郑家基业。郑成功以郑芝龙长子身份来接管,也名正言顺。于是厦门的四万军队,一齐归顺郑成功。

不久,郑彩听说厦门为郑成功所夺,大惊,然而知道郑成功羽翼已成,不可为敌,遂长叹一声:"我老了,不如就成全国姓爷吧!"于是将自己手下部队归还郑成功,自己远遁南洋而去。

第18章

挥师北伐

郑成功一直以为，自己一生事业的辉煌就是挥师北上，夺取南京，然后一路打到北京，恢复大明！

然而他这个梦想从一开始就只能是虚无缥缈的，因为他只有水师，而无陆师；他的部队也非久经沙场的正规军队，根本无法和满人的八旗精锐相比。相反，他的海盗部队中，过多地是依靠个人才能，兄弟之情。例如施琅。施琅依仗自己才华过人，甚至连郑成功都不放在眼里。郑成功要树立自己至高无上的权威，就非杀施琅不可。施琅恃才傲物，也不可能久居郑成功之下。

最终，二人决裂。郑成功杀了施琅的父亲和弟弟，施琅又一次投降了清军。尽管郑成功死后，施琅以大将军身份踏平台湾，被视为是顺天应人的英雄壮举。但施琅个人道德上的污点，始终难以抹去。

事实证明，郑成功正是以道德力量，而不是其他的什么力量，统领群雄，和满人展开最后的决战的。南京之战，郑成功作为军事统帅，他的短处暴露无遗。他根本不是一个合格的帅才，否则南京就不会失败；但他同时却又是一个完美的道德英雄，他和父亲郑芝龙不同，也和施琅等人不同之处，就在于他能超越个人的得失，而将天下兴亡的责任自觉地扛在自己的肩头上。即使知道天下大势已经不可为，也是明知不可为而为之，这一点，他和岳飞、文天祥，包括本朝的袁崇焕、史可法、黄道周等人毫无二致，无一不是在极度艰难、极度危困的局面下，坚持追求自己的丈夫之志，最终彪炳千秋，青史留名……他们是真正的国之栋材、民族脊梁……

且说郑成功以施琅之计,杀郑联而袭取厦门成功,施琅厥功至伟,然而从此亦渐渐骄横,目中无人。

不久,郑成功接到永历皇帝的诏书,要求他南下勤王,前往广州作战。

郑成功自隆武之后,一直奉永历皇帝为正统。因此,一接到诏书,立即吩咐军队集结,前往南澳待命。

可是就在南澳准备出征之时,这天施琅却突然来报告郑成功:"国姓爷,我昨天晚上做了一个梦,梦见天上的北斗七星中,有一颗大星带着火光坠落海中,掷地有声。我觉得这是不祥之兆,还望国姓爷三思而后行!"

"哦,施先锋觉得,此梦所主何兆?"

"此次出征,恐折损大将,于我军不利。"施琅道,"况且此次全师而出,后方空虚。我担心满人会趁机袭击咱们的厦门基地,万一后方有失,可就麻烦了。"

"既然这样,那我就命令你带本部人马,回防厦门,如何?"

"遵命!"

施琅离开之后,郑成功暗暗摇头。他知道施琅为什么不肯去广州勤王,因为施琅跟随李成栋平定广州,在那里杀害了不少的大汉子民。如今在广州镇守的满人将官很多还曾经和施琅并肩作战。有这种因素在内,施琅自然不愿意去广州作战。所以,他才假托做梦,不肯一同前往。

事情就这么定了:施琅返回厦门,他的位置由手下副总兵苏茂所接替。

幸而是施琅回防厦门。事实上郑成功刚一出师,清兵就派出军队进攻厦门。厦门是郑成功的叔父郑芝莞在镇守,可是郑芝莞太过大意,没料到清兵会这么快来进攻,而且来进攻的又是南明隆武旧将马得功,深知郑芝莞是个胆小怕事之徒,几路攻打,号称大军数万。郑芝莞一听就吓坏了,也不管真假如何,立即收拾金银财宝,在一支部队的掩护下上船直奔金门,投奔郑鸿逵去了。

施琅回师,正好赶上马得功占领厦门,施琅立即发起攻击。那边,郑鸿逵听说厦门有失,也亲自率领精兵来救。马得功如何是施琅对手,顿时大败,带着抢来的战利品上船撤退,却被迎头赶来的郑鸿逵所截。马得功是郑鸿逵昔日部下,向郑鸿逵苦苦哀求,请郑鸿逵念在旧日情分上,放他一马。郑鸿逵是个很重感情的人，感念马得功曾经救过他的命，竟然真的放过了他。

郑成功正要出师，得知厦门被袭，大惊，立即率领全师返回厦门。幸而厦门不失，然而郑成功对于郑芝莞临阵脱逃，郑鸿逵释放马得功二事大为恼火。所谓军法无情，如果不重重责罚二人，他又如何号令三军，令众人信服？

因此，郑成功立即召开会议，首先在会议上，重重地表扬了施琅，赏赐白银一千两。所部将士，各有赏赐。

接着，又将两个丢弃城池的守将阮引、何德捆绑上来，问明罪责，拉出斩首。

当郑成功喝令将自己的叔父郑芝莞押上来，众人都将心提到了嗓子眼，紧张地望着郑成功。

"郑芝莞，你可知罪？"

"知罪，知罪！"

"你肩负守土之责，却遇敌不战，这是罪一；挟财潜逃，这是罪二；弃厦门百姓于水火而不顾，这是罪三。"郑成功数落他的罪行道，"这三宗大罪，哪一桩都是杀头之罪。你虽然是我族叔，我却也救不得你了！"

说完，他一声厉喝："刀斧手何在，推出去，斩！"

郑芝莞吓得全身颤抖，没有想到侄子真要杀他的头，连忙磕头求饶："贤侄，我知道自己错了。请看在我是你长辈份上，追随你父亲多年，没有功劳，也有苦劳，就饶了我这条老命吧！"

"叔父，不是我不念叔侄亲情，实在是军法无情，我也没有办法啊！"郑成功含泪道，"叔父，您放心，您的妻儿老小，我会照顾他们的！"

他这么一说，那是答应替郑芝莞料理后事，也表明非杀他不可的决心了。

"唉，这是我自作自受，怨不得你狠心！"郑芝莞也流了泪，一咬牙，自己起身向外面走去。

外面，刀斧手将郑芝莞推到校场上，正要行刑，忽然一人高声大喊：

"刀下留人！"

原来是郑鸿逵飞马而来，他喝住刀斧手，又进来见郑成功："贤侄，再怎么说，芝莞也是你的族叔，你要治他的罪，重重责罚就是了，为什么一定要杀他？

你这么做，岂非让一帮老兄弟寒心么？"

"对不起，叔父，军令如山，不可徇私！"郑成功坚决地道，"如果不明正典刑，将来如何治军，又如何能够完成中兴大明，恢复汉室大业？"

他说完这一番话，又再次大声命令刀斧手："郑芝莞贪生怕死，畏敌如虎，招致丢城失地，百姓遭殃，罪不容赦，立即斩讫报来！"

"是！"

刀斧手哪里再敢拖延，手起斧落，郑芝莞人头落地。

这边，郑成功又将冰冷的目光转向郑鸿逵："二叔，我问你，为何你要私下放走马得功？他于你固然旧日有情，然而你可知道，此番纵虎归山，将来会酿成何等大患？你犯有纵敌之罪，如何处置？"

"我……唉……"郑鸿逵一声长叹，"我也是一时念在他旧日曾救我性命，才放他一马……贤侄放心，不管你怎么处置，我都绝无怨言！"

"那好，我按照军法，责打你五十大棍，然后命令你交出兵权，回家养老，你服不服？"

"服。"

然而，正当郑鸿逵主动解开衣服，要接受棍刑，郑成功却忽然上来，阻止了叔父。

"二叔，我不依照军法处置你，不足以镇服三军。但是你毕竟是我的二叔，我从七岁回归中国，你就一直看着我长大，教导我要成为一个有用之人。我与父亲意见不合，不肯投清，被父亲挟持，又多亏你救我出来，予以收留。我起兵之后，亦得二叔你助益良多。今日之事，我虽然不得不申明法纪，按照军法行事，但我岂是无情无义之辈？今生今世，又怎敢忘记二叔大恩大德？二叔，这五十军棍，不能不打，不可轻打，我无以报答二叔，这顿棍杖就由我来代领吧！"

他竟然亲自要领军法，郑鸿逵听了，顿时流出两行热泪！

众目睽睽之下，郑成功解开衣服，袒露脊梁，吩咐左右军卒："来呀，重重地打！棍下绝不准留情！"

见他的态度这么坚决，军卒也只能含泪行刑，其余将士都不忍心看，一齐低下了头，泪如雨下……

经过这一番严整军纪，郑成功不但稳定了军心，郑鸿逵也交出了金门的兵权，自己去养老了。

然而，郑成功在军中的绝对地位要确立，还必须解除一大障碍——施琅。施琅因为深得郑成功倚重，在部下中又威信极高，因此渐渐就有一人之下、万人之上的想法。因为恃功自傲，眼睛里容不下任何人，所以他的部下对他也非常不满。有一个叫做陈斌的，看不惯施琅的狂妄自大，就给郑成功留下一封书信，讲明自己受委屈的全部过程，然后率领部队降清去了。

这件事情令郑成功震怒不已。正当他考虑如何处置，又发生了一件事情：右先锋黄廷，一次和施琅的心腹家丁发生了冲突，将欺压百姓的家丁打了一顿。家丁回去告密，施琅竟然责骂黄廷，说黄廷打狗不看主人面，分明瞧不起他，闹到了黄廷的府上去。黄廷不愿意得罪施琅，避开锋芒，来到郑成功处申诉。这是第二起事件，郑成功安慰了黄廷一顿，内心却对施琅渐生不满。

之后又发生了一件更骇人听闻的事情：南明战将曾德得罪了施琅，来到郑成功处哭诉，要求避难。郑成功将曾德留在自己的营帐中，施琅竟然不顾一切，带领部下强行闯入郑成功大营，将曾德捉去，加以杀害。

这种公然藐视郑成功主帅权威的做法，让郑成功震怒不已，立即下令：施琅有谋反之罪，全家缉拿！

施琅那天其实也喝多了酒，酒醒之后，正在懊悔，得知郑成功派人来拿他，慌忙逃走。郑成功将来不及逃走的施琅的其亲施大宣和其弟施显捉住，匆匆审讯之后，不顾众人劝阻，当众斩首！

施琅得知父亲、弟弟遇难，大哭一场，无路可去，就又一次投奔了清政府，自此与郑成功誓不两立。

现在，郑成功彻底掌控了军中大权，这支军队中再无一人敢有二心，全都死心塌地地效忠郑成功。

于是，郑成功带着这一支雄壮之师，连连出击，一次次攻城略地，将清军杀得丢盔弃甲，连连溃败。

下部　千秋伟业

对于清政府来说，最初是忽略郑成功，等发现郑成功崛起，又想到打郑芝龙这张牌，引诱郑成功。

这天，郑成功正在训练军队，忽然接到从清军那里转来的一封信，打开一看，竟然是父亲的手笔：

郑森吾儿：

见字如面。

悉知吾儿几年来屯兵金、厦，盘踞海上，以抗王师。为父知道你体念郑氏一族创业不易，欲保留些许薄产，以遗子孙。然而岂不知，覆巢之下，岂有完卵？吾儿何尚执迷，不识天下大势耶？今幸天威不加，王师不发，特命为父招儿来京，则不失富贵，我郑氏子孙，亦可保全矣！

父郑芝龙手书

这是郑芝龙自从八年前被博洛挟持北上，第一次有明确的音讯。郑成功捧着父亲的手迹，激动的心情可想而知。此前，他先是忙着，腾不出手来。后来稍微稳定以后，也曾经数次派人暗中潜入北京，却始终没有能够找到父亲被软禁的确切地点。没想到，父亲却在这时候突然来信了。

信的真实性不容置疑。不过父亲在信中劝说他向清政府投降，却让郑成功又有些不屑。

父亲在降清之前，曾经踌躇满志，以为闽粤提督唾手可得，封王封侯，是板上钉钉的事情！

可是，刚一投降，就被挟持入京，封了个所谓"一等精奇尼哈番"的空头官衔，从此失去人身自由，过着圈禁高墙之内的囚禁生活。满人如此无信，父亲为何还会相信他们，还会劝自己再重蹈覆辙？

因此，郑成功无论如何也不能相信，父亲会愚蠢到劝自己去步他的后尘，束手就擒！

但郑成功也从书信中读出来另外一重信息：父亲一定是被清朝的官员逼迫这么做的。他们也知道，如果强行出兵进攻郑成功，并没有必胜的把握，因此，不如拿郑芝龙来试一试，看这张牌还有没有利用的价值。而郑芝龙呢，也知道儿子根本不会听自己的话,早年他尚且不听,何况此刻羽翼已丰?但郑芝龙倒乐意借这个机会,写信告诉儿子自己的情况。

如果真是这样,也就从反面证明了郑成功的做法是对的:自己这些年来的坚持果然没有白费,只要自己坚持抗争下去,父亲就不会被害!

经过斟酌,郑成功给父亲回了一封言辞并不如何激烈,然而却饱浸父子之情的长信:

父亲大人:

孩儿没有得到您的音讯,不能在膝下侍奉,尽为人儿子的孝道,已经八年了。只不过,当初父亲已经不认我这个儿子,我也不敢以儿子自居。因此虽然八年没有问候,也不算违背孝道。总的说来,我们父子之间的这种骨肉隔膜、令人痛心的局面,是因为时势造成的。

儿子听说,自古以来,都有大义灭亲的做法,所谓'从治命不从乱命'。儿子初识字,即懂得《春秋》中的大义。自丙戌年父亲决心跟随满人入京,儿子就已经做出决定,从此与父决裂矣!

然而,八年之后的今天,父亲却给儿子写来一封书信,让儿子去投到您膝下,以尽孝道;而且保证说,满人可以给我封侯、加伯的待遇。他们当年已经失信于父亲您,如今岂能不失信于我?……

专禀

郑成功显然知道,自己这封信,一定会在清政府的大臣中传递,并且最终送到顺治皇帝御前。因此,他在信中痛斥满人言而无信,为郑芝龙"不平"。

接到郑成功的书信,清政府并不死心,继续尝试与郑成功和谈,答应封郑成功为"海澄公"。

正月十三日,清内院侍读学士郑库纳、扎齐讷等,作为朝廷的钦差大臣,捧着封郑成功为海澄公的敕印,来送给郑成功。

而郑成功也煞有介事,在府上摆设了香案,行拜礼接受了敕印。

不过,清使和郑成功却为一件小事发生了冲突。

清使坚持,郑成功一定要先剃发,表示对清朝的归顺之意,然后才能开读诏书;但郑成功却提出,要"具疏自行奏请",拒绝剃头。双方相持不下,清使千里迢迢带来的诏书,竟然无法开读。

最后,清使一行人等只能失望地离开泉州……

清使仍然不死心,继续和郑成功和谈。得到的结果是:

一是郑成功又给父亲写了一封长信,信中极力称,满人对于和谈毫无诚意。先是封一个空头的"海澄公",后来又提出要加封土地、兵马,却只有空言,而没有任何的实际行动,反而在"剃发"这样的小事上反复纠缠。

大丈夫者,

做人做事,

磊磊落落,

毫无暧昧。

"清朝若能信儿言,则为清人,屈于吾父为孝;若不能信儿言,则为明臣,尽于吾君为忠。"

另外一封书信,是郑成功给二弟的信:

二弟:

你我兄弟,从小分隔在大海的两边,刚刚聚首在一起,没有多久,你和父亲就被满人挟持而去。天也,命也!这次,你受了清朝皇帝的委派,来劝说我和你一道北上京师,侍奉于父亲膝下,痛哭流涕,可见真情。然而,作为兄长,我的志向已经对你说得很清楚。利害之说,对我来说是没有用处的。即使将刀斧架在我的脖颈上,我也不可能改变自己的选择。为什么?因为我早已坚定了决心。

我听说,虎豹生于深山,百兽都对其充满恐惧和尊敬;一旦落入猎人的陷阱中,摇尾乞怜,就失去了原来的王者威风。凤凰翱翔于高高的苍穹中,乘着风在白云上面自由地往来。不管想要去什么地方,都没有什么可以阻挡。兄长我已经四海闻名,领兵打仗,已经有数年了。我岂能放弃做自由自在的凤凰,而去效仿那落入囚笼的虎豹?不要再劝说我做愚蠢的事情了!

噫,汉有子瑜而有孔明,楚有伍尚而有子胥。兄弟之间,志向不一样,人生的结局也不一样。弟弟你在父亲身边,以尽孝道作为自己的天职;而我选择的是

郑芝龙：海商传奇

纵横海上，以自由为天命！

兄手书

如此反复，和谈的僵局一直在持续着。而同时，郑成功却在不断壮大自己。

他父亲是以贸易起家，所以才能拥有一支二十万大军的军队。如今郑成功要打造一支王者之师，自然也离不开雄厚的经济力量。对此，郑成功在继承父亲的贸易实业的基础上，又创造了自己的贸易方法。

这个方法，简单地说有这么几点：一是设立山、海各五路商行。山五路是：金、木、水、火、土。海五路是：仁、义、礼、智、信。山、海五路，各自有独立的经营系统，互不统属。

其中，山五路商行的总部设在杭州，是负责采买苏、杭细软（即丝、绸、绫、罗）及中药材。海五路的总部设在厦门，主要负责出口物资的派运，将舶来洋货发往山五路商行经销，而把山五路采购的细软交给东洋船，运往日本、台湾、吕宋。而西洋船则航行安南、暹罗、印尼等国。

二是设立公库。公库包括裕国库和利民库。东、西二洋船本、利息，以及山、水各五路商行，都归公库管属。

三是各公库每日收支，都必须列册交给郑成功核阅。郑成功审阅后，加盖大印，注明年月日，逢郑成功出征期间，交给六察官稽察。

另外，郑成功的山、水各五路的商行，除了从事贸易，还肩负着一个秘密任务，就是负责搜集情报工作，为将来郑成功和清军决战做好准备。

当军事和经济实力都达到了一定程度之后，郑成功终于要去完成他一生最辉煌壮丽的事业：挥师北上，攻取南京！

这天，郑成功召集三军大小将领，召开了几年以来最大的一次军事会议。

"诸位兄弟！"郑成功一身戎装，英姿勃勃，那眸子里燃烧的火焰并未因为岁月流逝而有所减弱，反而更加蓬勃旺盛。他大声对众人道："我今天召集大家，召开这个会议，就是要告诉大家，这几年来，虽然我名义上和满人进行和谈，实则是争取时间，暗中备战，有利则攻城略地，无利则四处筹饷，应该说占了不少的便宜。如今，我等已经兵精粮足，我认为是该去做一番大事业，去实现我们这么多年一直在做的中兴大明、恢复汉室的梦想了!"

他说到这里,停了一下,目光巡视众人一遍。只见人人都精神亢奋,脸上露出期待的神色。

"想必众兄弟也知道,我等近年来在沿海之地,与清军反复争夺,虽然局面上稍占优势,然而毕竟不足以号令天下豪杰。昔日,太祖皇帝自濠州起义,最终拿下南京,虎踞龙盘,成就帝业。如今,我等在漳州、泉州这些地方,连年作战,老百姓都已经很苦了。我们在这里继续待下去,除了被清军消耗实力,最终灭亡,没有任何出路。不如趁现在还有实力,将所有的战舰都集结起来,沿长江而上,直捣南京。只要南京一被我们占领,则闽、粤、浙、楚,以及黔、蜀,各省的豪杰志士,无不会闻风而动。那样我们就会在道义上占据上风,以各省兵马联合,进,可以收复北京;退,可以凭借长江天堑,与满人划江而治。到那时候,我们就立于不败之地了!"

"可是,江、浙之地,宽广辽远,如果要将这些地方完全控制起来,非得几十万军队不可。我们的军队都调拨出去了,那样一来,金门、厦门这两个地方怎么办?如果清军乘虚而入,到时候,不但得不到江、浙,我恐怕我们的老营也被捣毁了。"一个将领发表了不同看法,"我倒觉得,不如仍旧维持现在的局面,攻虽不足,守则有余,伺清军有变,再挥师北上不迟!"

"你的话当然没有错,但这只是庸人所言。"郑成功反驳道,"眼前的事情,谁都看得到,可是长远的事情,又有谁能看到呢?此时我们出兵,尚且可以得到广东、广西、云南、贵州一带的支持。如果等满人将这些地方的反抗力量都收服了,全国上下,只剩下我们这一支人马。满人以倾国之力来对付我们,那时候会是一个怎样的结局?如果我等在这里一味死守,等我们的兄弟斗志都松懈了,我们的船只都生锈了,粮饷都耗尽了,到时候就是再想出师,也有心无力了!"

正当争论不下,这时候军师陈永华站出来说话了。他分析形势道:"如果我们只是在这里一味争论不休,那么谈什么中兴的伟业,是和痴人说梦没有区别的。我倒以为,国姓爷说得很有道理。我们仅仅依靠金门和厦门这两座岛屿,和满人的虎狼之师抗衡,失败是早晚的事情。与其在这里坐等老死,不如放手一搏，或许还有几分胜算！"

众人一番议论，有支持出师的，也有支持固守的，最后都将目光投向郑成功，听他如何定夺。

"各位兄弟，"郑成功其实心里早拿定了主意，他低沉然而坚决地道，"你们为什么跟随我在这里困守二岛，苦苦支撑，为什么不跟随我父亲去投靠满人？为什么？就因为我们是堂堂男儿，是顶天立地的大丈夫、大英雄、大豪杰！古人云：饿死不受嗟来之食，我等一个个四肢俱全，皆能自食其力，为什么要投靠满人，去给人家做奴才？我们不肯这么做，一方面是因为我们自己有骨气，另外一方面，是因为我们都有妻子儿女。满人是什么东西？禽兽不如！他们自从入闽以来，所作所为大家都看到了。他们可曾有一点仁义之师的样子？倒是被他们糟蹋的妇女，杀死的儿童、老人，掳掠去的财富，不知道有多少。我和诸位一样，都对满人恨之入骨，因此，我以为和满人早晚必然有一场决战！而现在，我们期望已久的决战的大好时机到了！"

他这番话一出口，众人无不热泪盈眶，一个个攥紧了拳头，眼睛里仿佛喷出火来一样。

"我的计划是这样的。"郑成功胸有成竹，滔滔不绝地将自己的作战计划说出来，"首先，我要先派一人，避开清军的耳目，从小道出发，去粤西请旨，将这次北伐说成是皇帝的意思，同时请诏，令孙可望、李定国集滇、黔、粤、楚之师，出洞庭而会江南，以造声势。另外，我拟再派一人，前往浙江，招抚松门一带渔船，以为向导。至于我等众人，宜早作准备，取运船料，各镇造修战船，擦亮盔甲，修补旗帜，多备火药、铳器，到时候，我要亲自下去检验，与兄弟们同吃同住。现在是正月，我给你们半年的时间准备，七月约定起兵，误期者斩！"

"是！"

众人一听，郑成功如此计划周详，显然对于此次北伐，是下了决心的，谁还敢再多说什么？一齐领命。

转眼到了七月，诸事准备完毕，于是郑成功再次聚集众人，誓师起兵。留下三至四镇约一万人，镇守厦门，此外镇守南澳、金门、铜山的兵马没有调动，后方总计约两万人镇守，其他全部跟随出征。

据史书记载，各将领有：

中提督甘辉

前提督黄廷

右提督马信

后提督万礼

左戎旗镇林胜

护卫中镇陈泽

护卫前镇陈斌

护卫左镇杜辉

护卫右镇黄元

援剿后镇林明

援剿右镇贺世明

前锋镇余新

右冲镇魏腾

北镇姚国泰

神器镇卢谦

前提督左镇余程

铁骑镇把臣兴

水武营朴世用

火武营魏标

仁武营康邦彦

行军司马张英

五军戎政王秀奇

以上共四个提督、三个营、十三个镇，北上的全部兵力大约二十七八镇到三十镇，人数五到六万人。

这样一支浩浩荡荡的队伍，集结海上，真个是千帆竞发，人人争先。郑成功带头在帅船上誓师，祭拜天地：

> 皇天在上，
> 后土在下。
> 大明列帝，
> 请容详禀：
> 小子郑森，
> 赐姓成功，
> 自举义旗，
> 杀虏报国，
> 辗转风雨，
> 迄今十载。
> 虽多蒙难，
> 矢志不渝。
> 今欲奋起，
> 北取金陵。
> 诸帝庇之，
> 列祖佑之，
> 倘若成功，
> 中兴大明，
> 重祭天地，
> 再告祖宗。
> ……

杀牛宰羊，沥血而告，祭祀完毕以后，郑成功将一应牲物，全部投入江中，抽出长剑，对北一指：

"出发！"

顿时，十几艘大船的船头上，一齐喷出炮火。炮声隆隆，江水滔滔，一支支威武之师，顺序进发……

从厦门一路出发，扬帆到闽江口外，入闽安镇。在此留下护卫前镇陈斌守罗星塔，其余众人继续北上，下黄岩县，陷台州、太平县、天台县、仙居县，攻海门卫……所至之处，清军望风披靡。

当然了，郑成功最担心自己进军之后，后方空虚，被清军袭击，因此时刻警惕。果然，清政府福建总督李率泰，趁机袭击郑成功后方，围攻罗星塔和闽安镇，郑成功闻讯，立即放弃台州，回救不及，回师厦门。

这第一次的挥师北上，只是一次试探性的进攻。从七月到九月，前后六十余天，招降清朝府城一、县城四、所城二，并且使自己的水陆将士，熟悉了战争情况，对清军的虚实也有了了解。

回师之后，郑成功立即针对自己的军队陆地作战能力不足的情形，作出了大规模的改良——成立一支"铁军"。

所谓"铁军"，就是模仿清军将领的全身披挂，再根据郑氏军队作战的特点，将披挂改为至膝而止，膝盖以下仍旧赤足，以便在泥泞的土地上行走。头上加铁面具，只露出两只眼睛。

所有入选"铁军"的士兵，一律经过严格的挑选，必须身体强壮，人高马大，能够举起三百斤以上的巨石。作战的时候，每个人上半身披挂铁甲，手持利刃，配合藤牌手、弓箭手，组队冲锋陷阵。行军的时候，专门有伙兵，负责挑戴战裙、铁臂、铁面等，以免士兵路途上过于劳顿，消耗体力。

有了这样一支士兵在五千人以上，加上军官一千名，总数达六千人的精锐之师，足以抵挡清军铁骑！

有了陆地作战力量，又加强了海上作战力量。经过将近一年的准备工作，郑成功于第二年五月，再次誓师：

留守兵力九个镇，加上其他驻扎铜山等地的兄弟，一共合计十二个镇，每镇一千五百人，共约一万八千人。

北上主力部队：

中提督甘辉

右提督马信

左提督翁天祐

后提督万礼

五军张英

以上四大提督加上五军，共约十个镇，人数约两万人。

左武卫林胜

右武卫周全斌

左虎卫陈魁

右虎卫陈鹏

以上四镇，每镇约三万五千人，共计一万四千人。

前锋镇余新

左先锋杨祖

中冲镇肖拱宸

右冲镇万禄

左冲镇林灿

前冲镇蓝衍

后冲镇刘进忠

宣毅左镇万义

宣毅前镇陈泽

宣毅后镇吴豪

援剿后镇刘猷

援剿右镇贺世明

中权镇李必

后劲镇杨正

后兵镇韩英

奇兵镇张魁

亲兵镇黄应

右镇姚国泰

> 骁骑镇黑云祥
>
> 监督王起俸
>
> 木武镇黄招

以上共二十一个镇,约三万至四万人。

> 水武营朴世用
>
> 火武营魏光华
>
> 随征营刘国轩

以上三营,约三千人。

水师左军冯澄世,水师三至四个镇,约四千五百至六千人。

> 总部张煜言
>
> 总部袁起震
>
> 总兵罗蕴章
>
> 总兵王耀武
>
> 将军陈文达

浙海水师约一万五千至两万人。

以上总体计算,此次北上的兵力大约八万至十万人。比起第一次北上,人数多出一倍有余。

出师之前,郑成功仍旧告祭天地、祖宗:

> 高天厚地,
>
> 列祖列宗。
>
> 赐姓成功,
>
> 在此祷告:
>
> 前番誓师,
>
> 未竟全功,
>
> 此番再出,
>
> 誓要凯旋。
>
> ……

此次出师，起初颇为顺利。攻平阳，下瑞安，在这两个县取得了充足的粮草。又围攻温州，旋即撤退。

因为郑成功此次的目标直指南京，因此沿途并不与满人的军队交战，只要清军退避，一律不予追击。

五月中旬出师，七月大队已经行至舟山，可谓行动迅速。在舟山驻扎，只待风起，直捣金陵。

然而，人算不如天算。八月风起，大队人马行至羊山，却突然遭遇了飓风。海上遭遇风浪，本是寻常，但这一次他们非常不幸运，所遇到的飓风空前猛烈。黑云忽起，电闪雷鸣，大雨如注。一片昏黑之中，只听得风声、雨声、雷声、呼救声……悲惨之声，难以形容！

从中午一直到傍晚，整整四个时辰，狂风肆虐，惊涛骇浪。云收雨息以后，郑成功立即亲自巡查各处，命令清点人数，汇报伤亡情况。结果仅被卷入海浪中丧命的兄弟，就有八千人。三百艘大型战船，沉入水中五十多艘。另外剩下的也有三分之一遭遇重创，非经修补，不能作战。

眼见海面之上，一片浮尸残船，郑成功不由涕泪滂沱，脚下再也站立不稳，一下子跪倒在甲板上：

"上天啊，为什么要这么对待我？究竟我做错了什么，为什么要这么降罪于我？为什么不让我去死？"

出师不利，这突如其来的上天示警，令所有人对此次北上的前景都产生了怀疑和动摇。士气低落，诸人纷纷来到郑成功跟前，劝他下令返回厦门，放弃北上之举。郑成功勉强同意，暂退舟山。

第19章
兵发台湾

南京兵败,是郑成功多年以来所遭受的最惨重的一次打击,也是令无数人扼腕唏嘘的一场失落之战!

至今,历史学家们还坚信:如果郑成功不是犯那么多的领导决策错误,如果不是那么多的机会被一一浪费,那么郑成功将有很大的机会赢得南京之战。

然而,即使南京之战赢了又如何?"歼敌一千,自伤八百",如果郑家军以近乎同归于尽的方式,赢得南京的胜利,那么清朝皇帝亲征,从北京以铺天盖地的气势压下来,郑家军又能坚持多久?

郑成功在南京大败,这是命运的残酷,也是命运的恩赐。因为他及时从中兴之梦中醒来了。中兴之梦虚无缥缈,相反,出兵台湾,将台湾从荷兰人手里夺回来,将台湾的父老乡亲从荷兰人的殖民统治下解救出来,这个梦才是真实的,这也是命运之神赐予郑成功的真正的使命!

郑成功毫不犹豫地选择了兵发台湾,这是他生命中又一次的战略转移,也是最成功的一次……

当第二年春天的南风如约而来，郑成功率领早已准备充足的大队人马，又一次开始了北上征伐！

这一次，也许是准备充分的缘故，也许是上天保佑，没有再出现任何的问题，郑成功一路夺定关，过羊山，至崇明，因为崇明城池坚固，不宜攻打，郑成功于是作出了一个明智的决定：

先取瓜州！

瓜州，是清政府长江江防的第一道门户。清军用巨木筑坝，截断江流，然后铺设木板、泥石，上面宽广可以骑马，以木栅遮蔽，中间埋伏弓箭手，横列炮铳，此名"滚江龙"。又有柳堤炮台与对岸谭家洲炮台相对，控制江面交通。上游又有一座满洲大城，里面藏有精兵五百名，大炮四十门，火药、火罐无数。

这是进入长江第一战，不容有失。因此，郑成功和将领们经过商议，决定并分三路：一路在长江南岸登陆，夺取谭家洲炮台；

一路由郑成功亲自率领主力部队，直攻瓜州；

一路令善于泅渡的水手，前往斩断"滚江龙"。

安排停当之后，当下，三路齐发，江面上炮声隆隆，战船不计其数。清军在军队人数和士气上，均落于下风，如何抵挡？

轻而易举地夺取瓜州之后，郑成功的大队人马正式进入长江，径直来夺取素有长江门户之称的镇江。

镇江亦是清朝重镇，在这里驻扎的军队超过两万人，而且其中有一半是清军引以为自豪的"铁骑"。

但郑成功早有准备，此一役硬碰硬，一上来就派出了精心训练的"铁军"。清军的铁骑，本来对步兵作战拥有绝对的优势，但没有想打碰上了郑家军的"铁军"，竟然没有丝毫用武之地。

当清军的铁骑冲上来的时候，郑家"铁军"根本不退，铁甲胄、铁面具，对如蝗般飞来的箭矢不予理会，只管挥舞大刀，专砍马足。等满人的士兵从马上滚下来，被他们拔出短刀，一下子劈成两半。那刀都是经过上百名工匠锻打的利刃，锋利无比，挡者披靡，满人四千精锐铁骑，居然只剩下一百四十骑生还，被认为是自从进入中原以来,所遭遇的仅有惨败……

镇江之战,惊天动地。郑家军打出了自己的威风,清朝地方官员则被彻底吓破了胆,纷纷来降:

> 句容县归附。
>
> 芜湖江浦县归附。
>
> 六合县并浦口镇归附。
>
> 太平府归附。
>
> 芜湖县归附。
>
> 当涂县、繁昌县归附。
>
> 丹阳县归附。
>
> 宁国府归附。
>
> 和州归附。
>
> 滁州归附。
>
> 和州归附。
>
> ……

自从六月十五日兵发镇江,仅仅一个月中,大江南北,归附如云。共计有五府、三州、三十一县,不战而下。

现在,郑成功终于来到南京城外,要正式对这座他所熟悉的、充满尊崇之情的六朝古都发起进攻了。

进攻之前,郑成功照例祭祀天地祖宗:

> 赐姓成功,
>
> 今祀天地,
>
> 并告太祖,
>
> 列位先圣。
>
> 中原陆沉,
>
> 一十五载。
>
> 成功痛之,

> 不敢偷安。
> 夜夜思之,
> 枕剑达旦。
> 请命恢复,
> 重兴故土。
> 涕之泪之,
> 伏之祈之。
> 在天之灵,
> 默加佑相。

祭江完毕,郑成功伫立船头,遥望南京。想起自己在这里读书的日日夜夜,想起和复社的一众忠义之士,相约匡扶社稷,重整山河,不由内心里波涛汹涌,无法自抑,脱口而出,占成一诗:

> 缟素临江誓灭胡,
> 雄师十万气吞吴。
> 试看天堑投鞭渡,
> 不信中原不姓朱。
> ……

尽管郑成功踌躇满志,从来没有这么自信过,但他也清醒地知道,南京不比瓜州、镇江那样的小城,南京城池高大坚固,重兵把守,不是等闲可以攻下来的。

现在,摆在他面前的就有一个现实的问题:是从水路进攻,还是从陆路进攻?手下的将领建议说,从陆路进攻,兵贵神速,长驱直入。但那样有一个问题:陆战是清军所长,而自己所长,在于水战。如果舍弃自己所长,而以自己所短去和对方抗衡,到时候,必然损失惨重。清军可以不费力气,补充兵马粮草,自己所带来的兄弟,都是子弟兵,如果损失了,就没法补充了。

这么一考虑,郑成功立即作出了一个决断:从水路进军,即使缓慢一些,也要将损失降到最低!

再者就是,是立即攻打南京,还是围困令其主动投降?郑成功出于同样考虑，也选择了后者。

于是，郑成功给了守城清军将领充足的时间。满人派人来告诉郑成功："本来应该马上献城投降，奈何我朝有一个规定：如果守城超过三十天，即使丢失，也不会加害妻子老小，否则，一家尽诛。我等妻子老小，都在北京，如果不满三十天而投降，只恐一家性命不保。乞求宽限三十天，到时候必然开门纳降！"

满人的这等拖延计策，被郑成功手下将领看破，劝说郑成功："满人必然有诈，我等宜急攻为上！"

"不必着急！"郑成功却悠然道，"孙子兵法有云：歼敌一千，自伤八百。自古以来，攻城作战，杀伤必多。我等不妨等满人的援助人马到齐，然后来个最终决战，一战而胜敌，强于分散消耗战力！"

这才是郑成功的真实想法：他的队伍是禁不起和清军的一次次小规模作战消耗的，必须一鼓而成功！

不是速战速决，而是围而不攻，这就给了清军足够的准备时间，一场郑成功期待中的大决战似乎正在到来。

这天，就在郑成功准备下令发起攻击的日子，清军先一步动手了：南京城头上，数十门红衣大炮，猛烈地发射出炮弹，落入郑家军军营中……

正当慌乱之际，满人军队突然从一处叫做神策门的地方杀出来，郑家军的前锋镇、中冲镇随即溃败！

小小的胜负，郑成功并不放在心上，决战之期的到来，正是他所苦苦等待的，他当即召集诸将，分派迎敌：

左先锋杨祖统援剿右镇姚国泰、后劲镇杨正、前冲镇蓝衍屯扎在观音山上；

中提督甘辉、五军张英埋伏山内；

郑成功自帅右虎卫陈鹏及右冲镇万禄往来观音门接应；

后提督万礼、宣毅左镇万义堵御大桥头大路；

右提督马信、宣毅后镇吴豪、后兵镇韩英由水抄袭敌军后路；

左冲镇林灿专理水师。

以上准备作战的时间，定在二十三日的凌晨。然而未等郑家军准备就绪，满人数万水陆大军,已经一齐杀来。

"杀啊!"

半夜里,一阵喧哗,郑成功从梦中惊醒。还没有明白怎么回事,甘辉已经从外面冲进来,大声道:"国姓爷,不好了,快走!"

"怎么回事?"

郑成功一愣,爬起来。然而来不及多问,早已被甘辉背在身上,冲了出去。

外面,清军从后山抄袭上来,山上黑压压大军压下,山下炮火隆隆。甘辉冒死背着郑成功来到山下,只见乱箭如雨。冲天火光中,一员清军大将威风凛凛,正是两江总督郎廷佐亲自到了。

"郑成功,你跑不了,被包围了,快投降吧!"

"哈哈——"在他身边,是两位朝廷大员蒋国柱和梁化凤,两人一齐道:"郑成功,你中了郎大人的缓兵之计也!"

"国姓爷,你先走!"

甘辉将郑成功放下,大吼一声,挥舞一把大刀,单人杀入清军营中。只见他飞身杀敌,抢得一匹战马,往来冲突,挡者立死。清军见了,发一声喊,纷纷散去。甘辉杀出一条血路,让郑成功奔到江边,登上一条小船。

"甘兄弟,快上来!"

"国姓爷,你先走,待我杀了郎廷佐这个奸诈小人!"

甘辉杀得性起,光着膀子,挥舞大刀,催马又冲入清军营中,吓得郎廷佐连连大声下令:"放箭,快放箭!"

眼见万箭齐发,甘辉将大刀挥舞得水泄不通,但力气渐渐耗尽,还是被强弓硬弩射成了刺猬。

"甘兄弟——"

眼睁睁看着自己最倚仗的甘辉头领死于乱箭之下,郑成功大叫一声:"天亡我也!"口中鲜血狂喷,倒在船头之上……

这一战,郑成功猝不及防,七路大军,四路溃败,其余众人勉强冲出重围,然而却全部遭遇重创。

事后统计，提督甘辉、万礼、张英、林胜、陈魁、余新、蓝衍等或被俘，或战死，溺水而死的约六千人，陆战而死约一万两千人。

如此大败，为郑成功举起义旗以来所未有，其多年来辛苦训练的军队，丧失了差不多一半。

然而，也正是这前所未有之大败，让郑成功明白了一件事情：自己多年来一直梦想的恢复山河、中兴大明的宏大事业，原来是这么脆弱，这么不堪一击。原来这一切，都只是一个梦。

南京之败，让郑成功彻底梦醒了。他终于意识到，以自己孤军奋战，不管如何努力，都不可能抗衡清军。即使真的占领南京，也不过苟延残喘而已。他所能做的事情，其实真的很有限。

与其继续和清军苦苦作战，不如痛快地承认失败，进而集结最后的力量，去做自己力所能及的事情。

认识到这一点以后，郑成功忽然觉得轻松了，解脱了，仿佛身上的千斤重担一下子卸下来了。

南京之战，是他对大明王室最后的忠诚之战，也是他和自己毕生梦想的告别之战。这一战之后，他开始从自己沉浸多年的梦想世界里醒来，开始用清醒而理智的目光打量这个现实的世界。

最终，他作出了一个重大战略抉择：放弃与清政府的对抗，转而去夺取一直被荷兰人占领的台湾！

其实，出兵台湾，从荷兰人手里收复这一片自古以来就属于中华的土地，一直是郑成功的梦想。

这个梦想的诞生，源于一个人：

何斌。

何斌是从前郑芝龙的旧部，在跟随陈衷纪一起进攻澎湖，和李魁奇作战的时候，身受重伤。他随一艘残船漂流海上，被荷兰人的商船救起，带到了台湾。因为荷兰人需要和郑芝龙打交道，而何斌正是他们最合适的一个人选，于是何斌被台湾的荷兰人重用，成为沟通荷兰人与郑芝龙的一架桥梁。

郑芝龙:海商传奇

郑芝龙降清以后,荷兰人打交道的对象变成了国姓爷郑成功,为了讨好郑成功,荷兰人特地派何斌带着厚礼和信件来见郑成功。

这时候的何斌,已经是台湾的"华人长老",地位尊崇,甚至享有向航行于赤嵌附近海岸的渡船抽税以及在本地砍伐和贩卖柴薪的特权。在台湾,何斌也拥有两所豪华的住所,家产丰厚。

何斌第一次到厦门见郑成功,是为了替荷兰人商谈恢复对台贸易一事。为了和郑成功重新和好,荷兰人甚至提出愿意纳贡:年输税五千两,箭坯十万支,硫黄一千担,并带上一大批荷兰本国宝物。

郑成功答应了荷兰人的要求,还交给何斌一个特殊任务:将在军中获罪的一个有功之臣,交给何斌带回台湾,以为囚禁。并且,授权何斌替自己直接在台湾抽税,以获取更多的货物税。

鲜为人知的一个事实是:正是在这次会见时,郑成功详细地询问了台湾岛上的荷兰人的军事、经济情况,并且秘密嘱咐何斌,回去后想方设法利用一切可能的办法,绘制一幅赤嵌地图。

这可能就是郑成功最早对台湾有所图谋的表示。果然何斌回去后不久,便第二次作为荷兰人的特使来到厦门,献上了台湾地图。

但此时,正值郑成功大举发兵,挥师北上。因此,虽然得了台湾地图,却并没有立即考虑台湾事宜。

何斌第三次从台湾来到厦门,已经是郑成功兵败南京之后。何斌在台湾因为得罪了荷兰人,被抄没家产,他利用朋友的帮助从台湾逃出来。到了厦门,一见郑成功即献上攻台方案:

> 台湾之地,
> 霸王之区。
> 田园万顷。
> 赋税百万。
> 四通外洋,
> 横绝大海。

> 地足广国，
> 财足饷兵。
> 十年生聚，
> 十年教养。
> 其国可富，
> 其兵可强。
> 进战退守，
> 无逾于此。
> 土番受辱，
> 久思反噬。
> 天威临之，
> 一战可定。

更重要的是，何斌提供了进攻台湾的三个有利条件：第一，台湾岛上的荷兰人，不过一两千人；二、台湾的详细地理图形，包括赤嵌城的模型，何斌都已经绘制完成，制作出来，交予郑成功；三、台湾岛上的土著居民，三十多年来深受荷兰人之苦，纷纷有反抗之心。

在这样的情形下，郑成功又刚刚在南京战败，痛苦地认识到自己此前所坚持的"中兴大明"的宏伟之梦，不过是一个可怜的缥缈之梦。而相比之下，驱逐荷兰人，收复台湾，则现实得多。

另外，还有一个更为有利的契机：郑成功刚刚打败了清政府联合闽、浙、粤三省军队进攻厦门的虎狼之师，清军将领达素被迫退回北京，遗留的船只都在沿海岸边搁浅，任凭风浪拍击，无人看管。

种种迹象表明，清军短时间内不会再对郑成功的厦门基地发动攻击，而且更有一个大好消息传来：

这一年的正月，清军入关之后的第一个皇帝顺治，竟然忽然得了不治之症，一命归天！

对此，郑成功迅速作出了一个判断：大概在"国丧"期间，满人的皇位争夺会异常激烈，是无暇用兵的！

行了，这样一来，就有了一个难得的机会，可以从容地喘口气。而郑成功决定孤注一掷，利用这个千载难逢的机会，兵发台湾，将那里的荷兰人驱逐出去，也为自己在金、厦之外，再辟新天！

一经决定之后，郑成功马上传令下去，召集诸将在厦门召开南京之战后的又一次重大军事会议。

"诸位兄弟！"郑成功虽然遭逢江南之败，又在大破达素之战中，呕心沥血，身体益发虚弱。但如今憧憬着收复台湾，再开天地，他的精神又抖擞起来，苍白的脸上泛起红晕。"自从江南一败，满人欺负我等孤军势穷，妄图南北合围，夺我金、厦，幸赖诸位兄弟齐心协力，令其铩羽而回。虽然如此，满人亡我之心不死，我等坐以待毙，终非长久之策。因此，我日夜思谋，终于想到一着妙棋。"

"哦？"

众将领经过江南之役，又新与清政府三省之师作战，死伤累累，很多人都是新升上来的，一齐将崇拜的目光投向郑成功。

"我想到的这一步棋，不在陆地，而在海上。"郑成功道，"大家都知道，台湾离这里不远。如果先取了台湾，将台湾与金、厦诸岛联系在一起，然后就可以利用商贸之利，广通四方，聚集财赋，训练兵卒，进则可战，继续我等中兴大明的事业；退则可守，再无后顾之忧。诸位兄弟以为如何？"

话音刚落，众将领中张煌言站了出来，朗声反对说道："不可。且不说山高水险，即使众兄弟用命也抵挡不住红毛的炮台，虽有谋而无用，有勇而徒然。再说了，放弃经营中原，转而图谋外夷之地，这一战略本身就是自古以来闻所未闻的！"

"有没有先例，有什么打紧？"郑成功解释道，"此乃以退为进，有何不可？"

"退容易，然而一来堕了士气，二来背弃大明，生既非智，死亦非忠。这等偷安、苟且之举，豪杰不为也！"

他竟然毫不客气，直接指责郑成功想要放弃和清军对抗、转而进攻荷兰人占领的台湾，是为"不智"、"不忠"、"苟且偷安"，等于指责郑成功是一个胆小鬼,害怕了满人而想在台湾做"土皇帝"!

以郑成功的脾气、性格,若是别人如此说,只怕当即要推出去砍了,但今日张煌言如此说,那是代表了相当一部分对明王室忠诚的将领的意见。而郑成功此时已经决心放弃对明王室的"愚忠",只不过,他没有将自己的意思公开表露出来,以免在众人中引起更大的骚乱!

第一次的军事会议不欢而散。但郑成功是什么人?他的意志是如何坚定?他一经决定的事情,怎么会更改?因此,郑成功马不停蹄,立即召开了第二次军事会议。

会议上,张煌言仍然唱反调,众将领中一部分也有畏难情绪,但也有一部分人,坚决拥护出兵台湾。

争执归争执,最后拍板的还是郑成功。郑成功对此道:"凡事皆须先尽人力,后听天命。台湾之事,不作尝试,焉知不可?我已经决定,亲自统帅三军,出征台湾。愿意随去者,一道前往。不愿意随去者,跟随世子郑经,留守金、厦,以备不虞。立即传令下去,大修船只,三月出征!"

他宣布亲征,而且定下了出征的日期,显示他已经对此事做好了通盘考虑,诸将唯有领命而已。

三月初十,郑成功汇集第一批出征台湾的部队,共十一个镇约两万五千人,战舰约两百艘。

出师之前,照例祭天地祖宗:

> 赐姓成功,
> 泣血以告:
> 矢志恢复,
> 念切中兴。
> 出师北讨,
> 尺土未得。
> 舳舻南还,
> 孤岛难居。

> 故冒波涛，
> 欲逐外夷。
> 另辟新天，
> 暂寄军旅。
> 养晦待时，
> 非图苟延。
> ……

祭祀完毕之后，郑成功立即率众起航。

鹿耳门。

这是在茫茫的大海中浮现出来的一座孤岛，也是台湾外线最重要的一个港口。

这一带，海水忽然变得很浅。即使在涨潮的时候，也仅能通过小船，大船根本无法通行。

从这里过去，对面就是荷兰人在台湾最外沿的驻守地，一个叫做禾寮港的港口。

为了防止有人渡过鹿耳门，从沙滩上攻过来，荷兰人想出了一个绝佳的防御策略：沉船数十只，将港口外面的海水，几乎填平。这样一来，不要说大船，就是小船，不碰上潮水，也不能行走。

现在，郑成功和他的数百艘战船，以及二万五千精兵，就困在鹿耳门。

他们等待潮水，已经等了将近半个月。从三月初十，郑成功决心进攻台湾，作为根据地，留下儿子郑经守金门、厦门，自己则祭江兴兵。一路上颇为顺利。没有想到，一到这里，就被困住了。

没有办法。没有大潮，就不能顺利渡海前往。什么时候来潮水，又实在是不好预测的事情。

这可急坏了郑成功。自从两年前在南京大败，呕血以来，他的身体一直不好。现在，遇到这样的情况，更是急得坐卧不安，食不甘味，寝不安枕。

没有办法，郑成功只好在自己的中军大船上，焚香沐浴，祷告上苍：

> 竭诚祷告，
> 皇天列祖。

下部 千秋伟业

> 赐姓成功，
> 受先帝恩，
> 敢不竭力，
> 以图中兴。
> 奈何势孤，
> 退守孤岛。
> 今取台湾，
> 以为立足。
> 若果天命，
> 大明得兴。
> 假我潮水，
> 行我舟师。
> ……

然而，外面依然风平浪静，并不曾见有大浪，也没有潮水。

这天，郑成功照例忙于军务。直到天亮了，才觉得困意袭来，和衣伏在桌上，小睡了一会儿。

在梦中，他隐隐觉得极不踏实。一种巨大的声音，从远处传来，如同千军万马一般，发出呼啸声和喊杀声。

而身下的大船，也在摇摆着。幅度越来越大，程度也越来越剧烈。桌子上的许多东西都已经滑到地上。其中，一个酒杯"啪"的一声响，在地上摔成两半。

"怎么回事？"连日劳累过度，疲惫不堪的郑成功被惊醒了，听到了从外面传来的惊天动地的声音。他脸上露出惊诧的、不敢相信的神色。

竖起耳朵，静静地听了一会儿，从那千军万马的咆哮声中，他终于听出来了什么。

他一跃而起，冲到窗子边上，撩开厚厚的布幔。他看到了什么？在辽阔无边的海面上，正有一大片白色的潮水，铺天盖地向这边涌过来。大船因为水位升高，已经从昨天的地方，漂出许远。

郑芝龙：海商传奇

"涨潮了？"

期待太久，也担心了太久，一旦事情真的变成现实，他反而有点不敢相信。

然而千真万确，只见巨浪滔天，天地之间，一道白线，滚滚而来。越来越大，越来越高，足有数米上下的潮水，以不可抵挡的气势，淹没过来。

"老天爷！"郑成功激动得再也不能控制自己，跪在甲板上，泪水纵横，哽咽说道，"你终于开眼了！"

"涨潮了！"

"哦，可以出发了！"

……

外面，兵士也都被惊醒了。互相报告这一好消息，争着涌到外面的甲板上，看大潮滚滚而来。有人笑，有人哭，喧嚣成一片。

"传我将令！"郑成功大踏步走出去，站在甲板上。他是那样魁梧，高大，威风凛凛。手中长剑，在阳光的照射下显得光芒万丈，包围着他，如同一尊战神。他大声宣布："进兵！"

一时间，百船齐发，如同箭一样，借着潮水，一鼓作气，过了禾寮港，上岸登陆。

荷兰人一得到郑成功部队登陆的消息，大惊失色，立即派出水、陆大军，来进攻郑成功的部队。

第一支部队是水路战舰："赫克托"号和"斯·格拉弗兰"号，另外辅助以小轮船和快艇，一边开炮，一边冲向郑成功的船队。

"来得好！"

郑成功立即命令宣毅前镇陈广和左虎卫左协陈冲，率领大型帆船六十艘出击，上去将荷兰战舰死死围住。

和荷兰人相比，郑成功的战船还是有所不如：荷兰人的战舰高大坚固，不但航速奇快，而且装备大炮二十至三十门，大炮射程远，火力猛，命中率高。至于郑家军的船队，仅为其一半大小，一般只装有两到三门火炮，射程近，火力弱，命中率低。若以同等兵力，郑家军根本不是对手。

但现在,郑家军是六十艘战船,应战对方两艘战舰。从各个方向,都有炮火在猛烈地射击。

并且,郑家军对付荷兰人的战舰早有经验:以五六艘战舰装满硫黄、火药罐,冲到对方的战舰旁,船上的铁钉和对方的木板死死钉在一起,然后,燃烧起漫天大火,转眼和对方一同置身火海……

"赫克托"号首先被郑家军的死缠烂打战术击沉,船上的火药爆炸引发了冲天大火,战舰载着一百名荷兰士兵沉入海底……

另外的荷兰军队一见不妙,连忙突围。郑家军死死追击,又将"斯·格拉弗兰"号给围住了,甚至士兵们奋不顾身,爬上了敌舰,开始砍断敌人的绳索。但却被荷兰人的火药枪给打垮,战舰突围而去……

这一仗,彻底将荷兰人的嚣张气焰打了下去,也为郑家军收复台湾之战,奠定了一个基调。

荷兰人派出的第二支人马,是陆地上由贝德尔上尉率领精兵二百四十名,在北线尾岛南端登陆,以十二人为一排,整齐地迈着步伐,端着来复枪,大步前进。而郑家军则在宣毅前镇陈泽的带领下,以狂风暴雨一样的箭雨来迎接他们,一路正面迎击,一路从背后抄袭。荷兰人腹背受敌,狼狈不堪。吓破了胆的贝德尔上尉和一百一十八名士兵,当场丧命。武器被郑家军缴获。

至于第三路人马,由阿尔多普上尉率领,准备狙击郑家军上岸,一看情势不对,一枪不放就撤回去了。

初战告捷,郑成功精神大振,将荷兰人的普罗文查城堡团团包围,城中只有驻军六七百人,粮食和其他日用品很少。不过,荷兰人还是很骄傲,拒绝了郑成功要求他们投降的建议。

这天,郑成功亲自来到城堡下,调集了五十门火炮,瞄准城堡一通轰击。火炮威力有限,轰了一个时辰,一个缺口都没打开。

"停止炮火攻击!"

郑成功下令将火炮都搬开,空出来一大块空旷地带,以防止荷兰人的炮火密集轰击,造成更大伤亡。

"敢死队，上！"

城头上，荷兰人正倚仗着手中的坚枪利炮，洋洋得意。

忽然，城下出现了一批黑压压的人群。他们起初并不知道是什么，近了才发现，原来是一队中国士兵。

"不可能——"

"他们要干什么？"

他们惊疑不定。而这些人的穿着，更令他们吃惊。浑身上下，都用铁皮严严实实包裹起来，铁衣、铁甲、铁盔，每个人都背着弓箭，有人持枪，有人持刀。没有人说话。这批铁军以压倒一切的气势，踏着有韵律的步伐，整齐划一，一步一步向城下逼过来。

"快开枪！"

守城的荷兰长官，从来没见过这样的阵势，出了一头冷汗。他一面命令部下，拼死作战；一面自己脚底下发软，准备一旦势头不对，就率先开溜。

"啪——"

"啪——"

荷兰人曾经倚为无坚不摧的火枪，在这帮"铁军"面前根本毫无用处。子弹射在盔甲上，只留下一道浅浅的痕迹。而铁军手中的弓箭，则开始发威。流矢如雨，城头上的不少荷兰人都受了伤。面对这样一场兵力悬殊的战斗，许多荷兰士兵心中，都萌生了怯意。

"开炮！快开炮！"

大鼻子长官气急败坏，亲自去给一门大炮点火。"轰隆"，炮弹在铁军中爆炸，倒下去了几个人。而旁边的人似乎无动于衷，仍然向这边大踏步逼过来。

"妈呀，这是不是人？"

"快跑吧！"

……

部下一阵骚乱，大鼻子还在装腔作势，说道："不要怕，他们攻不上来！"

在他以为，如此笨拙的铁军，虽然刀枪不入，却也行动不便，根本不会有太大的威胁。

他很快知道自己错了。当首批铁军抵达城下的时候，他看到了自己一生中最难以置信的一幕。

一个铁人，忽然如同壁虎，附着在墙壁之上。然后，手脚并用，迅速之极地向上面游来。还没有等大鼻子看清楚，一转眼，这个人已经登上城头，站在他跟前。

"啊？！"

大鼻子惊得失魂落魄，不过很快又得意起来。因为他发现对方上来的只有一个人。他怪叫一声，从自己腰中，抽出来一把西洋十字剑。

这种剑，本来是斗牛用的。前面有一个十字，可以在刺入的一瞬间，割断血管，将对方立刻置于死地，令其没有反击的余地和机会。

"你……找死……"

他操着生硬的汉语，一个箭步上去，挺剑便刺。他是剑术高手，速度也很快，只可惜，他忘记了对方是"铁人"。

"啪——"

一声清脆的轻响，长剑刺在对方的咽喉下，剑尖折断。大鼻子目瞪口呆，站在那儿，不知所措。

"嘿嘿——"

铁人忽然一笑，露出一口洁白的牙齿，咧嘴道："你奶奶的，就这么点本领啊！……不要走，吃俺一拳！"

他的大手举起来，拳头如同小蒜钵一样，一拳打过来。眼见来拳并不怎么快，大鼻子出于本能反应，摆出西洋拳中的格斗姿态，一拳架过去。

"咔嚓——"

双臂相交，他清楚地听到自己骨头断裂的声音。

对方的拳的来势不快，然而劲力奇大，不可阻挡。

"嚓——"

又是一声轻响。然而，这次他听到的却是自己头骨破裂的声音。四肢百骸在一瞬间都轻荡起来，浑身上下，突然好像要飞走一样。

"不可能！"

他不知道自己已经死了。说出来这句话，才倒了下去。

其他的荷兰士兵，如同见了鬼一样，发一声喊，丢了手中的枪，四下逃窜而去。

被郑家军吓破了胆的荷兰人，只能投降。他们派出了两名代表来见郑成功，要求谈判。先表示愿意付出一笔钱，遭到拒绝后，又表示必须保证他们安全撤离到热兰遮城，才肯投降。对此，郑成功理直气壮地警告他们：

"这个岛自古以来就是属于中国的。在中国人不需要它的时候，可以由荷兰人暂住。现在，中国人需要它了，荷兰人必须交还它！"

这是斩钉截铁的话，是没有任何条件可讲的。

四月初四，郑家军在台湾登陆的第三天，荷兰人从普罗文查城堡里垂头丧气地走出来，集体投降！

这真是历史性的一刻，是中国人扬眉吐气的一天！台湾岛上的居民一听说这个消息，个个欢欣鼓舞！

久被压抑的反抗欲望一下子被激发出来，各个地方、各个部落的人们都自发地行动起来了：锄头、棍棒、标枪、砍刀……尽管是最原始的武器，声势之猛，规模之大，却为史上第一次！

荷兰人一下子就蒙了，他们在台湾进行了三十八年之久的殖民统治，原来如此脆弱，不堪一击！

似乎仅仅在一夜之间，荷兰人在市区的各个据点，全部被民众自发摧毁，他们只能全部撤入城堡中去！

郑成功的大军顺利进入热兰遮市区，荷兰人匆忙放了一把火以后，就全部龟缩在热兰遮城堡里不出来了。

热兰遮城堡是荷兰人引以为自豪的建筑之一，建立在一个很高的沙坝上，三面环海，只有一面面对台湾本岛。城堡用砖石砌成，城墙坚固厚实，外面又有围墙，附近又建有三座外堡，以为犄角。

热兰遮城里的最高长官是总督揆一，大约一千五百名士兵在这里驻守，守军众多，火器精良。

郑成功一进入热兰遮市区，立即吩咐调集火炮，又用粗大的毛竹构筑了防御工事，摆出决战之势。

照例，郑成功先派人入城劝降。揆一自然是一口拒绝，而且将郑成功派去的使者杀死，吊尸城门。

这就激怒了郑成功，当即下令猛攻。不料，炮火不但威胁不了城堡，反而被城头上的荷兰大炮所伤。

郑成功亲自指挥，攻打一天一夜，死伤众多，却拿城堡没有任何办法，于是，郑成功立即宣布：

"围而不攻，候其自降！"

这显然又是郑成功在为保全自己的实力考虑了。毕竟孤军远征，他不想打下城堡，自己的兄弟也伤亡殆尽！

南京之战，也是出于同样的考虑，最后功亏一篑。但这一次，郑成功有绝对的把握：那一幕不会重演！

第20章
彪炳千秋

郑成功最终拿下了台湾，荷兰人在台湾三十八年的殖民统治正式宣告落幕……

即使在今天看来，郑成功的收复台湾之举，也仍然是一个不可能完成的任务。不要说荷兰人绝不肯轻易放弃他们经营了数十年的贸易基地，为此，他们修筑坚固的碉堡，架设威力巨大的炮火，储备充足的必需品；但说郑成功本身，就面临着那么多的困难：内部一片反对之声，粮草根本没有保障，甚至他的大后方一片风雨飘摇，投向满人阵营的队伍成编制地离去……

这一场历时十个月的战争，是郑成功一生中最漫长的，也是最惊心动魄的一战。他几乎要坚持不下去了，但是他毕竟是郑成功，仍然以令人难以置信的精神力量，支撑自己。他坚持到了最后，荷兰人投降了……

攻台之战，耗尽了郑成功最后的心力。他在攻取台湾之后三个月的一天即悄然离世，他甚至没有机会去巡视这片自己用生命捍卫的美丽土地……

郑成功之后，他的儿子郑经和孙子郑克塽继续经营台湾。最终，台湾在康熙大帝的手上回归华夏母亲的怀抱。而帮助康熙完成这一伟业的，正是和郑成功恩怨纠葛不清的施琅。

从郑芝龙到郑成功，再到郑经、郑克塽，郑氏父子四代人建立的"海商帝国"，最终烟消云散。一个属于中国海上商人短暂辉煌、昙花一现的时代结束了。但在世界上的其他地方，一个全球性的海洋贸易大时代正在到来，而中国却选择了闭关锁国，与这个大时代背道而驰，渐行渐远……

北京。

天牢。

这是顺治十八年的秋天,距离顺治二年郑芝龙在福州被诱降,已经整整过去了十六年之久。

十六年,郑芝龙对于这么漫长的岁月,已经失去了记忆,他甚至都不知道自己这些年是怎么过来的。

即使在被囚禁的岁月,在宁古塔的流放岁月,以及在天牢中的这几年,他的心也始终没有在这里停留过。

是的,他的一颗心始终在东南沿海,在一艘艘来去自由的战舰上,在大海的波涛汹涌和海盗们放荡不羁的生活里……

偶尔,他也会想到更早的岁月,想到自己在日本独自闯荡,在孤单和寂寞的岁月里邂逅田川松……

那段青年时代的人生经历是多么美好啊!它一再出现在郑芝龙的梦里,让他忘记了现实的艰难处境。

当然了,郑芝龙也非全然与外界隔绝音讯:他还在不断地留心,想方设法打听儿子郑成功的消息。

从遥远的东南沿海传来的消息,模糊而混乱,让人无从分辨。但近在咫尺的紫禁城,发生的事情却是实实在在的:

顺治皇帝死了!这个满人入关以后的第一个皇帝,一个雄才大略、少年有为的君主,以二十四岁英龄驾崩!

继位的皇帝已经将明年的年号改了,叫做康熙。这个康熙皇帝,据说和顺治当年一样,还是个小孩子。

不用说,朝中的大权都把持在顺治皇帝的母亲手上,那个和多尔衮有着说不清、道不明的情感纠葛的孝庄!

如今的孝庄,已经是皇太后了!经历了权力斗争的一次次洗礼,这个女人更加成熟而可怕!

围绕帝位之争,很是熙熙攘攘了一阵,但最后胜出的依然是这个女人,她又一次要辅佐一个小孩子当皇帝了!

新帝即位,照例大赦天下。可是在赦免罪犯的名单中,却没有郑芝龙,这似乎预示了什么。

果然,当这一年的秋天到来的时候,康熙皇帝下了一道圣谕:郑芝龙"怙恶不悛,包藏异志,与其子成功潜通,教唆图谋不轨,奸细往来,泄漏军机等项事情,经伊家人尹大器出首,究审各款俱实。如此负恩叛国重犯,不宜尚加监候"。命议政王、贝勒、大臣、九卿、科道会议具奏。

这事实上等于宣判了郑芝龙父子的死刑。清政府显然已经得到消息:郑成功即将攻下台湾,招抚再无可能。

既然不能招抚郑成功,那么留着郑芝龙父子也没有什么用处了。剩下的,只有将其族诛,一了百了。

几天后,给郑芝龙父子最后的定刑下来了:照谋叛律,族诛!

深夜。

天牢中,郑芝龙似乎有强烈的预感,知道自己时日无多。因此这一夜,他睡得异常安稳。

许久以来,他第一次睡得这么踏实。没有做梦,没有梦到少年时代,也没有梦到纵横海上的岁月……

"哗啦,哗啦……"

钥匙晃动的声音远远传来。郑芝龙从睡梦中被惊醒,四顾茫然,一时不知道自己身在何处……

"郑芝龙!"狱卒吆喝着,过来开了铁门,又来到里面,将郑芝龙身上的镣铐全都打开,"恭喜!恭喜!"

一听狱卒这么说话,郑芝龙知道,自己毙命的日子到了。不知道为什么,终于等到这一天,他长长地出了一口气。人生在世,已经没有任何的留恋。花甲之年,他所欠的只是一死。

"走吧!"狱卒招呼着,将他从天牢里搀扶出来。

"郑爷,来——"在一间空荡荡的大屋子里,已经放好了一个大木盆。里面盛满热水，水雾蒸腾。"好好洗一洗，洗干净了，轻松了，也好上路。"

"好！"

郑芝龙答应一声，脱去身上肮脏的囚衣，去木盆里坐下来。水很热，可他一点都感觉不到烫。将死的人，神经都是这么麻木。他机械地在身上搓着，手指掠过自己瘦如枯柴的身体。岁月不饶人，任是铁打的罗汉，也禁不住这样的折磨。

他北上京师的时候，还是身强力壮，正当壮年。可现在，他头发花白，胡子已经垂过胸。

沐浴出来，换上一身新的囚衣。狱卒给他拿过来一面镜子，帮助他梳头。从镜子里，他看到一张衰老而毫无生机的面孔，他不认识那是什么人。好半天，才想起来那个人正是他现在的样子。

"不，我不是郑芝龙！"在他的心里，一个声音响起来，"当年那个叱咤风云，纵横东南海上的闽海王早已经死了。我现在不过一具行尸走肉，一具没有生命的躯体而已……"

"唉！"想起遥远模糊的往事，他叹息一声，两行混浊的泪水从脸上流下来。他赶紧将泪水擦干，心里对自己说道："不行，你是要上刑场的人了，拿出点英雄气魄来，像你儿子一样！"

想到儿子，他不得不承认，儿子比自己更有出息。如果说，自己这一生中还有什么值得骄傲的，就是自己是郑成功的父亲。自己生下了那么一个了不起的儿子。他知道，如果自己的名字在后世能够流传下去，也一定是因为儿子，而不是自己在海上的半生纵横，烧杀抢掠。

"人生啊……"

他叹息着，如枯井般的心田里，忽然又涌过阵阵波涛。在生命中最后的时刻，他忍不住对自己的人生又做了彻底的总结和认识。每这样做一次，他都会发现，自己从来都没有认识过自己。没有谁能够认识自己，他想，没有人能够。

从天牢出来，他被外面刺眼的光芒照得晕晕乎乎，很不适应。

他被押上了外面早已等候停当的囚车。还有几辆车一字排开，押的都是他的儿孙：郑世恩、郑世荫、郑世默……加上郑芝龙，正好全家十一口。

郑氏一族，曾经如何威风，但如今，皆成为了阶下囚。只有郑成功一支，还在台湾浴血奋战！

为什么，同样是郑氏血脉，却有这么大的差距？

"咯吱——"

囚车的木轮，碾过坑洼的街道。秋风起了，落叶缤纷，一片萧瑟。

然而此时也正是京师一年中最美丽的景色。

天空高远，树木挺立。路边是开得浓烈的鲜花，透出腐烂的气息。两边看热闹的人们都伸长脖子，静静地围观着，没有人喧嚣，没有人议论。大家都用一种奇怪的目光，注视着郑芝龙。

怎么说呢？每个人的心情都很复杂。这个人，为了贪图荣华富贵，才自投罗网。他根本就不值得同情。

可是，他又是大英雄郑成功的父亲。就在汉人被清军的铁蹄和鞭子所踩躏、镇压、征服，敢怒而不敢言时，是郑成功，在东南一隅，为人们出了一口恶气。

他的抗清复明，对大多数的普通百姓来说，并没有什么意义，也没有具体的概念。

可是，当听说他在台湾岛，以一支残破不全的军队，将不可一世的荷兰人打得大败；围困台湾城长达半年之久，海上数支救援的荷兰部队，都被打得抱头而逃，所有的汉人都振奋了。恨不得都能够去台湾，和郑成功的军队并肩作战！一个民族，从来都不缺乏英雄气概和滴血断头的决心，缺的是这样的领袖人物。而郑成功无疑正是这样一个顶天立地的大英雄，大人物！

由于对郑成功的崇拜，人们对这个渺小的郑芝龙，更多的是不屑。出于对英雄父亲的尊重，才没有向他身上吐唾沫、扔石块。不过，他们冷漠的目光，还是深深地伤害了郑芝龙。

只有从这些普通百姓的目光中，他才知道自己一生都做了什么。一切都毫无意义。他想，是我亲手葬送了自己的一生。他本来可以成为万民景仰的大英雄，给自己的人生涂上浓墨重彩的一笔。他拥立隆武皇帝，已经给自己铺就了一条通向辉煌与梦想的道路。可是，他最后还是选择了放弃。

穿过漫长而静寂的街道,囚车来到了刑场。几个儿孙,都已经先到一步,被绑上了断头台。他们一个个也都是骨瘦如柴,面目全非。郑芝龙冷漠地看了他们一眼,他觉得自己根本就不认识他们。

"我不认识他们。"他在心中对自己说道,"我只有一个儿子,就是郑成功。我是英雄的父亲,不可以这样屈辱地死去。"

他努力抬起头来,目光投向辽远的苍穹,在那里,一只孤独的雄鹰正在骄傲地翱翔着。

"那会是怎样一个地方呢?"他开始想到自己死后将要去的地方,"谁会和我在一起呢?她会在那里等我吗?"

他终于想到了她。是的,田川松,那个日本女人。一切都是天命所定。冥冥之中,他注定了一生只能拥有她,一个来自异国他乡的女人。

"如果人死以后,真的有灵魂,我一定要漂洋过海,重新去找她……"他在心中对自己暗暗说道,"我要和她在一起,在生命的下一个轮回里,我不能再失去她……"

"午时三刻到!"

随着监斩官一声高喝,刽子手举起手中的鬼头大刀,一刀砍下来。

没有疼痛的感觉,没有想象中的恐怖和恐惧,甚至根本分辨不出生与死的区别。

"原来这就是死亡……"郑芝龙苦笑着,"我这一生,唯一对其抱有恐惧的东西,原来不过如此。哈哈……什么王图雄霸,什么青史留名,说起来,实在是荒唐的事情。英雄也好,凡人也好,到头来,还不是都要面对这个共同的结局……"

惨叫声中,郑芝龙的其他几个儿孙都被砍了头。几个人都屁滚尿流,弄得地上臭不可闻。

郑芝龙的头也滚在地上,比他们滚得都远。似乎耻于和他们在一起,因此要和他们分开来。他的灵魂脱窍而出,永远地离开了这个给过他骄傲,也令他蒙受耻辱,得到过,也失去过的世界……

一个月后。

当郑芝龙等全族在北京被诛杀的消息传到台湾岛上后,郑成功大叫一声,口中鲜血狂喷,昏死在地。

等他醒转之后,他知道,自己的时间不多了。他必须对荷兰人发起最后的进攻,以完成生命最后的壮举。

郑成功决定孤注一掷,而荷兰人却仍然困兽犹斗。为了摆脱困境,他们多次派人向巴达维亚的荷兰殖民当局求援。荷兰殖民当局派出了支援司令考乌,率领七百名官兵,分乘十艘战舰前来援救。

一个月后,这支队伍抵达台湾,在港口外对郑家军形成夹击之势。双方展开了短暂的对峙。

期间,荷兰的一艘舰艇因为触礁搁浅,军官和士兵被俘虏,泄露了荷军的部署和虚实,郑家军得以充分准备。

双方开战之后,郑家军先以绝对优势的水兵应战荷兰人,只用了一个小时,就用火船烧毁了荷兰人主力战舰一艘,用密集的炮火摧毁了另外一艘战舰。另外还俘虏了三艘小艇,击毙荷兰官兵三百人。

另外一支荷兰士兵三百人,在热兰遮市区登陆,准备强行与城堡内的军队会合,也被一击而溃。

大败而去的荷兰人,居然并不甘心,又想出来一个办法:由考乌率领剩余的战舰五艘,驶往福建,试图和清军会合,一起进攻金门、厦门,一旦金、厦有失,则郑成功必然回师。

可惜人算不如天算,考乌在半路上遭遇了风暴,中途改变了航向,乖乖地逃回巴达维亚去了。

正当郑成功下了最后的决心,准备和荷兰人硬碰硬,一定要拿下热兰遮城堡时,荷兰人挨不住了。

这天,郑成功刚一起身,就接到报告:一位荷兰人的军曹汉斯,率领三名士兵来郑家军营中投降!

"哦?"郑成功一听,精神大振。这还是登陆台湾和荷兰人作战以来,第一次有荷兰军官过来投诚。

"快,带进来!"

郑成功迫不及待,立即吩咐将汉斯带进来。

汉斯个子高大,身材健壮,然而因为长期营养缺乏,脸色苍白,腰背也佝偻下去,走路摇摇晃晃。

"参见国姓爷!"

他操着一口流利的汉语,可见平日里和中国人也是打过交道的。

尽管处于极端困难的情形下,他见了郑成功还是不跪,荷兰人的骄傲直到这时候还表露无遗。

不过,郑成功此时正在用人之际,也不和他过多计较。

"你叫汉斯?"

"是。"

"你在军中是什么地位?"

"军曹。"

"你能介绍一下现在城堡里的情况吗?"

"我正是为此而来。"一提起城堡里的情形,汉斯显然还心有余悸,"我们一直吃干肉和有咸味的井水,每天都死人……现在城堡里能够作战的士兵已经不足四百人……我们实在撑不下去了……"

"这么说来,我要加紧进攻才行了。"不出郑成功所料,情形和自己判断的一模一样。不过他仍然虚心请教。"那么,你知道不知道,有什么好办法可以减少伤亡,而将城堡攻下来?"

"我从热兰遮城修筑的时候,就在这里服役了。城堡虽然坚固无比,但有一个致命的弱点,就是外围的乌特利支堡。那里是全岛的最高点,只要占领了那里,从那里架设炮火,居高临下轰击,城堡里没有任何藏身之地……"

"好极了!"

得到汉斯的指点,郑成功心情大畅,对于强行攻取热兰遮城堡更有信心了。"好,那就先攻击乌特利支外堡!"

第二天,郑成功立即集中兵力,在乌特利支外堡周围建起了三座炮台和许多战壕、防御工事。

诸事完毕之后,郑成功吩咐运来二十八门巨炮,对准乌特利支外堡展开猛烈的轰击,整整轰炸了一天一夜。

荷兰人从来没有见过郑家军这么不惜血本的猛攻,甚至有的大炮炮管都变得通红了,不得不洒尿上去降温。

乌特利支外堡被彻底摧毁,现在,郑家军占领了制高点,并且修筑起了大型的炮台,黑洞洞的炮口瞄准下面……

迫于郑成功如此强大的攻势,荷兰人再也坚持不住了。除了投降之外,没有任何的路可走。

揆一召开了最后一次会议,大家一致决定:将所有炮台、碉堡、火药、大炮、战具、粮食、商货、金银……全部交给郑成功!

作为谈判条件,荷兰人唯一的要求是:归还俘虏,放还捕获的小艇四艘,允许荷兰人携带日常生活用品,整队、扬旗、荷枪、鸣炮,登船然后离开!

这是荷兰人为了保全自己"海上霸主"的颜面而作的最后的坚持。本来郑成功可以置之不理,但郑成功也是强弩之末,不愿意再增添无谓的麻烦,所以也就毫不犹豫地答应了。双方遂达成协议。

约定签订协议的这一天,从一大早,天空就阴沉着,后来就下起了雨。

在雨中,在风中,郑家军从凌晨时分起,就在热兰遮城堡外的空旷海滩上列队而立了,静静地等候天明。

这是历史性的一刻,也是泣天地、惊鬼神的一刻!人人一身戎装,笔直地挺立在风雨中,面色肃穆,不知道从脸上流下来的是冰冷的雨水,还是炽热的泪水。

是的,他们有足够的理由自豪和骄傲。他们这支队伍,只有大刀,只有弓箭,只有几十艘战舰和数十门威力并不强大的火炮,他们唯一拥有的是人数上的优势,是血肉之躯。可是他们却将不可一世的荷兰人,将他们的坚枪利炮,打得大败!他们用钢铁一般的意志,彻底摧毁了荷兰人!

风停了,雨住了,一道彩虹挂在天空中,如同一道绶带,献给这些无畏的英雄,民族的精魂。

荷兰人也终于从城堡里出来了，人人满脸沮丧之色。

两排军队，隔着一段并不算远的距离，相互对峙着，不过已经没有剑拔弩张的气氛。

作为两支军队的统帅，这也是郑成功和揆一第一次面对面，这么近距离地打量对方。郑成功看到，揆一是个大个子，目光阴沉，脸色苍白。养尊处优的皮肤，白皙而细腻。看得出，他性情缓慢，做事迟疑不决。

而郑成功和他恰好相反：他今天穿了一件麻纱长袍，头戴插有羽毛的褐色尖角帽，皮肤因为海风吹拂和日光照耀，黑里透红，一双大眼睛里明亮闪烁，胡子不多，但长及胸部，说话的声音很严厉，咆哮又激昂。

仪式进行得极其简单，揆一亲自上前，来到郑成功面前，呈上降书，并且附带呈上一张降单：

大炮一百五十门；

小铳四千支；

珠宝现金共计四十七万一千荷盾。

在与郑成功军队作战的十个月中，荷兰士兵一共死亡一千六百多人，最后仅剩下五六百人生还。

荷兰东印度公司在台湾的三十八年的殖民统治，至康熙元年二月一日这天正式落下帷幕……

仪式结束后，荷兰人保持着最后的尊严：整队、扬旗、荷枪、鸣炮，登船而去，消失在茫茫的大海中……

三个月后。

夜晚。

总督府上。

郑成功自从几天前偶染风寒，原本虚弱的身子终于抵抗不住，连日苦捱，现在已经进入了弥留之际。

曾经叱咤风云，纵横无敌的国姓爷，如今在床榻之上，想要挣扎着坐起来都颇为艰难。

"扶我……起来……"

他艰难地说着,挣扎着。一个心腹将领连忙将他扶住,心疼地道:"国姓爷,您多休息一会儿吧!"

"不必了,扶我到外面去……"

他挣扎着,被搀扶着来到外面。夜色朦胧,微风吹来,郑成功只觉得身上如同刀刺一样疼痛。

走着走着,不知不觉来到了练兵场。登上将台,远眺着北方,郑成功久久不语,如同一尊雕塑。后来,便猛烈地咳嗽起来。

"咳……咳……"

他一边抚着胸口,一边说道:"我从跟随隆武皇帝以来,从事中兴大明的伟业,已经十六年整……时间过得真快啊……记得当时,我还那么年轻,无知狂妄,以为大厦虽然将倾,以我一人之力,一定可以回天,扭转乾坤。现在想来,其实天命难违。这么多年,枕戈待旦,滴血断头,不过是鞠躬尽瘁,死而后已,明知不可而为之罢了……"

"国姓爷——"

身后,众将领早已赶来,聚集在他身后。郑成功没有回头去看众人,只是继续喃喃自语道:

"这些年来,我一直在反复地问自己:驱除鞑虏,中兴大明,这件事情,真的是我必须要做的吗?从一开始,我就一直在被动之中,被动地从日本被接回中原,被动地接受圣贤教育,拜在钱夫子门下,去南京就读国子监,后来被动地封为国姓爷,被动地举起大旗,反清复明……有时候,我也在问自己:这样做真的有意义吗?稀里糊涂过了这么多年,却没有一点成就感。土地在一点点丧失,兵力也在一天天减少。我以为自己这一生除了失败再没有其他的路可走。我自认为是一个坚强的人,从很小的时候我就知道,做什么事情,都不能放弃。可是,在这件事情上,我真的撑不住,无数次都想过放弃。直到这个时候,我作出了一个决定:收复台湾!"

"这个决定,是我一生里最后的决定,也是最重要的决定。我并没有想到能够成功。我只是想,反正自己最后逃不了一死。但即使死,也不应该稀里糊涂死在满人的屠刀之下,而应该死在自己认为最有意义的事情上。我将父亲的一生,仔细思量,并且从中意识到:他所以能够声名显赫,不是因为对抗明朝政府,而是因为在和荷兰人的战争中,屡次取胜,大大长了中国人的志气。"

"台湾也一直是父亲的一个梦想,是他早年发迹的地方,也是他的心病。我从南京兵败之后,彻底明白了一个道理:与其和满人进行一场没有希望的战争,无可奈何地走向失败,还不如孤注一掷,和荷兰人来一番生死较量。输了,心甘情愿,死得其所;赢了,生聚教训,以图再举。苍天保佑,我终于打赢了……"

"咳……咳……"

他又剧烈地咳嗽起来,众将领连忙上来将他搀扶住,劝他说:"国姓爷,外面风大,回去吧!"

"唉——"

郑成功长叹一声,遥望北方,挣扎着跪下去。磕了几个头,泪如雨下,性情流露,一番号啕大哭:

生于日本,

学于中原。

十五题名,

二十赐姓。

不从父命,

潜匿金门。

只身孤军,

以奉故朔。

海岛群推,

拱手听令。

五省移徙,

名扬四海。

败军之际,

镇定强战。
开辟海外，
再定乾坤。
一十六载，
忠义自誓。
严治军旅，
临阵身先。
计策已决，
赏罚无私。
仇亲兼用，
恩威并施。
自古英雄，
谁称人杰？
……

这一番泣血自诉，令在场之人，无不听得潸然落泪。郑成功最后起身，仔细环视众人，缓慢吟出一诗：

开辟荆榛逐荷夷，
十年始克复先基。
田横尚有三千客，
茹苦间关不忍离。
……

最后一个"离"字刚一出口，郑成功再也支持不住，一口鲜血喷涌而出，雄伟的身躯颓然倒地……

当夜，郑成功带着驱逐荷兰殖民者、收复台湾的无比自豪和始终未能驱逐满人、复兴大明的深深遗憾，溘然而逝。

这一年，他只有三十九岁。

"国姓爷——"

众将领都撕肝裂肺,放声痛哭。

天地昏昏,寂然无声。这是最黑暗的时刻,然而也是孕育着希望的时刻。就在短暂的死寂、黑暗过后,忽然一轮红日,从海面上跳跃而出,光耀万丈,以不可阻挡的磅礴之势,照亮一切……